奢侈与邪恶

文明古国巴比伦的前世今生

Michael Seymour

[英] 迈克尔·西摩——著　　李永学——译

浙江人民出版社

图书在版编目（CIP）数据

奢侈与邪恶：文明古国巴比伦的前世今生 /（英）迈克尔·西摩著；李永学译．—杭州：浙江人民出版社，2022.11

ISBN 978-7-213-10003-1

Ⅰ．①奢…　Ⅱ．①迈…②李…　Ⅲ．①巴比伦－古代史　Ⅳ．①K124.3

中国版本图书馆 CIP 数据核字（2021）第 015614 号

浙江省版权局
著作权合同登记章
图字：11-2019-341 号

奢侈与邪恶：文明古国巴比伦的前世今生

［英］迈克尔·西摩　著　李永学　译

出版发行：浙江人民出版社（杭州市体育场路347号　邮编　310006）
市场部电话：（0571）85061682　85176516
责任编辑：李　楠　方　程
营销编辑：陈雯怡　陈芊如　赵　娜
责任校对：陈　春
责任印务：刘彭年
封面设计：异一设计
电脑制版：北京弘文励志文化传播有限公司
印　　刷：浙江新华印刷技术有限公司
开　　本：710毫米×1000毫米　1/16　印　　张：16
字　　数：260千字　插　　页：4
版　　次：2022年11月第1版　印　　次：2022年11月第1次印刷
书　　号：ISBN 978-7-213-10003-1
定　　价：88.00元

如发现印装质量问题，影响阅读，请与市场部联系调换。

他立即弯下身去，把我的导师的双足抱紧，
但是，导师却对他说：“兄弟，不可如此，
因为你是鬼魂，而你所见的也是鬼魂。”
他一边站起身来，一边说道：“现在，你可以明
白：暖热我对你的感情是数量多大的爱，
而此刻，我却忘记我们那虚无缥缈的形态，
竟然把魂灵当作固体的东西来对待。”

《底比斯之战》（*Thebaid*）的作者斯塔提乌斯（Statius）
在炼狱中与维吉尔（Virgil）相遇
——但丁，《炼狱》（21.130–6）

致 谢

本书的写作从我读博士时便开始酝酿，因此它的完成离不开各位的帮助。

我在此诚挚地感谢罗杰·马修斯（Roger Matthews）、蒂姆·谢德拉-霍尔（Tim Schadla-Hall）和贝弗利·巴特勒（Beverley Butler），在我读博士期间对我的指导以及一如既往的支持。我还想深深感谢斯蒂芬妮·莫泽（Stephanie Moser），她是第一个向我介绍而且支持我钻研巴比伦考古学的人，同时，也是她满心欢喜地阅读了我的一份早期手稿。我同样非常感激我的博士论文答辩教授斯蒂芬妮·达利（Seephanie Dalley）和博士约翰·柯蒂斯（John Curtis），他们富于指导意义的批评和建议，为我进一步的研究并最终写成本书奠定了基础。

我要再次感谢约翰·柯蒂斯博士，是他招募我到大英博物馆（British Museum）工作，让我得以为2008—2009年的展览《巴比伦：神话与真实》及其节目制作做出贡献。我在学术研究和策展方面取得的经验让我受益匪浅，对此我必须感谢大英博物馆和巴黎卢浮宫博物馆（Musèe du Louvre）的同仁，以及柏林佩加蒙博物馆（Pergamon museum）近东馆的同仁。其中最值得感谢的，是大英博物馆的首席策展人欧文·芬克尔（Irving Finkel），没有他的建议、支持和鼓励，完成这本书是不可想象的。我还要感谢琼·阿鲁兹（Joan Aruz）和纽约大都会艺术博物馆（MetroPolitan Museum of Art）古代近东艺术馆的同仁的支持。特别感谢萨拉·格拉夫（Sarah Graff），她非常体贴认真地阅读了这份手稿，并给出了非常有价值的建议；同时，也要感谢安妮-伊丽莎白·邓恩-瓦图里（Anne-

Elizabeth Dunn-Vaturi），她向我提出了文字和照片上的建议；另外，还要感谢哥伦比亚大学（Columbia University）的扎伊纳布·巴哈尼（Zainab Bahrani），在本书写作后期他对我这个项目给予了支持。

我从英国艺术与人文学科研究理事会（UK Arts and Humanities Research Council）获益良多，正是他们支持了我的博士研究，并为我提供了研究资金，让我能够持续展开研究工作。在大英博物馆《巴比伦：神话与真实》展览结束后，理事会还将我的博士论文出版。我对陶里斯出版社（I.B.Tauris) 的编辑亚历克斯·赖特（Alex Wright）满怀感激之情，是他给我充分的时间写作并修改手稿；感谢埃米·希姆斯沃思（Amy Himsworth）和萨拉·马格内斯（Sara Magness），她们仔细地完成了编辑工作；感谢娜丁－哈迪（Nadine el-Hadi），她帮助我寻找照片并取得刊载许可；感谢英国伊拉克研究所（British Institute for the Study of Iraq），他们为出版这本书所需的制作费用提供了资助。

近期，我参与了世界文化遗产基金会（World Monments Fund）主持的有关巴比伦的考古项目，因此有机会亲临巴比伦遗址，并在那里与伊拉克国家文物和遗产委员会（Iraq State Board of Antiquities and Heritage）的工作人员一起工作。感谢这两个组织给我的机会，让我能够来到巴比伦，因为那里不是普通外国人能够轻易到达的地方。

最后，我还要深深地感谢我的亲友，因为他们给了我极大的支持，没有他们的支持，这本书永远不可能面世。我尤为感谢亚历克斯·梅（Alex May）、安德鲁·斯旺（Andrew Swan）、安娜·克莱门特（Anna Clement）、加布里埃尔·莫申斯卡（Gabriel Moshenska）、詹姆斯·德泽（James Doeser）、萨拉·雷丁斯（Sarah Readings）、雷切尔·杜塔·乔杜里（Rachel Dutta Choudhury），以及我永远的爱人——严思睿（Sirui Yan）。同时，我希望将本书献给思睿和我的父母。

目录
CONTENTS

第1章 伟大之城：一座城市及其“灵魂”

1899 年 3 月，罗伯特 · 科尔德威（Robert Koldewey）开始在巴比伦的考古发掘工作。当时，他在为刚刚建立的德意志东方学会（German Oriental Society）工作。尽管其发掘参照了英国与法国考古学家在美索不达米亚工作时制定的标准，但他的发掘工作与标准规定的要慢得多、小心谨慎得多。然而正是这样的小心谨慎，才令他发现了宏伟的建筑和精美的彩釉浮雕。在第一年的发掘结束之前，科尔德威显然获得了成功——蒙尘 2000 余年的巴比伦古城重见天日！

其实，与之前英、法等国的考古发掘标准相比，德国考古学家们在 1899—1917 年使用的发掘方法与现代考古发掘方法更接近。而且，他们正是用这种方法，才成功地辨认与记录了这座城市的泥砖建筑。至今，在伊拉克一些最重要的城市遗址中仍然可以看到巨大的深坑，似乎还在嘲笑着 19 世纪英法两国考古挖掘者们的失败。[1] 而今巴比伦遗址的成功发掘，既体现了考古发掘技术的成功，也让人类认识巴比伦的情感有了实质性的转变。即我们可以将发掘出巴比伦遗址的开始之年（1899 年），视为关于巴比伦历史的古典传说时代的结束之年。换句话说，这一发掘结束了 2000 多年来有关这座著名城市各式各样的幻想与奇谈。众所周知，是科尔德威发现了巴比伦本身，他对这次发掘极为投入，在整个项目持续的 18 年间，绝大多数时间他都在现场。而且，正如他在《在巴比伦的发掘》（*The Excavations at Babylon*）一书开头所说的，如果可能的话，他愿意投入更多的时间：

> 尽管并非绝对必要，但我十分希望能完成对巴比伦的发掘。从一开始，我们便与 200—250 名工人一起劳动，无论寒暑。但到现在为止，我们只完成了大约一半的工作。[2]

虽然考古发掘中面临许多困难，但还是取得了辉煌的成就。如，我们都知道伊什塔尔门（Ishtar Gate）是进入巴比伦城的正门，它也是宏伟的建筑群，壮观的入城大道（great Processional Way）穿过这座大门直通城内。科尔德威的团队在发掘伊什塔尔门和入城大道时，找到了传说中雕刻着龙、狮子和公牛的鲜艳彩釉浮雕，同时还发现了庙宇和巨大宫殿的遗址，甚至还有《圣经》中巴别塔的原型——巴比伦金字塔形神庙的地基。其中，伊什塔尔门的蓝色彩釉砖石至今仍是这座古代城市最显著的标识。之后，沃尔特·安德烈对入城大道和伊什塔尔门进行了还原。1930年，这栋辉煌的建筑被整体搬到德国柏林的近东博物馆（Pergamon museum）中展出至今。[3]最初发掘出来的彩釉浮雕直到现在仍栩栩如生，可以说，它们是古代巴比伦全盛时期的完美诠释。发掘它们的过程，曾让考古学家们感到震撼与激动，相信在博物馆参观的公众也会有同样的感觉。

德国考古学家的发掘成果，改变了中世纪以来人们有关巴比伦的知识结构。我们可以认为，它代表着传说与神话被真实的历史所取代，对于这座城市历史的研究进入了实证性的科学领域。尽管科尔德威的发现在考古学上具有重大意义，但这并没有告知人们有关巴比伦的固有观点至此已过时。或许，更为准确的说法是，科尔德威和巴比伦城正以某种更具权威性的声音告诉大家什么是事实。本书写作的目标之一，便是弄清“事实”究竟意味着什么。如果考古研究不能完全地改变人们已经通过其他渠道所获得的错误认知，那它又有什么用呢？与旅行者的到访和叙述、出土的艺术品等相比，考古发现是否具有绝对的权威性呢？多种来源的知识有时相互矛盾，人们又是如何在理解同一种事物时相互取舍的？为了解答这些问题，我们必须对考古工作本身采取一种更广泛的认知，去考察考古方法在其文化背景下的发展，并思考其他非考古方法在古代历史中所扮演的角色。

人类探究古代历史的兴趣由来已久，可以说远在历史学或考古学出现之前，这种兴趣就早已存在了。或许，我们甚至可以将这种现象视为人类的共同点。因为我们可以在任何地方、任何人的脑海中发现有关“过去”的想法。然而，由于人类个体的差异，不同的人会采取不同的形式探究历史，造成了对历史认识的多样化，这种多样化对研究者来说是一种挑战。在研究一个具有广阔范围的主题时，人们必然会面临诸多挑战，恰如巴比伦这个主题，它所涉及的时间与空间范围如此宽广，其中甚至包含许多互不相干的学科领域，如美术、诗歌、戏剧、音乐等。我认为，要厘清这一问题有两种方法，第一种是对这些特定主题、想法、人物或者地点的档案加以研究（也就是我们在这本书中将要采取的方法）；第二种是专注于研究某个特定时间内最为宽泛的题材，即考虑某一个特定的学科或者文化领域。无论用哪种方法，我们都必须跨越多个学科领域，并追寻各学科之间的联系。

巴比伦城是一个埋葬在自己神话中的城市，它在典籍中徜徉并多次进入新的领域。它有时如此奇特，似乎让任何真实存在都变得模糊不清；它有时又漫游于历史之中，四处传播，不断演变，而这也正是它令人神往之处。因此，本书的主题并非叙述巴比伦的考古发现故事，而是人们更感兴趣的关于巴比伦历史及其演变过程。正是这一过程，让巴比伦保持着它在世界历史文化中的地位，但也让这座古代城市在历史的迷雾中沉睡了 2000 多年。巴比伦的很大一部分魅力来自关于它的神话，但本书并非简单陈述如下事实：千百年来，在人们关于巴比伦的文字中，大部分与这座古老城市的真实历史关系不大。本书将在分析这些文字基础上，探讨后世那些巴比伦故事的产生方式以及这些故事与历史真相之间不断变化且时而模糊的联系，这样才能对我们与古代历史之间的复杂联系有所启示。根据人类学的观点，传说与神话对我们研究历史是有用的、实用的、必要的，因为它们提供了一个框架，而我们可以通过这个框架去理解真实历史。从这个意义上说，历史本身也经常扮演神话的角色，这是因为人们往往喜欢从大量事件中选择一部分，并描绘其含义，最终就演变成了神话。

宽广的视野有助于考察考古历史学中反复出现的问题。在写到世界史时，欧洲人通常喜欢以一系列旅行者和探索者的观点来看待历史学。如果我们对巴比伦感兴趣，当然就必须去看那些造访过并描述过该遗址的人的著作。然而，与此同时，我们也必须认识到，历史学是一个知识发展与实际探索相结合的学科。我们在这里可以寻求理解欧洲旅行者为什么要描述巴比伦；为什么这些描述会随着时间的变化而变化；为什么在某一个时间点之后，他们的观察突然得出了更正式的结论。这些问题的答案，一般无法从旅行者的叙述中获得，只能在历史知识与文化史等这些更为宽广的潮流中撷取。而考古学只是一个后来者，它于 19 世纪才出现在已经学科济济的舞台上。而在巴比伦第一次考古发掘之前，古代神学、古典文学、艺术、历史等学科早已沉淀了 2000 余年的思想、传统、猜测、幻想和哲学等，势必将与考古学共同繁荣。

为了探索一个内容如此丰富，但又对自身有诸多限制的主题，我必须对现有的材料进行取舍，甚至不得不简单地处理大批很有趣的人物与故事。但我希望，本书宏大的主题，对这个城市发生或未发生过的许多奇特而又含义隽永的故事的追踪，将弥补这种不足。这一旅程的绝大部分是在“灵魂”与回声中完成的。最终，这座仍然活着的城市碎片将以各种形式展现出来。而且，巴比伦的“灵魂”丰富多彩，具有奇特的创造性，也具有自己的生命，它们会以新的形式存在。人们不禁会想，好战的塞弥勒弥斯女王（Queen Semiramis）是如何建立巴比伦城的，希罗多德（Herodotus）笔下的那些“婚姻市场”上待嫁的准新娘到底是真是假。对于古代人来说，他们当然会对人们口中的“空中花园”感到困惑，但当他们发现自己的城市与世界末日结下不解之缘时，肯定更加觉得不可思议！就连这座城市灾难性的衰亡也是一个神话：对于巴比伦人来说，人们经常想象的崩溃并不比一次政府的更迭更富于戏剧性。然而，所有这些想法都被留存了下来，并在千百年的文化中得到了发酵，也许其中一些最神奇的故事，正是古代巴比伦人非常熟悉的世界之回响。尽管它们有时看上去与起源如此遥远，但仍然在很大程度上是巴比伦的“灵魂”。

据我们所知，大多数古代美索不达米亚人对阴间的看法都很悲观。神话中描述的阴间大多是灰暗的、没有欢乐的，那里的居民生活在黑暗之中，唯一的食物就是尘土。令人欣慰的是，他们至少有一点弄错了：事实证明，巴比伦这座伟大城市从阴间“复活”后的历史璀璨得令人叹为观止。

第2章 古代巴比伦：一路凯歌的开创时代

我们对巴比伦最早期的历史知之甚少。这座城市于公元前三千纪下半叶第一次出现在史籍中。[1] 在史籍记载中，它是兴盛于伊拉克南部的众多繁荣城市之一。在公元前三千纪的最后 100 年之前，很少有人以任何方式提到巴比伦；但在这之后，巴比伦却突然出现在尼普尔（Nippur）的恩利尔（Enlil，风与权力之神）神庙大宗贡品记录中——当时的巴比伦是由两河流域南部城市乌尔（Ur）统治的，这说明它已经是个有一定规模和财富的城市了。[2] 公元前 18 世纪中叶，巴比伦更是一改过去边缘化的地位，摇身一变成为美索不达米亚南部地区的政治中心。在此后的 1400 年间，它的地位几乎一直未变。

巴比伦位于今巴格达（Baghdad）以南大约 85 千米处，即伊拉克南部大冲积平原的北端。该平原由底格里斯河与幼发拉底河携带的泥沙冲积而成。地质学家告诉我们，这些泥沙其实是沉积在一片庞大的沟槽里，而这个大沟槽是阿拉伯板块向东北方缓慢滑入与它相邻的欧亚大陆板块之下形成的。而且，这两大板块之间的碰撞也是北部的托鲁斯山脉（Taurus）和东部的扎格罗斯山脉（Zagros）形成的原因，正是这些山脉界定了美索不达米亚平原的北部和东部边界。从而，令这片平原上出现了世界上最早的城市。[3] 另外，还有一些重要的环境因素决定了在巴比伦出现之前的人类是如何在此定居的。我们知道，直到今天这个地区的气温都很高，因此不能靠雨水浇灌庄稼来发展农业。况且在伊拉克的部分地区虽有少量降雨，但季节分布很不均衡且无法预测，一个季节的雨可能在一次暴雨后就结束了，这和严重的干旱一样对农作物不利。[4] 因此，当地人的生存便只能完全依赖那两条大河。当然了，如果要永久定居，当地人就必须要有一套灌溉系统。一旦这样的系统建立起来，人们就能利用肥沃的土壤，在河边种植产量极高的农作物。尽管考古学界仍存在激烈的争议，但有关这一地区的早期城镇与相关经济发展的大多数解释，都假定在该地区有能力生产大批剩余农产品的基础之上。[5] 这里的农业生产给希罗多德留下了极为深刻的印象，他在公元前 5 世纪的一本书中叙述道：

> 如果以粮食生产的多少来衡量，亚述帝国（Assyria，指美索不达米亚）是世界上最富裕的国家。那里的人们根本不用种植无花果、葡萄、橄榄或者任何其他果树，因为这些果树自己就能长出来。他们的农田如此肥沃，以至于在普通年景下就能够出产

> 相当于我们200倍的收成，而在大丰收的年景甚至能够达到300倍。小麦和大麦的叶片至少有3英寸宽①。至于他们种植的小米和芝麻的惊人大小我就不说了。尽管我对此非常清楚，但我也知道，没有去过巴比伦的人甚至不肯相信那里的土地有多么富饶。那里的人只吃芝麻油；枣椰树到处都是；大多数树木都是产水果的，而水果为他们提供了食物、酒和蜂蜜。[6]

支持强大农业生产的基础设施需要持续维护。因为无论是灌溉渠道系统还是与此对应的排水系统，都会通过毛细现象，把盐分带到土壤表面。这些盐分会不断提高土地的盐碱性，最终使土地不再适合耕作。这就需要有严密组织的劳动力来减缓盐碱化的过程。当时，人类对灌溉渠道系统的使用相对有限，因此这一行为似乎并非推动公元前四千纪该地区早期城市化的主要动力，但很清楚的是，到了公元前三千纪中叶，人们已经组织起大批劳动力来维护主要的灌溉渠道。[7]无论是自然形成的还是人为造成的，平坦的地形总会受到了河道变化的影响。就像今天，堤坝工程与水资源竞争对伊拉克及其上游邻国土耳其和叙利亚具有重要的战略意义。而在古代世界中，对水的控制也是权力与冲突的重要原因。这一点在古希腊人讲述的有关巴比伦的传说故事中也有一定程度的反映，在那里，改变河道的庞大工程被认为具有重要军事意义。[8]

尽管人们在公元1899—1917年间的这次考古发掘前后，对这一遗址都有发掘，但我们得到的有关巴比伦的考古图景，大部分还是来自德意志东方学会的此次发掘。这次考古发掘主要揭示出人们在巴比伦生活的后期阶段，特别值得关注的是尼布甲尼撒二世（Nebuchadnezzar Ⅱ，前604—前562年在位）在公元前6世纪重建的市中心。非常可惜的是，今天巴比伦的高地下水位让人们基本上无法直接探索它的早期历史。有些现存更早期的遗物，往往都是从别处找到的。如公元前18世纪的《汉穆拉比法典》石柱（The Code of Hammurabi），实际上是在伊朗城市苏萨（Susa）出土的；它是被人从巴比伦掠走的，在公元前12世纪，被古代埃兰国王舒特鲁克－纳－洪特一世（Shutruk-Na-hhunte，前1185—前1155年在位）的军队带到了苏萨。在同一次入侵中，巴比伦的主神马尔杜克（Merodach）

① 1英寸＝2.54厘米。——译者注

和他的配偶扎尔帕尼图（Zarpanitu）的雕像也遭到了粗暴的掠夺。巴比伦最著名的国王尼布甲尼撒二世的名字来自他著名的前辈尼布甲尼撒一世（Nebuchadnezzar Ⅰ），后者于公元前 12 世纪末夺回了这些雕像，同时夺回的还有巴比伦的荣耀和繁荣。[9]

帝国初升

在整个公元前三千纪，美索不达米亚从城邦林立的世界转变为疆域更大的王国乃至帝国。在公元前三千纪的最后几百年间，首先是阿卡德（Akkad，一座考古学家迄今仍然未能准确确定其位置的城市），然后是乌尔，接着是伊辛（Isin）和拉尔萨（Larsa）这两个敌对城市，先后统治过伊拉克南部的多个城市。巴比伦崛起并成为政治中心的年代虽晚些，但仍然可以追溯到汉穆拉比（Hammurabi，更准确的拼法应该是 Hammurapi，前 1790—前 1752 年在位）执政时期，那是巴比伦第一王朝最鼎盛的时期。早期的美索不达米亚人有时也称巴比伦人为“阿摩利人”（Amorite，可能是他们的部落祖先），他们于公元前 19 世纪早期出现在这一地区。在与伊辛城和拉尔萨城争夺了一段时间地盘之后，巴比伦最终取得了胜利。它的统治者先是成了同盟的首领，后来又变成了唯一的掌权者。公元前 18 世纪中期，在汉穆拉比统治结束的时候，巴比伦已经确立了自己在该地区的霸主地位：它不仅控制了伊拉克南部，还控制了北部的相当大一片区域。此时，美索不达米亚的城邦建国历史已经远超 1000 年，以某种形式支撑着城市生活的公民机构也已出现超 1000 年；当然，其中也包括法律框架的制定。因此，现代人称汉穆拉比为“法律的最初制定者”并不太符合事实。实际上，是他在政治上和军事上的胜利，铸就了他的地位，使他成为这一时期最重要的人物。他首先征服了拉尔萨，取得了“苏美尔和阿卡德之王”的称号，接着又占领了北方的马里（Mari）；最后，他还攻占了亚述城市阿舒尔（Ashur）和尼尼微（Nineveh）。[10]

之后，巴比伦人还成功地捍卫了巴比伦在伊拉克南部诸城市中的超群地位，尽管南部还有所谓的“海地王朝”（Sealand dynasty）之严峻挑战。[11]

自公元前19世纪初期一直到公元前1595年，古巴比伦第一王朝的统治者们一直占据着那些土地，当然也包括一部分汉穆拉比为他们赢得的土地。汉穆拉比留下地更为影响深远的遗产，是巴比伦作为美索不达米亚南部政治中心的地位——从此之后，我们可以理所当然地称之为“巴比伦世界”。直至公元前4世纪末，“胜利者”塞琉古一世（Seleucus I Nicator）在底格里斯河建立塞琉西亚（Seleucia）并巩固其统治后，这一地位才丧失。

《汉穆拉比法典》柱头部分的图案，
现藏于法国卢浮宫

即便如此，强大的巴比伦还是成了传奇。在卢浮宫里有关美索不达米亚的最重要和最独特的展品里，《汉穆拉比法典》是必不可少的，它被世界公认为人类历史上第一部比较完备的法典。实际上，纪念碑的文字包含一系列法令或者判例，也许我们更应该将其视为汉穆拉比处理司法的案例集合。[12]确实，我们也发现有其他更古老的法律清单，[13]但《汉穆拉比法典》列举了大量法律条文，并以公开的形式雕刻并树立，让这部法典具有了独一无二的重大意义。[14]今天，该法典中的法律仍然是大多数研究亚述学（Assyriology）的学者们研究的第一份完整的楔形文字文本。

游牧民族加喜特人来了

在汉穆拉比继承者的神圣光芒日渐黯淡、巴比伦的强权日渐衰弱时，安纳托利亚的赫梯帝国（Hittite Empire）抓住了机会，于公元前1595年对巴比伦发动了一场短暂而极为成功的突袭。这场入侵标志着古巴比伦时代的结束，也意味着政治上更为分裂的时期已开始。至少在巴比伦人的眼中，他们被加喜特人（Kassites）所统治。公元前 18 世纪末，加喜特人在美索不达米亚的文字记录中第一次出现，但直到公元前 16 世纪，他们才在巴比伦的故事中扮演重要角色。加喜特人说的是一种非闪米特语系（Semitic language）的语言（即一种与巴比伦语没有联系的语言）。从语言上推测，他们很可能来自伊朗的扎格罗斯山脉（Zagros Mountains），他们大约在公元前 17 世纪开始在美索不达米亚定居，与巴比伦比邻，并逐渐形成了对巴比伦的军事威胁。不过，公元前 1595 年突袭毁灭巴比伦第一王朝的，是穆尔西里一世（Murshili I，前 1620—前 1595 年在位）统治时期的赫梯（Hittites）。不久后，赫梯首都汉梯沙（Hattusha）突然发生宫廷政变，穆尔西里一世在政变中遇刺身亡。从此，巴比伦政局不稳，社会动荡，成了邻国试图抢夺、占据的目标。尽管有关公元前 16 世纪种种事件的考古证据极为稀缺，但人们认为，南方的海地王朝曾短期占领过巴比伦城。随后，加喜特人开始统治该城以及美索不达米亚平原的北方地区。加喜特人建立统治的地点并不清楚。现有的最直接证据来自一份文件，其中记录着大约在公元前 1570 年，加喜特国王阿古姆二世（Agum II）在赫梯的首都汉梯沙重获马尔杜克神和他的配偶扎尔帕尼图的神像，并把它们接回巴比伦城的埃萨吉拉（Esagila）大神庙。这一举措具有重大象征意义，它似乎标志着加喜特人 4 个世纪的统治合法化，但这并非表明一个新时期的开始。[15] 公元前 15 世纪中期，加喜特人控制了过去由海地王朝占据的美索不达米亚南部领土，进而控制了整个巴比伦王国。

加喜特时期见证了巴比伦乡村定居模式的二度扩张。考古调查表明，在整个美索不达米亚南方地区，小型定居点变得更为普遍。而在同期，大定居点的数目有所下降。[16] 另一方面，也有证据说明，在库里噶尔祖一世（Kurigalzu I，?—前 1375 年在位）时期，巴比伦和其他城市也建造了许多纪念碑建筑，表明他们有许多剩余劳动力存在。[17] 加喜特人长期统治辽阔的国土，这证明了他们的成功。在公元前二千纪后半期，与他们同等重要甚至比他们更为重要的强国米坦尼（Mitanni）王国出现。该国由几个较小的胡里安人（Hurrian）王国于公元前 1500 年前后合并而成。该国疆域辽阔，包括今天的叙利亚大部分地区和伊拉克北部地区。这一时期是一个典型的“国际时代”[18]，这是由著名的阿玛纳书简（Amarna letters）所证明了的。该书简是在埃及法老埃赫那吞的首都阿玛纳（Amarna）被发现的，它们是法老阿梅诺菲斯三世（Amenophis III，就是阿蒙霍特普三世）、阿蒙霍特普四世和巴比伦加喜特王之间的信件，书简用巴比伦的楔形文字写成。[19] 来自伊拉克、叙利亚、黎凡特（Levant）和安纳托利亚的泥板文书证实，在公元前 15 世纪和公元前 14 世纪，类似的通信（伴随着礼物交换和王室通婚）也发生在东地中海沿岸和两河流域的国家之间。

虽然加喜特人的王国与古巴比伦王国的物质文化与精神文化不同，但也显示出其与更早的美索不达米亚文明之间的传承关系。最为典型的证据很可能是“加喜特”巴比伦人工制品“界石”（kudurrus），这是一种大型石头地契，上面刻有文字、神圣符号、人物。这些界石上的特殊图形，清楚地显示出巴比伦风格，其铭文中甚至还有古巴比伦使用的楔形文字。这很可能是加喜特人被巴比伦文化同化后制造的。无论是之前还是之后，我们都可以看到征服者往往会通过这种方式效法或者接受被征服者的文化形式，而不是试图把他们自己的文化强加给被征服者。很显然，在不同的历史时期，做法也不尽相同，但这一倾向似乎暗示着巴比伦城在文化、宗教和政治上是何等先进与难以取代！

埃兰人和其他人

在加喜特国王卡什提里亚什四世（Kashtiliashu IV，前 1232—前 1225 年在位）统治时期，巴比伦遭到了亚述国王图库尔提 - 尼努尔塔一世（Tukulti-Ninurta I，前 1243—前 1207 年在位）的军队的洗劫，损失惨重。以下是亚述考古发现的皇家铭文所记述的：

> （图库尔）提 - 尼努尔塔一世回到巴比伦，然后来到（……）附近。他摧毁了巴比伦城的城墙，（杀）死了许多巴比伦人。在他劫掠到的物品中还包括埃萨吉拉神庙的巴比伦财宝。他从马尔杜克神的（圣坛上）带走了大神，并把（大神）带到了亚述。随后，他任命了卡杜尼亚什（Karduniash，即巴比伦）的总督，并统治卡杜尼亚什长达 7 年之久。[20]

这是巴比伦第一次被置于亚述帝国的统治之下。有人发现，在亚述皇家铭文中，图库尔提－尼努尔塔一世使用了比他早很多的，拥有萨尔贡（Sargon）和纳拉姆－辛（Naram-Sin）等著名国王的阿卡德王朝时期的语言，该王朝是两河流域早期最强大的王朝。就这样，尼努尔塔一世为自己博取了“苏美尔与阿卡德之王”和“上下双海之王”（即“美索不达米亚到波斯湾之王”）的美名。[21] 他声称，在这次战役中：

> 我活捉了加喜特人的国王什提里亚什，（并用）我的脚踩在他高傲的颈上，就好像那是一把脚凳一样。我把他像囚徒一样捆绑着，带到了我的神阿舒尔（Aššur）面前。（就这样，）我成了整个苏美尔和阿卡德的主宰，（而且也）把我的疆土扩展到了东方的下海（Lower Sea）。[22]

在图库尔提－尼努尔塔一世统治结束后，整个东地中海地区都动荡不安。这一变化对亚述帝国的影响比对巴比伦的影响更为直接，因为动荡削弱了亚述帝国对巴比伦的控制。当然，埃兰王国的介入或许也是原因之一。因此，加喜特政权得以赶走亚述人，并以巴比伦为都城重建国家。这次加喜特人重新立国后，主要由阿达德－苏姆－乌苏尔（Adad-shuma-usur，前1216—前1187年在位）、美里－什帕克（Meli-Shipak，前1186—前1172年在位）和马尔杜克－阿普拉－伊地那一世（Marduk-apla-iddina I，前1171—前1159年在位）三位君主统治。然而，埃兰王国的军事力量十分强大，足以让加喜特王朝“寿终正寝”。大约在公元前1159年，埃兰国王舒特鲁克·纳－洪特一世袭击并占据了巴比伦城。随后，他的儿子被立为巴比伦王。也就是这个时候，一些巴比伦的纪念碑被搬到了埃兰王国的首都苏萨。对今人来说，其中最重要的当属《汉穆拉比法典》，但当时让巴比伦人更为痛苦的是失去了马尔杜克神像。[23] 当时，劫掠神像是美索不达米亚诸国的传统。在他们眼中，神像不仅是一件价值极高的物品，还有很多现实意义。在古代伊拉克，神像远不止可供人崇拜这么简单，它们在某种意义上就是神本身。而且，如果外国军队能够劫掠一座城市乃至一个国家并带走神像，就说明这座城市或这个国家已经被他们的神遗弃了。因此，神像被劫是一个尊严尽失、刺痛心灵的大事；而神像失而复得，哪怕在数百年后，也是令人精神振奋的大事。

埃兰王国在巴比伦建立统治后，虽然加喜特人坚持不懈地长期反抗，但加喜特王朝再也未能复辟。在以后的几百年间，巴比伦被外族建立的巴比伦第四王朝即伊辛第二王朝所统治。在一次战役中，伊辛第二王朝的尼布甲尼撒一世竟然成功地从苏萨夺回了马尔杜克神像，这一事件对后来巴比伦文化和宗教认同产生了一系列影响。人们说，正是由于尼布甲尼撒一世的协助，马尔杜克才能重回巴比伦，这标志着马尔杜克重登巴比伦主神位置。很可能也是在这个时期，巴比伦的创世史诗《埃努玛·埃利什》（Enuma Elish）最终完成。史诗把马尔杜克描绘成一位英雄，他在宇宙开始之初即征服混沌。[24] 这部史诗证明了马尔杜克的超凡地位，当然也体现出巴比伦文化的超凡地位。

沦陷：亚述帝国的反复征服

尽管尼布甲尼撒一世功勋卓著，但其后代也没能保证巴比伦长期独立。尼布甲尼撒一世是伊辛第二王朝时期最伟大的国王，但他的继承者就逊色很多了。首先是阿拉米（Aramean）部落联盟攻击巴比伦，显然说明了这个国家军力不足。接着是公元前一千纪初期，亚述在历代国王治下，从一个小国转变成美索不达米亚地区的军事霸主、一个占据中东大部分地区的庞大帝国。这就让巴比伦在政治与军事上均处于不利地位。公元前745年，亚述国王提格拉－帕拉萨三世（Tiglath - pileser III）执掌大权后，便加紧对南方用兵。一开始他只是针对迦勒底（Chaldean）和阿拉米部落，后来便主攻巴比伦。公元前727年，他的统治结束之时，整个巴比伦王国都已在亚述帝国的直接控制之下，巴比伦第四王朝就此结束。不过，亚述帝国撒缦以色五世（Shalmaneser V，前726—前722年在位）的短期统治和篡位者萨尔贡二世（Sargon II，前721—前705年在位）的掌权，令巴比伦王国得到暂时独立，但那已是马尔杜克－阿普拉－伊地那二世（Marduk-apla-iddina II，前721—前710年在位）夺取巴比伦王位之时了。前8世纪—前7世纪，人们见证了巴比伦王国人民对亚述统治的不断反抗，那些反抗往往是由强悍的迦勒底部落比特－达库里（Bit - Dakkuri）、比特－

阿姆卡尼（Bit - Amukkani）和比特 - 亚辛领导，他们占领的土地沿着幼发拉底河，从邻近巴比伦的波尔西帕（Borsippa）一直延伸到波斯湾。[25] 尽管这些部落基本上是定居的，居住在村庄里甚至有些还修筑了城墙，但他们显然还是善于游击战，这给亚述军队造成了不少的麻烦。这些部落很显然比他们的强大对手更善于利用自然环境。[26] 而且与巴比伦王国的定居者们相比，他们在与亚述人的战争中，并不会失去什么东西。

巴比伦夜间女王雕像，约刻于公元前 18 世纪。据考古学家研究，该女神可能是古巴比伦性爱女神伊什塔尔的一个化身

在这一时期，我们也能看到，亚述王辛那赫里布（Sennacherib，前 704—前 681 年在位）在试图维持对巴比伦的控制方面耗费了极大精力。公元前 703 年，马尔杜克 - 阿普拉 - 伊地那二世利用一次叛乱，第二次登上巴比伦王宝座。[27] 不过，辛那赫里布很快便平定了这次叛乱，并把在亚述宫廷长大的巴比伦人贝尔 - 伊博尼（Bel - Ibni，前 703—前 700 年在位）扶植为傀儡王。即使如此，反抗仍在持续。至公元前 700 年左右时，辛那赫里布才发现他不仅要征讨马尔杜克 - 阿普拉 - 伊地那二世，还要将贝尔 - 伊博尼赶下王位才行。不久，叛乱又被平定，辛那赫里布的儿子阿舒尔（Ashur，前 699—前 694 年在位）被立为新巴比伦王。但好景不长，公元前 694 年，埃兰王国再次入侵巴比伦王国，阿舒尔被擒。[28] 而后，另一位巴比伦人内尔伽尔 - 乌塞吉布（Nergal-ushezib，前 693 年在位）登上王位。不过，内尔伽尔 · 乌塞吉布的统治也是短命的，他于即位当年被亚述人活捉后处决。尽管反抗仍在其继承人穆塞吉布 - 马尔杜克（Mushezib-Marduk，前 692—前 689 年在位）的领导下继续，但在军事方面，巴比伦王国显然不是亚述的对手。巴比伦城虽损失不小，可城池戒备森严，在长时间被围的情况下依然固若金汤。那时的一份法律文件可以让

我们一瞥当时城内之景象：

> 在巴比伦王穆塞吉布–马尔杜克统治时期，土地因围城、灾荒和时局严酷而大片荒芜，最后什么都没剩下。两夸①大麦卖到了一个谢克尔银币②。城市的大门上了闩，任何人都不能出城。人们死后无人埋葬，巴比伦城的各个广场上都堆满了尸体。[29]

公元前689年，巴比伦城再次陷落，我们不清楚它是被武力攻破，还是因为饥饿被迫投降的。但随之而来的破坏则达到800年来的顶峰。有人认为，辛那赫里布的夷平城市的行为和巴比伦独立王权的废止是最后两个撒手锏，它们对结束一场令双方都精疲力竭的战争至关重要。[30]在美索不达米亚文化中，巴比伦城一直享有特殊地位，对这样一座城市采取如此残暴的摧毁自然不是一个轻松的决定。尽管如此，辛那赫里布还是用文字强调了破坏的总规模之大。在他为首都尼尼微供水的辛那赫里布灌溉渠道附近，矗立着几座石碑，上面镌刻的巴维安铭文（Bavian Inscription）对此毫不避讳：

> 我摧毁了这座城市和城里的房屋，从地基到城墙都夷为平地，最后再把一切付之一炬。我荡平了（城市的）外墙与内墙，也荡平了城市中的庙宇和金字塔形神庙，我把它们全都抛进阿拉图运河（Arahtu canal）。我在城中开凿了沟渠，引来滚滚洪流，让它的地基荡然无存。我对它的毁灭比一次滔天洪水做得更为彻底。后世之人或许永远也无法认出这座城市和（它的）庙宇的遗址。因为我用水彻底冲走了它，（并让它变得）如同洪水泛滥过的土地一般。[31]

考虑到巴比伦在文化和宗教上的重要性，这种破坏着实令人震惊。以至于后来的巴比伦与亚述的历史记录似乎都刻意避开这一话题，甚至有时

① *qa*，古代巴比伦液体体积度量单位，大约相当于1升。——译者注

② shekel，最初是重量单位，后来指一种古希伯来钱币。——译者注

还把破坏归咎于马尔杜克神之怒带来的洪水。[32]

此后的辛那赫里布仍打算册立一位臣服于他的巴比伦王，但未能成功，于是他便将巴比伦王国置于他的直接控制之下。[33] 同时，马尔杜克神像又一次被带走了，可能给了阿舒尔。[34] 根据《阿基图编年史》（*Akitu Chronicle*）的记录，在马尔杜克神像不在巴比伦的 20 年间，巴比伦人一直没有举行过新年庆典。[35] 以上所有这些都发生在公元前 8 世纪后期至公元前 7 世纪初期，那时巴比伦王国的人口不断下降。大批巴比伦的子民被放逐到亚述帝国腹地，这既可以减少持异见者与反叛者，又可以为建设尼尼微的伟大建筑提供劳动力，并为帝国其他地区的农业生产提供人手。[36]

由于辛那赫里布的儿子兼继承人阿萨尔哈东（Esarhaddon，前 681—前 669 年在位）面临着内部叛乱，他便在巴比伦城被毁的 11 年后进行了重建。在此之前，这座城市显然在辛那赫里布破坏后被废弃了。[37] 阿萨尔哈东在铭文中声称，这次重建是向巴比伦表达敬意与尊崇——这也是历代亚述国王的惯例，只是在辛那赫里布执政期间中断了。布林克曼（Brinkman）以如下文字概括了铭文的内容：

> 阿萨尔哈东的铭文专注于建立一个以神祇为中心的神话体系，而巴比伦的毁灭与重建都是在这一神话体系内发生的：凶兆是巴比伦人的邪恶行为（包括对庙宇本身的非法挪用）和严重洪水对城市的破坏；吉兆则是马尔杜克缩短了惩罚的延续期（从 70 年变为 11 年），并且带来了巴比伦王位的恢复。根据不同的铭文可知，亚述人集合了一大群来自巴比伦王国、亚述帝国和其他被征服国家的劳动力。阿萨尔哈东甚至还声称他亲自参与了工作。[38]

然而，阿萨尔哈东并没有为巴比伦册立一位新王，而是让他的两个儿子，即亚述巴尼拔（Ashurbanipal，前 685—前 627 年在位）和沙马什·舒姆·乌金（Shamash-shuma-ukin，前 667—前 648 年在位）分别继承亚述和巴比伦王国的王位。这一安排不仅刻意地将帝国分为两部分，而且要对两兄弟做出尽量公平的安排，以便最终可以让两位亚述王对两个王国同时行使权力。这一继承方式照计划实施了，且这种双君主制形式大约持续了

16年。在此期间，作为亚述王的亚述巴尼拔一直在继续他父亲重建巴比伦的计划。同时他积极对外扩张，扩大了亚述帝国疆域。据铭文显示，当时巴比伦王位的恢复（以沙马什·舒姆·乌金为王）和马尔杜克神像的回归（无论是原来的雕像还是在亚述重塑的金身）让巴比伦王国和亚述帝国都陷入了狂欢。

在很长一段时间内，亚述巴尼拔面临的重大军事威胁，都来自西方的埃及和东方的埃兰。后来，亚述对两国用兵，分别取得胜利，最终令亚述帝国的疆域扩大了。然而，公元前652年，沙马什·舒姆·乌金转而反对他的兄弟，发动了一次巴比伦反抗亚述的战争，双君主制戛然而止。有关战乱的原因，有人说是因为亚述巴尼拔对他的兄弟过分使用“上国国君”的权威感到不满，也有人说是因为沙马什·舒姆·乌金受到了埃兰王国和一些部落势力的支持，认为自己在军事上有战胜亚述的能力。无论原因是什么，其结果都是一场毁灭性的战争，最终两大王国在战争中全部被摧毁。公元前648年，巴比伦城最终陷落的时候，已被亚述围困了两年之久。这次战争同样伴随着饥饿和疾病。战乱平息之后，巴比伦的其他城市也惨遭蹂躏。尽管亚述再度征服巴比伦，但其军队仍然进行了多年对埃兰、美索不达米亚南方部落和西部沙漠部落的惩罚性战争。在7年的征战结束之时，亚述帝国成功地战胜了它的所有敌人。然而，这些战役也让亚述帝国元气大伤。令人惊奇的是，战乱平定之后，我们竟然没有发现关于亚述征战的历史记录。[39]亚述巴尼拔虽然得胜了，但连年征战耗尽了亚述帝国的资源，正是这一连串的战争为亚述的灭亡埋下了种子。沙马什·舒姆·乌金被烧死了，但原因究竟是自杀、他杀还是在巴比伦遭到破坏时死于事故则不得而知。[40]亚述巴尼拔有一面记录这些事件的棱柱形石碑，其中宣称，阿舒尔神亲自把沙马什·舒姆·乌金扔进大火。[41]不过，这两兄弟的故事在非楔形文字的文献中得到了保存：公元前4世纪，来自埃及的一份莎草纸片段上，有一份这个故事的阿拉米语版本。[42]这甚至可能是有关萨尔丹那帕勒斯（Sardanapalus）的希腊故事之灵感。[43]无论沙马什·舒姆·乌金的命运究竟牵涉哪些细节，他的形象始终没有出现在表现亚述巴尼拔接受巴比伦投降与进贡的亚述浮雕上。[44]

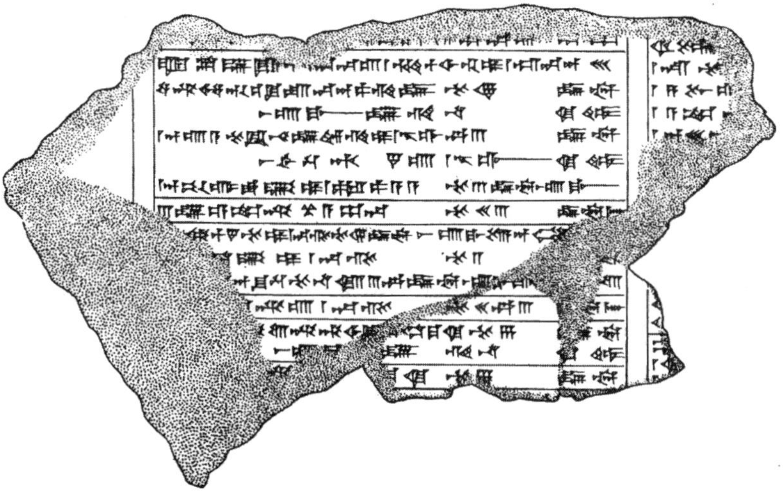

20 世纪纪初，历史学家伦纳德•威廉•金《朝代志》一书的插图。
该泥板上记述了古巴比伦各王朝的统治者

战争之后，巴比伦由一位名叫坎达拉努（Kandalanu，前 646—627 年在位）的国王统治。有关他的事迹，现今存留的文字记录极少。[45] 此后 20 年，巴比伦王国的经济恢复了，但在公元前 627 年亚述巴尼拔和坎达拉努去世前后，巴比伦再次卷入政治漩涡之中。接着，一位新的巴比伦领袖那波帕拉萨尔（Nabopolassar）击败了亚述派往巴比伦的军队，并以独立的巴比伦国王身份登上了王位。此后，亚述再也未能取得对巴比伦的优势，而尼尼微也于公元前 612 年被巴比伦 - 米底联军攻陷。由于亚述得到了它的昔日竞争者埃及的支持，所以仍然占据着美索不达米亚的西北部。不过，亚述也没有存活多久，它与埃及在前 605 年的卡赫美士（Carchemish）战役中惨败，帝国灭亡。[46] 亚述帝国的覆灭，永久性地改变了中东地区的政治版图，让巴比伦重新恢复其霸主地位。

高奏凯歌的巴比伦：新巴比伦时期

在那波帕拉萨尔和尼布甲尼撒二世统治下，巴比伦人以巴比伦城为首都，向东扩张并占据了亚述人过去统治的大部分地区。从而建立起一个从东面的扎格罗斯山脉，一直延伸到西面地中海的帝国。我们有理由相信，这个“新巴比伦王国”与亚述帝国有一些联系。[47]《旧约圣经》称该王朝为迦勒底[48]，现代学术界认为，那波帕拉萨尔是比特－亚辛部落的成员，不过支持这一观点的证据非常有限。[49] 无论这个王朝的根基在哪里，那波帕拉萨尔继承的领土和管理机构在很大程度上传承于亚述帝国。

巴比伦国王也和亚述国王们一样，在控制黎凡特的领土上与埃及展开角逐。在身为王储的时候，尼布甲尼撒二世曾在与埃及的战争中取胜。人们期待他作为国王能保持领土完整，并防止属国改变效忠对象或者停止来朝。在他眼中，最大问题之一是犹大国（Judah）之存在。公元前 597 年和公元前 587—前 586 年，尼布甲尼撒二世曾两次不得不出兵围困耶路撒冷（Jerusalem），以重新确立他的权威。第一次，犹大国国王约雅斤（Jehoiachin）、他的家人和其他放逐者被流放到了巴比伦。第二次，耶路撒冷城遭到洗劫，庙宇遭到劫掠，犹大国灭亡。许多犹太人从犹大国流放到巴比伦。《旧约圣经•耶利米书》（*The Book of Jeremiah*）认为，第二次放逐发生于公元前 582—前 581 年。[50] 事实上，这种做法并不新颖或不同寻常，因为此类放逐一直是该地区的传统。在公元前一千纪初期，亚述曾凭借军事力量控制了庞大的国土，但其管理机构相对落后，各类事件频出。来自行省、属国和傀儡国的赋税和贡品对亚述帝国的对外扩张至关重要，而管理机构不完备的结果就是让帝国事务变得越来越复杂。而且，防止边陲叛乱也已成为亚述国王关注的主要问题。因此，他们采取了一些政策来应对这一需要，如大规模放逐就是其中之一。当征服了新的领土或者镇压了叛乱的属国之后，征服者们经常会为了彰显王权，将大批本土居民流放到帝国的核心地区。利用这项措施，能够有效地分离叛乱人口，减少叛乱发生的可能性。[51] 而且这种做法确实也是有效的，在整个亚述帝国时期和新巴比伦王国时期一直被沿用，直到巴比伦在公元前 539 年被波斯人征服，这一政策才逐渐淡出历史舞台。而且被放逐者大多数并非奴隶，[52] 有些甚至在帝国核心地区还被提升到高位。如《圣经》里的人物但以理（Daniel），其职业生涯便反映出这一结果。但以理受过完整的巴比伦书吏教育，并成为国王心腹。在帝国中，放逐后成为高官，其实是普遍存在的。今天的我们可以把它视为一种和谐、包容的方式，它是以一种可行的、帝国认同的方式，有效地统治一个宗教与民族多样化的帝国。可以理解，非巴比伦来源的资料对这一政策持有更为阴暗的看法。例如，《圣经》提及的犹大国的放逐事件，影响了现代对古代巴比伦王国的认同，这比其他古代文献，包括巴比伦皇家精英人士的文字记载的影响都要大。耶路撒冷城被占领与破坏，以及后来犹太人被放逐到巴比伦，这不仅是从《圣经》作者的角度观察的一个重大事件，也是犹太教和基督教中具有极其重要象征意义的事件。

犹大国流放事件变成了有关尼布甲尼撒二世的形象与历史遗产的主要事件，这一点无疑在国王的意料之外。按照巴比伦的说法，他最重要的作为，是保卫了他父亲那波帕拉萨尔建立的年轻帝国之安全。他重建了巴比伦城，并使其成为帝国首都。2000 年后，由考古学家于 20 世纪初期发掘的这座城市，基本上是由尼布甲尼撒二世于公元前 6 世纪初期建成的，而这正是人们最感兴趣的犹太人流放时期，同时也是巴比伦最具有世界性意义的时期。尼布甲尼撒二世的建筑物铭文列举了他的成就，如其中有一份叫作《尼布甲尼撒：正义之王》（*Nebuchadnezzar*，*King of Justice*）的文本把他形容为维护法律与秩序、惩治邪恶的正义之王。[53] 这类似于对古巴比伦最杰出的国王汉穆拉比之赞誉。最令人吃惊的是，尼布甲尼撒二世的纪念碑铭文模仿了古巴比伦时期的文本写法，将尼布甲尼撒描述为一位至少生活在他所在时代 1000 年前的国王。[54]

公元前 562 年尼布甲尼撒去世，他的儿子阿美尔－马尔杜克（Amel-Marduk，前 562—前 560 年在位）即位。后者曾因一件宫廷阴谋而不得老王欢心，并被投入监狱。[55] 可见，巴比伦宫廷生活十分危险，这一点可以通过随后走马灯似的继位得以证明。尼布甲尼撒二世在位 40 余年。他的儿子阿美尔－马尔杜克或许在他父亲死前最后几年当过摄政的角色，然而他自己单独执政只坚持了两年。他于公元前 560 年被他的姻亲兄弟涅里格利沙尔（Neriglissar，前 560—前 556 年

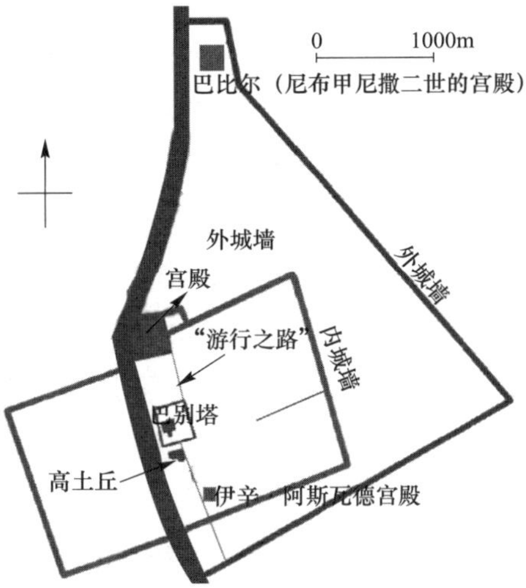

法国人发掘的幼发拉底河畔的
巴比伦城遗址示意图

在位）谋杀，后者继而篡夺了王位。但是，涅里格利沙尔也在不久后的公元前556年去世。继承人是他年轻的儿子拉巴什-马尔杜克（Labashi-Marduk，前556年在位），但他头戴王冠仅仅3个月就去世了，几乎肯定也是被谋杀的。王位这一次传给了那波尼德斯（Nabonidus，前556—前539年在位），虽说这位国王的在位时间比较长，但其运气不见得更好。

是那波尼德斯谋杀了拉巴什-马尔杜克吗？那波尼德斯的一块石碑铭文显示："拉巴什-马尔杜克不过是个孩子，（他还）没有学会如何当国王的时候，就违反了神的旨意，登上了王位。"石碑铭文继续强调："我（指那波尼德斯）才是我的前任国王尼布甲尼撒二世和涅里格利沙尔意愿的真正执行者！"[56]多尔蒂为他做了辩护。他提醒大家，铭文上并没有说到杀死拉巴什-马尔杜克的事，也没有说到篡夺王位的事。其实，那波尼德斯只是在强调他与尼布甲尼撒二世和涅里格利沙尔之间的联系，而非是创建新王朝。"有足够的证据证明，新巴比伦的最后一段统治也是新巴比伦王国的重要组成部分。"[57]对于他没有说到谋杀和篡位的问题，我们也可以找到明显的政治解释，即要宣布他染指王位的合法性，这就需要提及早些时候的国王。应该注意的是，这个故事也是通过后来的巴比伦历史学家贝罗索斯（Berossus）而为人所知的。他的叙述不仅保留了那波尼德斯对拉巴什-马尔杜克的贬低之词，还陈述了那位年轻国王是在一次政变中被杀害的，而那波尼德斯则是被他的共谋者推举为国王的。[58]我们应该保留这一假设，即拉巴什-马尔杜克是被谋杀的，而那波尼德斯即使不是流血政变的领导者，也一定是政变的受益人。

那波尼德斯把自己描述为不曾预期承担国王角色的人，甚至说自己只是"一个小人物的儿子"[59]。他虽非贵族，但他的背景其实不凡。他一生都与当权者过从甚密。据其铭文声称，他曾为自尼布甲尼撒二世以来的各位国王竭诚服务，甚至可能是"巴比伦的拉比奈托（Labynetus）"。他首次出现在历史学家希罗多德的笔下，记录他为吕底亚和米底斡旋，最终达成了和平。[60]尽管如此，那波尼德斯自己的陈述说明，他的继位相当出人意料，需要大量的神明认可才行：

> （这是）辛①的伟大奇迹，是任何（其他）男女神祇都不知道该（如

① Sin，巴比伦的月神，详见后文。——译者注

何完成的）奇迹，而且该奇迹也从来没有在这个国家中发生过。

（您），尊敬的辛，生活在天堂中的一切男女神祇的首领，下凡到（我）巴比伦王那波尼德斯的身边来吧！因为我，那波尼德斯，一个孤独的人，身边没有任何人。在我的心中从来没有想过得到王权，只是因（向辛）以及男女神祇们祷告，然后辛召唤我取得王权的。[61]

他的母亲是阿达－古皮（Adda-Guppi），即哈兰（Harran）的月神辛大祭司。据她的铭文记载，是月神召唤那波尼德斯取得王权的。[62] 而且那波尼德斯自己的铭文也声称，在他的整个统治中，那波尼德斯以不同寻常的程度专注于对辛的崇拜。虽然月神一直在巴比伦诸神庙中享有重要地位，但在正常情况下，国王专注崇拜的主要对象应该是巴比伦的守护主神马尔杜克和他的儿子纳布才对。根据保存下来的文字资料来看，似乎那波尼德斯对于月神的特殊崇拜来自他的家庭，特别是来自他非凡的母亲。即使相隔 2500 年，阿达－古皮仍然给人留下雍容华贵的印象。她的名字能够传到今天，这一事实本身就让她跻身于非常小的一撮美索不达米亚皇家妇女之列。而描述她的生平的长篇文字能够保留，更让她的地位绝无仅有。今天的人们将在哈兰的两块石碑上发现的文字称为“阿达－古皮的自传”。除了说明她的权力，这些文字也记录了她似乎享有长得不可思议的寿命，这对于古人特别难得。如果我们相信她的这份“自传”是真实的，那么阿达－古皮就至少活到了 104 岁。“我的视力（直到我生命的终点时）仍旧很好，”她这样告诉我们，“我的听力极好，我的手脚也都没问题。我会精心选择辞藻后再说出我要说的话，我很享受食物和饮料，我健康状况良好，精神愉悦。我能看到我的曾孙，一直到第四代都很健康，（因此）我觉得晚年生活很幸福。”[63]

实际上，那波尼德斯对神的虔敬和崇拜行为，到底有多真诚，我们很难评判。而保留下来的几份关键资料都是明确反对那波尼德斯的。如一个主要例子，那波尼德斯曾在波斯入侵之前，在巴比伦王国的各个城市中收集神祇雕像运送到巴比伦城。但人们认为，神祇入住哪座城市是他们自己的选择，不可能每尊神祇都要进入巴比伦。当然，在巴比伦被征服后，人们很容易发出指责，说这些神祇雕像是在违反他们意愿的情况下被带进城市的。因此，他们也不会保护这座城市以及它的国王。[64]

在那波尼德斯统治期间，最令人困惑的是他很长时间都不在首都巴比伦。大约公元前553年，那波尼德斯前往阿拉伯半岛西北部的泰玛（Teima）旅行，并在那里居住了10年之久，而让他的儿子贝尔－沙拉－乌苏尔（Bel-sharra-usur）（即《圣经》里的伯沙撒）充当巴比伦摄政。这种安排是不符合常理的，自然结果也很难令人满意。因为有些崇拜仪式只能由国王亲自负责，这就使它们在10年间未能执行。我们不知道那波尼德斯为什么决定离开。根据他自己对有关事件的陈述，似乎在巴比伦、波尔西帕（Borsippa）、尼普尔、乌尔、乌鲁克和拉尔萨有一股由祭司和市民组成的反国王势力，他们全都拒绝在哈兰重新修建辛的艾克胡尔库尔（Ekhulkhul）神庙。无论与他的不在有无关联，总之在那波尼德斯离开的那段时期，巴比伦似乎也受到疾病和饥饿的沉重打击。[65]

在《死海古卷》（*Dead Sea Scrolls*）中记载了一份叫作《那波尼德斯之祷告》（*Prayer of Nabonidus*）的传说。其中说，国王不在巴比伦，是因为他本人罹患了一种病症：

> （本人那波尼德斯），7年间在（那里）身受（邪恶的布刹那病）折磨，而且在（那个）时刻，我变得如同死人一般（？）。我向最高的神祇祷告，他原谅了我的罪。（于是）一位来（自于流放地的）犹太先知（来到我身边，对我说）：“神已宣告（对你的宽恕）并写下来，以此将尊崇与光（荣）奉献给（最高神祇）之名。”[66]

更为可能的原因是政治和经济上的：许多理由让我们相信，那波尼德斯此行是去征服并控制阿拉伯半岛的贸易通道。因为在公元前6世纪，香料与调料贸易的收益极高，并且一路看涨。然而，这一解释只能说明巴比伦王国希望在那里显示其存在的原因，却无法说明为什么巴比伦国王本人可能想要或者需要前往显示其存在。同时，还要在长时间内不顾他在巴比伦的政治与宗教责任。一份反那波尼德斯的文字《那波尼德斯故事诗》（*Verse Account of Nabonidus*）声称，[67]在他出游的这些年间，巴比伦新年庆典阿基图（显然是一年中最重要的事件）[68]都无法举行。只有国王才能成为人与神之间的媒介，而这个角色似乎无法由摄政者扮演。《那波尼德斯故事诗》是一份宣传性文字，但阿基图庆典的中断是非常真实的：那波尼德斯自己的皇家编年史中也证实了这件事：

> 国王没有在尼萨努月（新年庆祝）时来到巴比伦；纳布神没有来巴比伦，贝尔神的形象没有走出埃萨吉拉神庙参加游行，新年庆祝没有举行。[69]

那波尼德斯于公元前 543 年回到了巴比伦。然而，那时中东的力量平衡已然改变。伊朗南方的波斯王居鲁士二世（前 559—前 530 年在位）于公元前 559 年登上了王位，并成功地领导了一次对位于今伊朗西部的米底王国的战争，推翻了国王阿斯提阿格斯（Astyages）。接着，居鲁士迅速征服了整个小亚细亚，其中也包括克洛伊索斯国王（Croesus）的吕底亚帝国。最后，他强大到能够对巴比伦王国的王位提出挑战的程度。在公元前 539 年的俄庇斯战役（Battle of Opis）中，居鲁士的武装击败了那波尼德斯和伯沙撒的军队，这让居鲁士成为征服者进入巴比伦。居鲁士圆柱也重点描述了这件事。这一圆柱是波斯国王居鲁士对于其征服大业的雕刻性描述，后文我们还会提到。在巴比伦城内也有一些喜欢居鲁士的人，这也可能是巴比伦城未加抵抗的原因。令人认为最合理的理论是，在埃萨吉拉的马尔杜克神庙祭司们因那波尼德斯特别崇拜月神辛而不满，这才让居鲁士得以轻易占领巴比伦。

我们不太清楚那波尼德斯和伯沙撒的命运。公元前 3 世纪的历史学家贝罗索斯认为，那波尼德斯被俘后便被流放到了边远地带卡曼尼亚（Carmania），即位于今伊朗东南方的克尔曼（Kerman）的一块土地。[70]

在波斯帝国中的巴比伦

在后人的眼里，巴比伦于公元前 539 年被居鲁士征服是《旧约圣经》中预言的实现。虽然预言认为这座城市将会被彻底摧毁，但真实情况是这次征服只是新巴比伦王朝末期与波斯统治初期的一次平稳地过渡而已。这时巴比伦城仍然存在，它成为庞大的阿契美尼德王朝的一部分。这个王朝是居鲁士创建的，远远大于过去在这里出现的任何一个政治实体。随后，居鲁士的继承者们又把疆域向西推进到了东地中海，向东则深深楔入了中亚。这并不是说现在的巴比伦已经不重要了：这座城市仍然是帝国的首都，不过它已降格为4座都城之一。[71] 它是重要的管理中心，而且肯定也是世界上最大的商业中心。居鲁士本人很注重神话的传承，我们可以从著名的居鲁士石柱看到这一点。19世纪后期，霍尔木兹德·拉萨姆（Hormuzd Rassam）在巴比伦出土了一份地基铭文，[72] 即居鲁士圆柱，其中描述了居鲁士是如何在那波尼德斯的离奇统治结束后，让巴比伦的宗教秩序与文化生活恢复正常的。无论从格式、语气以及奉献对象——城市主神马尔杜克来说，这份文件都具有典型的巴比伦风格。这是一份有关这座城市被征服的故事，这无疑是个重要的历史事件，但它在现代往往与另一个事件相联系，即犹太人流亡生活的结束，而这与《圣经》有着密切关系。

在波斯统治的两个世纪（前539—前330年）中，巴比伦在一个疆域更辽阔的帝国中继续扮演着重要的政治、文化和经济角色。[73] 著名的耶路撒冷回归与第二圣殿时期的开始掩盖了一个事实，即整个巴勒斯坦地区仍然在一个外来者建立的帝国统治之下，而且其部分管理者来自巴比伦。公元前525—前522年，波斯在与埃及的战争胜利之后，冈比西斯（Cambyses，前530—前522年在位）把埃及并入了自己的版图，从而征服了这个地区仅存的大国。而且，他有效地保证了黎凡特这些小王国只能是波斯的属国。无论如何，居鲁士圆柱支持了《圣经》中有关回归耶路撒冷的说法，[74] 这也让许多人将其视为一份古代的《人权宣言》。[75] 当然情况并非如此，其实它只是一份表达君主仁慈的文件而已，认为人民可以享有不受王权与神权干涉的“权利”的想法是非常现代的理念，是与居鲁士圆柱上所雕刻的那个时代格格不入的。但人们也并非总是愿意接受波斯的统治：波斯国王们遭遇了巴比伦的进一步反抗，这次叛乱差点让薛西斯一世（Xerxes Ⅰ，前485—前465年在位）关闭马尔杜克的埃萨吉拉大神庙，并毁掉这尊神祇的雕像。[76]

追梦人亚历山大大帝

像居鲁士一样，亚历山大大帝在数场战役中击败了波斯王之后，便昂首阔步地穿过打开的城门，进入了这个世界上防守最为严密的城市。[77] 这位马其顿国王在一系列对波斯军队的战事中取胜，其中最辉煌的一次是公元前 331 年的高加米拉战役（Battle of Gaugamela），这场战役决定性地击败了波斯军队，让波斯王大流士三世（Darius III，前 336—前 331 年在位）狼狈逃窜。之后，大流士三世组织了对亚历山大的抵抗，在失败后，便由于自己的作用消失而被昔日的盟友杀害。有关这些事件的主要资料几乎全部来源于希腊。尽管有一份巴比伦天文学日记准确地给出了亚历山大在高加米拉击败大流士和进入巴比伦的日期，但遗憾的是没有关于此事件的更多信息。[78]

有人认为，我们应该将亚历山大对巴比伦的统治视为阿契美尼德王朝的延续，因此波斯人真正结束统治是在他于公元前 323 年去世时帝国出现分裂才来临。[79] 这一观念当然与巴比伦的特定命运吻合。亚历山大想让它成为自己的新首都，并开始着力恢复这座城市的神庙，其中主要包括埃萨吉拉和金字塔形神庙埃特曼安吉（Etemenanki）。亚历山大致力于恢复波斯国王们在位时的宏伟传统。[80] 广为人知的事件是，亚历山大想接受波斯的王室传统和祭拜仪式，特别是继续尊崇那些神祇，但他手下的将军们对此越来越不满。[81] 让这些崇尚平等的马其顿人尤其不可接受的是，亚历山大可能想要他们对自己行跪拜礼（proskynesis），即恭顺地下跪叩拜或者深鞠躬。[82]

亚历山大在巴比伦的最大建筑存在的时间非常短暂。[83] 那是为他公元前 324 年死于埃克巴坦那（Ecbatana）——今伊朗西部的哈马丹（Hamadan）——的挚友赫费斯提翁（Hephaestion）建造的火葬堆。在狄奥多罗斯（Diodorus）的描述中，该城有一段非常长的城墙被破坏，用于建筑一座每边大约 200 米长的火葬堆。[84] 然后，人们又对它进行了极尽奢华的装饰。狄奥多罗斯写道：

> 在整个基座上面的，是排列得密密麻麻的金色五段帆船船头，总共有 240 个。每条船的船首锚架上雕刻有两个 4 肘尺①高的跪姿弓箭手，在甲板上的是 5 肘尺高的武装男性雕像，而它们之间是毛毡制成的红色旗帜。在它们之上一层，即第二层插着 15 肘尺高的火炬，它们的把手周围镶有金色的花环。在它们的火焰顶端则栖息着翅膀展开、俯瞰下方的鹰隼，在鹰隼周围还盘着向

① 肘尺即手肘到中指顶端的距离，约 45—55 厘米。——译者注

上看着鹰隼的蛇。第三层上雕刻着作为猎人狩猎对象的各种野兽。第四层雕刻的是表现半人马与人类之间大战的金色艺术品。第五层交替雕刻着狮子和公牛，也是金色的。第六层覆盖着马其顿和波斯的武器，显示着前者的超凡技艺与后者的溃败。第七层，即最上层是海妖塞壬（Sirens），这层中间是空的，表示海妖正在为将来放在空地储存的死者灵魂唱挽歌。[85]

我们用不着思考具体细节的真假，只要知道狄奥多罗斯引述了亚历山大时期的历史学家克莱塔卡斯（Cleitarchus）的话就行了，即他说亚历山大“对这次葬礼表现得极为狂热，希望将这次典礼办成前无古人后无来者的绝唱”[86]。这一点当然符合亚历山大这个自封为阿喀琉斯（Achilles）者的风格，后者在特洛伊失去了挚友帕特洛克罗斯（Patroclus）。当然这个悲剧还有续集，它发生在公元前 323 年 6 月，亚历山大本人在高烧两周之后死去。[87] 他在巴比伦去世时的情况有许多经典叙述，其中包括许多凶兆以及迦勒底圣贤们的警告。不过，情况究竟如何，尚无定论，因为疟疾、伤寒和毒杀说都各有支持者，但毒杀的可能性看上去很小。[88]

亚历山大去世时还很年轻，没有足够的时间去完成他的建筑项目。因此，金字塔形神庙没有恢复。斯特拉波（Strabo）在书中说，只是清除金字塔形神庙的瓦砾就需要 2000 个男子干上 2 个月，而亚历山大的任何继承人都没有继续这份工作。[89] 与此同时，诸希腊化（Hellenistic）帝国的东方化似乎是在亚历山大统治时期便已初露端倪。而在随后的几个世纪，这一过程似乎打开了希腊艺术和文化向西亚和中亚地区传播的通道。[90] 阿契美尼德王朝加速了这一过程，艺术和思想在东方和西方相互交融。从此之后，人们可以在美索不达米亚的物质文化中强烈地感受到希腊的影响，而这一影响其实更偏向东方一些。

巴比伦淡出视野

巴比伦在改朝换代中的慢慢衰亡，是一个循序渐进的过程。这是通过政治与经济的逐渐边缘化产生的，并非军事力量的结果。公元前 4 世纪末，塞琉古·尼卡特利（Seleucus Nicator）在亚历山大的部将争夺马其顿国王之位而自相残杀的空隙，趁机占据了在西亚的几个省份，并将底格里斯河流域的塞琉西亚定为新首都。这一举措大大扩展了这一地区已有的定居点，[91] 为之后这座新城市成为一个重要的贸易中心打下了基础。从此开始，尽管巴比伦城仍然是当地宗教与学术活动的重要中心，但历史证明其没落只是时间问题了。到了 1 世纪，巴比伦的庙宇似乎成了能够使用楔形文字和阅读古老文件的最后地点之一。

几个世纪内，巴比伦的重要性如何下滑，人口如何减少，我们没有清晰的数据。人们认为，这座城市再也没有从公元前 127 年的帕提亚人洗劫（Parthian sack）中恢复。而在此之后，我们对它的联想可能更多的是一座城市废墟，而非昔日辉煌帝国的首都。尽管如此，从世界之城成为残垣断壁是一个极为漫长的过程，历时或许长达 1500 年左右。公元 10 世纪，伊本·豪卡尔（Ibn Hauqal）记录了一个名字叫作巴比尔（Babel）的小村庄①。[92] 到了图德拉的拉比·本杰明（Rabbi Benjamin）于 12 世纪再度到访的时候，似乎连这个小村庄也消失了。直到今天，在遗址周围还有几个村庄存在，但从 12 世纪以来，当地的主要定居点已转移到现在的希拉城（al-Hillah）。在某种意义上，这样的淡出视野是比暴力摧毁更为彻底的终结。事实证明，巴比伦消失于人们视野的最后时刻也不是轰轰烈烈的，如同它的开始一样，不为后世所瞩目。

呼啸出没的巴比伦鬼魂

以上的内容，只不过为后面的内容提供了一个基础历史背景，粗略描绘了巴比伦这座城市在古代中东历史上的地位，进而展现出历史与考古学的大致观点。我们以此为起点，可以观察这座古代城市的方方面面。因为本书讲述的主题不是这座古城本身，而是人们对它的感受、古城的影响和它的

① 参见本书 26 页，巴比伦城遗址示意图。

“来生”。因此，在转而讨论其他问题之前，我们或许应当停下来思考一下古代美索不达米亚文化围绕这座城市发展出的神话、传说和知识主体。

巴比伦人认为，从世界的原初开始，巴比伦不仅是宇宙的中心，还是创世的场所。这一说法，听起来或许对公元前两千纪和公元前一千纪的美索不达米亚有所夸大，但基本吻合。《埃努玛·埃利什》是一部描写巴比伦创世的史诗，它或许用以契合公元前 12 世纪在尼布甲尼撒一世领导下的巴比伦与埃兰战争之真实历史，史诗中将马尔杜克描述为能从混沌中创造秩序的英雄神。他通过击败提亚玛特（Tiamat）率领的原始海怪军队，得以创造世界及世界中心巴比伦。[93] 人们认为，马尔杜克能在诸神中崛起并排挤掉早先的主神如恩利尔，与尼布甲尼撒一世从苏萨夺回神像一事有关。这座神像曾在加喜特王朝覆灭之后作为战利品被带到了苏萨。这一事件本身就具有传奇色彩，而尼布甲尼撒一世也因此获得了巴比伦文化中的英雄之声望。

《亚历山大进入巴比伦城》，查尔斯·勒布朗绘，1665 年

作为一座城市，巴比伦足够重要，也足以成为神话中的一个至关重要的角色。美索不达米亚历史编年学关注的一个被高度神话了的领域，即公

元前三千纪末期阿卡德诸国王的兴衰。前文说过阿卡德的萨尔贡曾创建了一个覆盖整个美索不达米亚的国家，声称它曾打遍了“上下双海”（即从美索不达米亚到波斯湾）。[94] 这很可能是美索不达米亚甚至是整个世界的第一个大帝国，令萨尔贡的声望大涨，并在他死后一直延续。也许正是这个原因，让他获得了传奇般的“英雄王”称号，声誉之隆可以与乌鲁克的传奇之王吉尔伽美什（Gilgamesh）相提并论。然而，与萨尔贡的正面名声如此显赫相反，他的孙子纳拉姆－辛却臭名昭著。纳拉姆－辛活着的时候，似乎是一位非常成功的国王，一位与其辉煌前任有着同样彪炳战绩的军事领袖（他是我们知道的第一位将自己封为神的古代美索不达米亚国王，在他的一幅胜利石碑图像中以戴着有角帽子的形象出现）。[95] 但阿卡德王国的强权没落，似乎就是在他执政结束之后开始的。而且在传说中，正是他造成并一直主导着这座城市的灾难性毁灭。各种文本详细描述了一个故事，说明纳拉姆－辛是如何固执地决定在尼普尔重建恩利尔神庙的，甚至在没有得到必要的神迹出现时仍旧一意孤行，接着便是神祇抛弃了这座阿卡德城市。[96] 然而，还有一个渎神的传说涉及阿卡德王国的缔造者萨尔贡。《韦德纳年表》（*Weidner Chronicle*）[97] 给人的印象是萨尔贡罔顾马尔杜克的愿望，为创建新的定居点（或许是阿卡德本身，或者是附近的另一座城市）而从巴比伦割走了土地，他甚至大胆地把这个新定居点也命名为巴比伦。[98] 从此之后，马尔杜克转而反对阿卡德国王，而当纳拉姆－辛进一步犯罪之后（这份文本说他“毁灭了巴比伦人民”），马尔杜克的怒火终于降临，表现为来自伊朗的古蒂人（Gutian）入侵，导致阿卡德的混乱与崩溃，并最后将“整个世界的”主权赐予乌尔的国王舒尔基。[99] 文本给人的整体感觉是：建设阿卡德是一种傲慢的企图，因为想要创建一座新巴比伦或者巴比伦的镜像，是想让阿卡德的历史成为神佑与好运故事的一个翻版，而这一切本来应该属于巴比伦。

在这些说法中，没有任何一项与我们所知的这一时期的历史相符：巴比伦在伊拉克南部城市中的崛起发生在阿卡德衰落之后的很多个世纪。在萨尔贡的时代，我们就连能够说明那时巴比伦已经存在的证据实在是非常有限。尽管如此，人们仍普遍感觉巴比伦是一座极为古老的城市，“创世史诗”只不过是这座城市的有趣故事中的一个。从历代美索不达米亚国王的成就来看，其中较为重要的一项就是在新建筑物和庙宇、城墙和宫殿的重建建筑物下埋上地基铭文。在整个美索不达米亚历史中，埋地基铭文是一种标准做法，如果后世国王在他们自己的重建工作中发掘到了这样的铭文，就会被认为是一种吉兆。在巴比伦后期，我们可以看到人们对前任国王和古代城市的崇拜，其中表达得最明显的，是尼布甲尼撒二世在他的建筑物铭文中使用一些古代文字。为了将汉穆拉比时代的文字准确地表现在尼布甲尼撒的纪念碑上，便需要题铭学者拥有远超1000年的文字之变化的知识，而且我们确实有书吏们对早期文字进行研究的证据。来自巴比伦和波尔西帕的泥板清楚地说明，新巴比伦时期的书吏收集并研究古代文件已到了完美程度。[100] 除了这些技术方面，实际工作也清楚地表明了人们对于汉穆拉比的尊敬，这是对巴比伦的伟大历史和较早时期统治者成就的致敬。而且尼布甲尼撒二世国王本人也是从前任尼布甲尼撒一世那里得到了名字，因此大约500年前为巴比伦夺回马尔杜克塑像的尼布甲尼撒一世和他的卓越统治也成为城市传说的一部分。

当波斯的居鲁士于公元前539年征服巴比伦的时候，他的宣传与尼布甲尼撒二世的宣传在格式与语言上差不多。居鲁士圆柱有许多引人注目的特点，其中之一是它在很大程度上是一份传统的巴比伦文件。圆柱在格式、语言、文本，甚至在对巴比伦神祇马尔杜克的虔诚投入方面[101]，都强调了与当地传统一脉相承。它甚至提到了在波斯建筑工作中发现的一份亚述巴尼拔的铭文，而他是居鲁士之前的一位国王，因此这是一个吉兆。当然，与此同时，为了让自己与巴比伦王位的悠久传统挂钩，居鲁士也成功地妖魔化了他的上一任那波尼德斯。正如我们将在后面的章节中看到的，传说中的那波尼德斯玩忽职守、不负责任，甚至可能有些癫狂。但随着时间推移，其形象逐步改变，最终将长期活跃在后世的文化中。通过宗教传统，居鲁士把他对自己和对那波尼德斯的表现的描述流传了下去。有趣的是，居鲁士对他的征服行为的描述也遵循一种似乎来自后人的视角，对于巴比伦的征服者具有一种一致的模式，即强调他们都是和平进入城市的，且他们尊重这座城市的神祇。另外，他们对王位和市政工作很负责任。特别是有关亚历山大行为的描述，与他征服的阿契美尼德王朝的缔造者之行为如出一辙。[102]

所有这些都在告诉我们，巴比伦已由历史变为神化，而且很多都来自城市本身。它们正处于一个“光怪陆离”的巴比伦的起始之初。命中注定，巴比伦会产生神话、幻想和传说，它们的力量越来越强大，最终湮没这座古老的城市本身。而这个转变是随着《圣经》和古希腊传说开始的。

第3章 暴君与传奇：巴比伦是这样被神话的

到了公元 1 世纪，楔形文字书写系统已近消亡。巴比伦似乎是这种文字一息尚存的最后中心之一，使用这种文字的文件还被保存在如埃萨吉拉这类庄严的庙宇中。但命中注定，这个独立的楔形文字“保留地”也终将消亡。我们今天所知的最后一批雕刻出来的楔形文字的年代，可以追溯到公元 1 世纪。[1]

楔形文字的消亡，具体地说是阅读楔形文字能力的消亡。接下来的两千年里，人们只能通过外国资料了解巴比伦。直到公元 19 世纪中叶，人们才接触到古代美索不达米亚的编年史、文学、神话和学术作品。因此，对于我们的故事，有关巴比伦的非楔形文字古代史料的内容和性质具有重要的意义。在楔形文字消亡之后，人们能够得到的只是星星点点的古典作者的著述。它们的内容包括神话和民间传说、人种和地理观察、详细的历史叙述、道德方面的评论以及其他种种。通过这些素材，欧洲人最终搭建出有关古代巴比伦的传统观念。

我们在面对各种史料时，不断遇到的问题不是事实叙述的准确性，而是视角的准确性。因此人们不但需要考察准确性问题，还要用同样重要的视角研究它们描述的巴比伦王国古代知识的局限性。当然，如果只局限于对该城的准确描述，那么只能知道巴比伦在后来的时代中，人们对其出现了哪些误解。如果只匆匆考察如空中花园这类不可思议的事物，我们就会很自然地把可靠的信息拒之门外。因此，当我们面临从这些故事中分辨真实与传说的困难时，我们仍然有如同当地资源同样宝贵的材料，即脱跳出时空限制的有关巴比伦的编年史。

对于巴比伦的记述，很多来自《圣经》的相关内容，因为大家都比较熟悉，所以我们在这里就不再多谈①。下面，将直接从其他历史典籍中寻找关于巴比伦的记述。

现存有关巴比伦的两份最完整、最翔实的古希腊描述分别出自希罗多德[2]和尼多斯的克泰夏斯（Ctesias）之手，后者是通过后来的西西里的历史学家狄奥多罗斯[3]转述的。这些叙述与几乎失传的贝罗索斯的叙述一样，它们都是从古至今有关巴比伦的最有影响、信息来源最可靠的著作。在这

① 此处指欧美国家人士对《圣经》内容的知晓程度很高。

三者中，最早而且今天最出名的当数希罗多德的叙述，因此对巴比伦最初时代的任何演变，都必须从他开始。

希罗多德与巴比伦新娘

希罗多德描述巴比伦的最大特点，就是实事求是。这一描述包括对这座城市的布局、建筑风格、人口和习惯的考察。希罗多德在其文字里记录了地理调查，其中当然也包括最引人注目的建筑物。正是通过他的叙述，希腊读者们才了解到巴比伦的城墙。在希罗多德的叙述中，这座城市是这样的：

> 周围有一条宽阔幽深的护城河，其中注满了河水。在护城河后矗立的，是一堵宽 50 皇家肘尺①、高 200 皇家肘尺的城墙。
>
> 现在，我必须说到他们怎样把泥土挖起来建成护城河，以及他们建筑城墙的方法。就在他们开挖护城河的时候，挖起来的泥土便被做成了砖。这些砖凑到一定的数目后，在砖窑里烧制成材。然后，工人们开始用砖在每一边护城河旁砌墙，并用（烧砖得到的）热沥青做灰浆黏合，最后筑成了整道城墙。接着，他们每隔 30 层砖就会铺上一层蒲席。他们沿着城墙的每一边，在墙顶面向城内都会建造一排单个房间的建筑物，中间的空间足够 4 匹马拉着的战车通过。整个城墙四周有 100 座大门，全都是青铜的，且带有青铜支柱和门楣。[4]

单单是短短的这段文字，就足以让我们对希罗多德及其叙述的真实性做出许多猜测。我们可以考虑许多细节：从极不可能的城墙高度和 100 座大门，[5]再到烧砖的准确描述、沥青和蒲席层的使用是否真实。而其他细节也介乎可信与不可信之间：巴比伦内城墙最厚之处确实惊人，足以说明希

① 皇家肘尺比普通肘尺长 3 英寸。即 1 皇家肘尺约为 52—62 厘米。——译者注

罗多德的说法有道理，但战车是否曾在墙上（或者在两面墙之间有保护的路上）[6] 奔驰，那就是另一回事了。

许多对巴比伦描述的不准确与不一致之处，今人并没有将其简单地归结于错误。就希罗多德而言，我们应该特别考虑历史条件所限和文学体裁的变化。希罗多德不仅考虑了根据亲身观察得到的权威意见，也考虑了听故事的人或者读者的需求，最后在两者之间做了平衡。[7] 古人承认叙述与娱乐要二者兼得，但也并不是全都这样做。亚里士多德称希罗多德是一个神话师，即讲神话故事的人，[8] 其中并没有贬损的意思。19 世纪有一个很有影响力的方法，即利用亚述学来检查古希腊史家说法的来源，即一条一条地考察希罗多德有关巴比伦的说法，其由亚述学历史学家 A. H. 塞斯（A. H. Sayce）创建。[9] 通过系统地检查希罗多德的叙述，塞斯在 1883 年的研究便已经有效地（在当时必定是致命的）粉碎了希罗多德的权威故事，并让人怀疑他是否亲临过巴比伦。然而，尽管塞斯对作为历史学家的希罗多德感到绝望，但哪怕希罗多德的历史描述并不准确，他也很明白对现代学者来说希罗多德的价值有多高：

> 东方研究的结果对希罗多德的影响表明：实际上，他宣称将要告诉我们的埃及、巴比伦和波斯的历史，大部分只是一些当年流行于希腊商人和波斯帝国边缘游牧民之间的“童话故事集”，或者说就是通俗故事集。对于那些研究民间传说的学者，它们是无价之宝，因为它们几乎是在我们的时代之前……5 世纪地中海民间传说的绝无仅有记录。毕竟，正是这些古老的故事，让希罗多德的一页页叙述具有极大的魅力，就像中世纪的旅行家如曼德维尔（Mandeville）或者马可・波罗的叙述一样。虽然我们也可以质疑，但与那些对于国王们、将军们和战争协议与革命做出的最准确描述相比，它们之于人类思想史是不是具有更高的价值？[10]

对历史研究来说，古代民间故事和传说的残存碎片确实是一个珍贵的史料。即使希罗多德的叙述被证明是虚假的，对它的解读仍然具有极大价值。我们肯定会把它囊括在本书中，因为从历史流传的角度出发，它的故事和传说都具有重大意义。巴比伦或许是最清楚的例子，但它并非绝无仅有。或许，与它最相似的是威尼斯，与巴比伦的衰落近似，坦纳（Tanner）于1992年发表了对威尼斯的文化认同的研究，题为《威尼斯的渴望》（*Venice Desired*）：

> 作为世界历史上曾经有过的最伟大、最富有、最辉煌，但后来没落与崩溃的共和国，威尼斯已变成欧洲想象力的一个重要（我或许应该说是“核心”）之地点（也可以说是一个传统主题、一个话题）。而且它超过任何其他城市的，是它与渴望难解难分的联系。威尼斯的渴望，对于威尼斯的渴望，在威尼斯人中——这就是从拜伦到萨特所引领的欧洲文学的一种关键力量和特点。[11]

威尼斯，这座充满魅力的想象之城与巴比伦有许多共通之处。这样处于想象中的城市能够告诉我们一些东西，它们与我们的文化、思维方式及周围世界的组织和结构有关。是的，古代史料的历史准确性确实重要，即便当我们注重于历史学的表现形式时同样如此。如果我们想要真正弄懂希罗多德想要传达给我们的有关巴比伦的东西，而且想把他描述的这座城市与我们准备称之为历史的东西相区分，无论我们有关后者的知识何等有限，都需要能够分辨出希罗多德故事中的真实观察结果、道听途说和想象。评估希罗多德陈述的准确性并非本书的首要工作，因为理顺其陈述的文字与现代历史学的关系，才是本书的首要工作。而且值得注意的是，当代学术界正在让亚述历史学家塞斯原有的许多论证失效。希罗多德有关巴比伦的描述正在重新获得一些“失去”的可信度。[12]

希罗多德没有提到巴比伦的空中花园，这是令人吃惊的遗漏。对此有4个可能的解释：即希罗多德没有真正到过巴比伦；根本不存在他能够加以描述的这种花园；他不知道有这种花园；他无法进入皇家花园。——毕竟能进入这个花园的人是非常稀少的。根据塞斯的观点，而且这种观点受到了分别提到过这些花园的贝罗索斯（通过约瑟夫斯转述）、克特西亚斯（通过狄奥多罗斯·西库路斯转述）和斯特拉波的支持。在此，历史学家们达成共识，即希罗多德没有去过巴比伦，或者更具体地说他没有去过皇家宫殿。[13]斯蒂芬妮·达雷则认为，希罗多德没有提到这些花园，那是因为它们不存在，而其他作者描述的花园实际上是在尼尼微，属于辛那赫里布。[14]这并不是第一个将花园置于别处的分析。E. A. 沃利斯·巴奇（E. A. Wallis

Budge）认为，根据罗马教皇希吉努斯[15]以及普林尼的观点，花园属于居鲁士，[16]在埃克巴坦那的“居鲁士宫殿”可能是花园的另一个地点。而且他进一步认为：“或许有关居鲁士花园的陈述变成了巴比伦的空中花园。事实上，有关这些花园的陈述在历史上就相差很大，它们指的不可能是同一样东西。”[17]

有关花园位置的争论还在继续。如朱利安·里德（Julian Reade）提出，巴比伦的南宫殿和幼发拉底河之间的西面外围城墙可以算作一个完整的庞大结构，因为墙壁特别厚，传统上认为是国库或者城堡。但它同样也可能是花园平台的地基，而且这个地方符合古典作者的描述。[18]里德也强调，尼尼微不符合任何文字来源所述的地点，“事实上，之前描述过空中花园的所有作者，无论其文字表达何等复杂，但都毫无例外地在试图说明这个花园在巴比伦”。[19]

马克·凡·德·米鲁普（Marc Van De Mieroop）提出，在留存于世的希腊资料中，巴比伦和尼尼微很可能被混淆了。他认为，美索不达米亚文献中存在着一种构想，即觉得这两座城市的命运和历史是密切相关、此消彼长的，因此有意识地表达它们之间的共同点，这可能是它们被混淆的原因之一。[20]这类混淆无疑在某种程度上是存在的：比如底格里斯河流经巴比伦；而幼发拉底河流经尼尼微的说法并不罕见，把整个美索不达米亚说

《塞弥拉弥斯在空中花园》，H. 瓦尔德克绘，19 世纪末—20 世纪初，现藏于德国多禄泰拍卖行

成是亚述王国，而且认为它们在新亚述时期和新巴比伦时期是一个单一、持续的帝国，也是常出现的情况。[21] 在后来的历史资料中也提到，尼尼微有时会被称为“巴比伦”或者“古巴比伦”。[22] 在这种观点中，确实有一些令人难以解释的问题。由于辛那赫里布曾在尼尼微建造工程，引水浇灌他的瑰丽花园，所以这一事实支持这可能是“空中花园”的观点，而且皇家花园在尼尼微的证据流传下来的比在巴比伦的多。[23] 但希罗多德可能因为另一个原因而没有见到花园。正如达雷指出的那样，如果巴比伦确实有过空中花园，它们到了希罗多德的时代也决然消失了，因为幼发拉底河在城市中的河道在波斯统治初期就改道了，也就不存在了。他同样不可能亲眼见到尼尼微的花园，因为那里的宫殿和皇家建筑物早就被摧毁了。

在这个问题上，希腊史料在巴比伦和尼尼微之间混淆的性质和程度仍然是许多话题的争论焦点。达雷分析了尼尼微的亚述帝国皇家花园，试图把人们的注意力集中到这个问题上。同样，她的分析也让人们注意到，塞斯认为希罗多德可能没有去过巴比伦的论点也有许多问题。[24] 这些问题包括：从萨第斯（Sardis）到苏萨很可能确有一条皇家通道，这一点与希罗多德的描述相符。分析的结论认为，薛西斯没有彻底摧毁巴比伦的马尔杜克神庙和神像。[25] 这说明希罗多德或者与他同时代的消息提供者，见到过神庙和神像以及新年的阿基图庆典。[26] 塞斯断言，尼尼微在希罗多德的时代已经完全无人居住了，因此向他提供有关这座城市信息的人不可能来自尼尼微。但铭文上的信息与他的断言完全不符。还有，希罗多德声称，阿佛洛狄特的巴比伦名字是米利塔（Mylitta），这也是有些道理的。[27]

希罗多德的描述远远多于流传至今的纪念碑。希罗多德的著作中有很大一部分可以视为“民族志”，其中描述了作者作为旁观者记录的习俗和信仰。他描述的习俗往往非常奇异，当然不可能逐字逐句都是真的，但其中至少有一些信息是真实的，或者来自美索不达米亚的神话和民间传说。希罗多德对他记录内容的评价上有许多模棱两可之处，让我们有时很难断定他是出于真心赞赏还是讥讽。有些评论者认为是后者；[28] 有一些人则认为，一些负面消息的集合反倒是希罗多德的民族志之精髓：希罗多德指出了民族的差异和特别之处。然而，希罗多德似乎并不是人类学家马利诺夫斯基和博亚斯（Malinowski and Boas）的先驱，而是“看上去似乎很奇怪”和“信不信由你”的前驱。[29]

希罗多德描述了巴比伦的婚姻市场拍卖新郎的习俗，称其为“最有独创精神”的发明。这个习俗是：姑娘按美貌程度，由美到丑依次让未婚的小伙子竞拍，价高者得，以求得到最美丽的姑娘，而拍得漂亮的姑娘付出的彩礼会用来补贴长相一般的姑娘作为嫁妆，以吸引一些经济较差的小伙子。这就保证了人人都能结婚，同时也重新分配了财富。他对此评论道：“这一令人称道的做法现在被废止了。他们近年来发明了一个新招，也就是让所有来自下层阶级的女孩子卖淫，从而减轻在被征服之后带来的贫穷。”[30] 阿列蒂（Arieti）认为希罗多德在这里的赞同其实是更深的嘲讽：

> 这种安排似乎有利于建立一个令人满意的群体组织结构。然而，在这一描述中有几个幽默的元素——过分诗歌化的术语“成熟到了可以结婚”……拍卖人对于姑娘们的相对美貌程度的排序不受质疑吗（难道不会有关于“谁更美丽”的争论吗）；还有，希罗多德突然直接引用拍卖人的原话——谁愿意为得到这个女孩而出最少的钱——这就好像希罗多德根本就是在挖苦人一样。当然，他可以用更精致的语言提出建议：如果这是巴比伦最好的习俗，那么其他的习俗将会何等可怕！[31]

理查德·麦克尼尔（Richard McNeal）详细分析了这个故事的来源。他认为，希罗多德的赞赏是出自真心的，且确实完成了将这则传说融入可信的希腊史料中的目的。所有来自巴比伦的证据（主要形式是婚姻契约和法典）倾向于认为，这个故事绝不可能源于观察结果或者巴比伦王国本身的民间记忆。麦克尼尔认为，国家参与安排婚姻、财务交换和竞争的制度基础，都证明了，这更像希腊背景下的情况，而不像美索不达米亚的情况。[32] 特别反映了“小城邦的竞争世界、对外来者的怀疑、对其女性公民的保护、在牺牲个别人利益的基础上实现公众成就的社会政策、一个能够运转的口述社会。同时，铸币也是促进商业行为的手段”[33]。婚姻市场或许也只是一种特别的表现形式，如同希腊形式的哲学实验，用以考察社会正义的想法，追踪国家是否在群体福祉方面扮演积极角色。

希罗多德描述的也可能是虚构的巴比伦习俗，就像把病人带到街上，让路人对他提出医疗建议。希罗多德断言巴比伦没有医生，这很可能会让一个希腊旁观者认为那里相当落后。而他当然说得不对。希罗多德根本不知道希腊从巴比伦借鉴了许多，比如希波克拉底（Hippocratic）的作品就从巴比伦医学中汲取了大量素材。[34]

希罗多德描述的最后一个巴比伦习俗是在阿佛洛狄特神庙举行的仪式，他声称这是每个女人一生都必须经历的事情。[35]无论他对其他的传统是否赞赏，希罗多德在这里没有留下模棱两可的话，而是将其描绘为“在那些无耻的人中流行的一个习俗”。[36]在这里，明显地存在着与后世《圣经》中的“巴比伦大淫妇”和罪恶之城的形象合并的可能性，但这两个传统是相互独立发展的，而且是出于不同的原因。《圣经》中的缘由，根本原因是尼布甲尼撒针对耶路撒冷的行为。对于希罗多德和其他希腊作者，刺激他们的只是部分来自对政治的怨恨；另一个非常大的因素，是对异国情调的神往，以及对遥远东方的利用。即一方面作为幻想场所，另一方面作为一个负面的“另类”，以此来显示希腊文化的优势。当然，这很难成为文化理解的起点，但这种兴趣并不总是狭隘的或者心胸狭窄的。我们绝不应该忘记，希罗多德对巴比伦的最初评价：“它的辉煌超越了已知世界的任何城市。”[37]

克特西亚斯与塞弥勒弥斯女王

有关巴比伦的另一部厚重历史书，由尼多斯的克特西亚斯所著，他是波斯王庭的一位医生。尽管他的 23 卷本《波斯史》（*Persica*）已经失传，但他的著述体现在了狄奥多罗斯·西库路斯和佛提乌斯（Photius）的摘要中。[38]狄奥多罗斯在著述中引用了克特西亚斯的文字，而且我们也知道，他还在其他地方整段引用了麦加斯梯尼（Megasthenes）和阿伽撒尔基德斯（Agatharchides）的文字。[39]他撰写《历史图书馆》（*Bibliotheke Historica*）的目标是完整地综述已有的历史知识，而不是做出个人评论。尽管无法证实，但狄奥多罗斯几乎逐字抄录或者几乎全部抄录了克特西亚斯有关巴比伦故事中的部分。目前，学术界一致认同狄奥多罗斯有关巴比伦的陈述，是以克特西亚斯的著作为主要资料来源的，其中有些则来自前 14 世纪后期的历史学家克莱塔卡斯。不过，墨菲（Murphy）在给《历史图书馆》第二卷撰写的前言中强调，狄奥多罗斯并不像人们所说的那样，仅仅对较早的著作进行篡改与剽窃，且没有加入自己的任何东西、没有见解，更没有宏大的统一主题。[40] 虽然引用克特西亚斯的描述基本上与狄奥多罗斯的叙述吻合，但其中可能有一项重要的内容添加是空中花园。巴奇认为，尽管不清楚狄奥多罗斯的这一部分内容来自何处，但并非引自克特西亚斯。[41] 在狄奥多罗斯的文本中，经常出现将克特西亚斯的话作为权威引用的地方。但如此做的目的，显然只是偶尔提醒读者这一段来自克特西亚斯，而不是具体都引用了哪几句。

克特西亚斯时常怀疑希罗多德。一位评论者就曾说过："克特西亚斯的叙述中有一个明显特点，就是时常不赞同希罗多德……无论他说的是否正确。"例如，有关大流士反对普森多 – 斯美尔迪斯（Pseudo-Smerdis）的阴谋同伙，希罗多德说 6 个人里有 5 个是对的，那么克特西亚斯便会说只有一个是对的。[42] 已知来自狄奥多罗斯所描述的许多内容是幻想出来的，就连古时候的人们也发现了这一点。[43] 他声称采用了阿契美尼德王朝宫廷档案馆中的材料撰写《波斯史》，但这一叙述的来源似乎更多地来自口头传承和从波斯王庭中听到的故事。在他的著作出版时，卢埃林 – 琼斯（Llewellyn-Jones）和罗伯森（Robson）曾在前言中写道："克特西亚斯写了一些与希罗多德不同的东西；《波斯史》在很大程度上是原创，是以个人观察结果和他听到的大量信息结合在一起而写成的。他听到的信息来自伊朗王庭的丰富口头传承，再加上不少在希腊流传的有关他们的东方邻国的奇闻轶事，而且无疑也用了一些半神话材料加以包装。"[44]

狄奥多罗斯或克特西亚斯的历史开始于小亚细亚的第一位国王和尼努斯城（Ninus，即尼尼微）的创建者尼努斯。他希望征服两河流域各国，而在之后 7 年间，他真的变成了那些国家的主人。[45] 紧跟着这一叙述的是被尼努斯征服的国家名单，这些国家从伊朗直到中亚。[46] 尽管克特西亚斯的许多说法听上去更像是来自遥远年代的神话，但这个名单所载的并不是一个公元前一千纪的真正古老国家，而更像是在说阿契美尼德王朝扩张达到的最大领土范围，而不是早期征服者的成就。但是，就连这个想象中的帝国的一个缩小版（例如由新亚述帝国扩张后的帝国），也未曾在公元前 9 世纪建立过。以克特西亚斯对于尼尼微的描写为例：他说那里从公元前七千纪就已经存在了；或者以他说的亚洲第一个帝国为例，一位考古学家或许会将它与公元前三千纪的阿卡德诸王联系，但有关它在公元前七千纪的远古即已存在的说法，必然是过分相信神话成分而造成的错误。克特西亚斯无法知晓这座城市的真实年龄，他很可能是在试图描述亚述帝国的起源，[47]它的行省与当时的波斯帝国行省类似。这说明，当时人们已经意识到，先后建立的两个帝国有领土传承关系。

在克特西亚斯的描述下，由尼努斯王建立的尼努斯城位于幼发拉底河畔，是那个时代史无前例的最大城市。[48]但巴比伦更符合这两个属性，因为尼尼微实际上位于底格里斯河畔，而非巴比伦所在的幼发拉底河畔；而巴比伦的规模也大于尼尼微。不过，他描述的城市一定不是巴比伦，至少在他的心目中不是巴比伦，因为他后来说到了由塞弥勒弥斯建造了巴比伦，而且以后发生在尼努斯的事情也清楚地说明他说的就是尼尼微。有人认为，巴比伦在叙述中的形象同样存疑，因为狄奥多罗斯描述的一些宫殿装饰[49]听上去更像是亚述宫殿浮雕上的狩猎场景。[50]然而，尽管描述中的场景让人想到亚述浮雕，但其他的描述还是与巴比伦相符的，如彩釉浮雕毫无疑问是尼布甲尼撒时期的。克特西亚斯显然对其精美的图像和高超的工艺水准印象极深（“各种野兽都是在彩砖烧制前刻画的，以其鲜活的颜色，生动地再现了真实场景”[51]）。因此，克特西亚斯至少描述了巴比伦的一些特点。可是，即使描述大体准确，我们也没有看到国王狩猎的场景，而这也不是什么不可能的事情。科尔德威本人感到，在他对巴比伦的发掘中，已经确认了一个与在波斯建筑物中描绘的狩猎场景相符合的地方。[52]另一种可能是，正如尼尼微出现在幼发拉底河畔一样，这两座城市的艺术形式发生了混淆，毕竟两者都是从克特西亚斯生活过的波斯皇宫庞大建筑物上撷取的素材。[53]

作为创建者，尼努斯很重要，但克特西亚斯（或者至少是狄奥多罗斯）为塞弥勒弥斯使用了更多的篇幅加以叙述。比如，对于她的生平、她与尼努斯的婚姻、她在尼努斯死后对王位的继承、巴比伦的始建、她作为唯一君主的成就、她后代的堕落、尼尼微在萨丹纳帕勒斯治下陷落于米底人阿拉贝希斯（Arabaces）之手等，他都做了详细描述。也只有在克特西亚斯的叙述中，我们才能找到得塞托（Derceto）的女儿、巴比伦的创建者和战争女王塞弥勒弥斯的神话生平。而希罗多德的叙述中没有给她这么多成就，只是把她说成是建筑师，“负责在巴比伦城外的平原上修建一条引人注目的堤坝，用以控制河水。在堤坝修成之前，洪水会淹没整个乡村”[54]。这段描述与斯特拉波的叙述吻合，他所听到的民间传说，也说她是一位伟

《皮拉摩斯和提斯柏》，格雷格里奥·帕加尼绘，16 世纪，现藏意大利佛罗伦萨乌菲齐艺术馆

大的建筑家，而这种说法至今在西亚的许多地方还存在。[55] 但希罗多德却专注于尼托克里司的建筑工作，此人的原型可能是辛那赫里布王的王后，其名字在亚述语中是萨库图（Zakutu），在阿拉米语中是纳其阿（Naqia）。她是阿萨尔哈东的母亲，曾于阿萨尔哈东在位期间获得了很大的权力。这位杰出的王后似乎直接参与了当时的宗教与军事事务，并建造了宫殿，甚至在浮雕中也有她的身影。在后来的传说中，塞弥勒弥斯的某些方面的特点似乎来源于她。[56]

在克特西亚斯的叙述中，塞弥勒弥斯的出生和早期童年生活让我们想起《圣经》中摩西（Moses）的故事。此后，克特西亚斯让她女扮男装，以一位男性战士的身份参与战争，以证明自己是一位伟大的战士。在继承了丈夫尼努斯的王位之后，她继续统兵征战，她的战争脚步甚至一直到达遥远的埃塞俄比亚和印度。与亚历山大一样，她在印度的战事中面对着拥有可怕的战象军队之挑战。克特西亚斯也把她描写得非常嗜血，她经常从她的军队中挑选士兵侍寝，然后第二天早上杀掉，以此避免与一个丈夫分权或者向他移交权力。不过，最后她被变成了一只鸽子。塞弥勒弥斯的传记是克特西亚斯的原创作品，而且也得到了阿萨那戈拉斯（Athenagoras）的证实：

> 因为，神祇憎恨的人得到了神祇一般的名声，就像得塞托的女儿塞弥勒弥斯，这个手上满是鲜血的淫荡女人被人赞扬为一位叙利亚女神。而且，如果因为得塞托的缘故，叙利亚人崇拜鸽子和塞弥勒弥斯（因为一件不可能的事，即一个女人被变成了鸽子——克特西亚斯编造的）。那么，如果有人因为他们的统治和君主地位、其他人因为他们的力量（如赫拉克勒斯和珀尔修斯），还有人因为他们的艺术（如阿斯克勒庇俄斯）而被称为神祇，这又有什么奇怪的呢？[57]

塞弥勒弥斯变成鸽子是一个神话，但它流传的程度是如此深入人心，以至于让人们在阅读奥维德（Ovid）的《变形记》（*Metamorphoses*）时只需要一个随意的暗示就能理解。[58]有趣的是，竟然没有人复述这个看上去理想化的变形故事：奥维德的“巴比伦王国”故事其实是皮拉摩斯和提斯柏的爱情悲剧。

如果塞弥勒弥斯的事迹与美索不达米亚的历史事件之间确有联系，那么这种联系的相互缠绕已然达到了极致。长期以来，人们认为塞弥勒弥斯这个名字应当来自一位亚述王朝女王萨穆莱姆特（Sammuramat），[59]这就把协调一位新亚述女王和巴比伦创建者之间关系的任务留给了我们。故事发生的时间和地点都与萨穆莱姆特女王这位历史人物相差甚远，但我们可以通过处理已经讨论的部分内容，也就是说我们要混淆尼尼微和巴比伦，并漠视尼尼微或者巴比伦的创建与新亚述帝国的崛起之间的时间差别，才能解决这个问题。更进一步，萨穆莱姆特的帝王生涯相当不寻常：她是沙姆希－阿达德五世（Shamshi-Adad V，前823—前811年在位）的王后，曾担任过国王的副摄政或共同摄政，[60]甚至也曾亲自参战。尽管如此，萨穆莱姆特和塞弥勒弥斯这两个词之间是否有词源联系还是受到了质疑，而且有人以一位叙利亚神祇的名字为基础提出了别的建议。[61]克特西亚斯本人提到过一个通过崇拜鸽子来把塞弥勒弥斯神祇化的叙利亚传统。[62] 就这样，希罗多德和克特西亚斯两人笔下的塞弥勒弥斯便由历史人物变成了神祇，而非常见的带有神祇特色或者神话色彩的历史人物。

在详细记述塞弥勒弥斯的传记之后，狄奥多罗斯又向读者展现了亚述国王的堕落、懒惰与奢侈的故事，他以两个人物，即塞弥勒弥斯的儿子尼亚斯（Ninyas）和她最后一位后代萨丹纳帕勒斯为例。[63] 同时，也有其他统治者的记录。狄奥多罗斯或是克特西亚斯评论道："不必记录所有国王的名字和他们在位的年代，因为他们根本没有什么值得一提的事迹。"[64]

我们不妨把对尼亚斯的叙述作为亚述王庭的一个典型例子：

> 在塞弥勒弥斯死后，她和尼努斯的儿子尼亚斯继承了王位。他的统治很平静，完全没有模仿他母亲喜好战争且具有探索精神的性格。首先，他把自己所有的时间都花费在宫廷里，除了他的嫔妃和侍奉太监之外，谁也见不到他。他追求奢侈安逸，避免任何操劳与忧虑，认为愉悦统治的目的就是不受限制地享受各种欢乐。[65]

按照希腊人的观点，塞弥勒弥斯比她的儿子更具英雄色彩，甚至"喜好战争"也被认为是优点之一。在某种程度上，尼亚斯所犯的错误，希腊作家们也在波斯王身上看到了：堕落、奢侈、软弱、逃避接触宫殿以外的世界，特别是战争。很显然，不熟悉古代中东宫廷文化是造成希腊作者这种印象的一个原因，但这也成了他们谴责中东腐败的前因，以强调"希腊式"朴素和公共论坛的价值。类似对尼亚斯的描述是批判性的，这不仅包括个人特点，也针对政府形式，这与埃斯库罗斯的《波斯人》之谴责方式相同。[66] 这说明，环境对个人的统治的影响。

有关萨丹纳帕勒斯的叙述，正说明了人类世代堕落于享乐主义。下面一段文字提供的灵感，让我们感受到为什么现代社会会由拜伦 1821 年指导的名剧《萨丹纳帕勒斯》的主角萨丹纳帕勒斯显得那么熟悉，[67] 它便是现代文学与艺术中有关东方暴君的最原始模板：

> 尼努斯创建了帝国之后，第 30 代继承人，也是最后一位亚述国王，萨丹纳帕勒斯在奢侈与惰怠方面超过了他之前的所

> 有国王。事实上，没有任何人在宫殿以外的地方见到过他。而且，他过着女人般的生活，和他的嫔妃们一起纺紫色的布，织最柔软的绒衣。他穿着女性的衣服，用铅粉和其他化妆品在脸上和全身化妆，弄出一副比任何爱装扮的妇女都更柔弱的样子。他有意发出女人的声音，而且在饮宴时一直喜欢那些能够给人带来最大欢欣的饮料和食物。他也追求与男人和女人之间的性爱：他放纵地享受与男人和女人性交，根本不顾忌这种行为带来的羞耻。[68]

萨丹纳帕勒斯的败亡看上去并非不可避免。在成功地击退了对尼努斯（尼尼微）的几次进攻之后，萨丹纳帕勒斯不知道一支前来支援他的巴克特里亚人已叛变投向阿拉贝希斯，结果过早地放松了警惕。他举行了一次盛宴，把美酒佳肴分发给手下的士兵同享，结果让“整支军队狂欢不已”。[69]阿拉贝希斯的军队趁夜里对睡梦中的他们发动了奇袭。撤退到城里的萨丹纳帕勒斯无力抵抗，因为尼尼微周围，从整个帝国招募的守备队已然接连不断地叛逃到叛乱者一边去了。然而，即使到了那个时候，城墙还足够坚固，储备也足够充分，让他坚持了两年。“但到了第三年，连续的大暴雨让幼发拉底河泛滥，淹没了城市的一部分，还把城墙冲垮了 20 斯塔德①。”[70]这时，萨丹纳帕勒斯终于明白大势已去，便建造了那座著名的火葬架，里面放着他的财宝和王袍。接着，嫔妃和太监也“跳进火海，连同火葬架里的一切，加上宫殿本身”，全部灰飞烟灭。[71]

尽管这是后来一切有关萨丹纳帕勒斯故事来源的权威说法，但克特西亚斯似乎并不是第一个用希腊语叙述该人物的人。在莱斯博斯岛的赫拉尼库斯（Hellanicus）有一份手稿残片，提到了有关萨丹纳帕勒斯命运的口述资料，并给出一个让人感到奇怪的暗示。他发现有许多故事也讲到了这件事，可其中一些将他描绘为英雄，而另一些说他堕落、软弱。最终，他只能合理地将这疑点解释为有两位同名的亚述国王。[72]克特西亚斯也知道这些另类故事吗？

萨丹纳帕勒斯是谁？这个名字似乎是亚述巴尼拔的一个变体。至少，19 世纪至 20 世纪初的亚述学界认为情况确实如此，而且他们还将分别用

① stade，古希腊和古罗马长度单位，1 斯塔德约为 185 米。——译者注

《萨丹纳帕勒斯之死》，尤金·德拉克洛瓦绘，1827 年，现藏于法国卢浮宫

希腊语和亚述语表述的名字与人物视为同义词。后来有人提出，这个名字有可能不止一个亚述国王的名字之合并，即是将亚述巴尼拔和阿萨尔哈东这两个名字的不同元素结合而成的。[73] 然而，人们发现一份公元前 4 世纪的阿拉米文莎草纸文件中，保存了亚述巴尼拔与沙马什·舒姆·乌金之间的内战故事（见第 2 章），而故事中的亚述巴尼拔确实变成了萨丹纳帕勒斯。[74] 在许多方面，莎草纸上叙述的两兄弟冲突故事推翻了克特西亚斯笔下的萨丹纳帕勒斯故事。在这里，真实的历史是沙马什·舒姆·乌金发现自己被包围了。与萨丹纳帕勒斯一样，他也把自己关在宫殿里（但故事发生在巴比伦，不是尼尼微）。虽然他最后也死了，但没有死于大火，而是在试图向尼尼微进军的时候死于事故。考虑到阿拉米语的故事流传很广，而且它们之间的相似之处如此明显，可见克特西亚斯笔下的萨丹纳帕勒斯确实是亚述巴尼拔和沙马什·舒姆·乌金之间战争的反映，其中保留了一个国王的名字和另一个国王的命运，这一点是可信的。[75] 这

个故事从巴比伦传出后，伟大的亚述巴尼拔之后的一位亚述王被人遗忘了，人们便把沙马什·舒姆·乌金在巴比伦的可怕结局用在了尼尼微的陷落上。

关于他的语言和翻译又当如何解释呢？克特西亚斯不可能拥有巴比伦书吏的技巧，也就是说，他不可能同时精通亚述语、巴比伦语以及苏美尔的阿卡德方言，而且这些语言还因为几套庞杂的楔形文字表而被弄得更加复杂。他不懂这些语言，因此也不可能去阅读《那波尼德斯故事诗》（一份祭司以巴比伦语撰写的叙述，强调国王对他的城市和人民的失职），但他能间接地接触巴比伦的文学，这是确实可信的。马克·范·德米鲁普强调了克特西亚斯关于尼尼微毁灭叙述时的巴比伦王国元素，由此判定，“看上去可能是，克特西亚斯使用了一个巴比伦来源来叙述尼尼微的毁灭”，而克特西亚斯不知道这一情况。于是，这个来源就开始与辛那赫里布于公元前689年对巴比伦的洗劫之亚述说法并行流传于世，其内涵就是强调对那次破坏的惩罚。[76]这些联系是有说服力的，但不能排除中间通过口头传播而被歪曲的可能性。看起来，作为克特西亚斯著作来源的阿拉米语口头传说受到了严重低估，这里因为早期对他的叙述的研究分析早于关于发现阿拉米语是阿契美尼德帝国的通用语。这一发现带来了一系列的新可能性，达雷讨论了其中的可能。[77]专注于阿拉米语的智慧文学和波斯王庭诵读传统的达雷认为，阿拉米语故事中的历史背景具有不确定性，很可能是造成克特西亚斯叙述中许多地理和历史混乱的原因。还有一些更可靠的文字记录同于这类混乱，其中的一些类似例子与这里的情况相关，其中最著名的是阿希卡尔（Ahiqar）的记述；[78]而描述了在亚述巴尼拔和沙马什·舒姆·乌金之间战争的古埃及莎草纸文件，则是说明这一情况的另一个例子。就传播而言，特别是解释人名、地名和楔形文字记述的远古历史碎片得以保存的方面，在许多情况下，阿拉米文字与口头来源很可能是从楔形文字到希腊史学中缺失的那一环，这些情况的数目远远多于我们能够证实的。这些来源，肯定也能让我们更好地理解希腊世界中有关美索不达米亚的历史信息。然而，这些并非我们只得对它们的失去惋惜不已的来源。只要其中一篇文字流传下来，我们面前就将出现何等不同的景象啊。对于希望了解巴比伦王国的非巴比伦人来说，对此的最佳向导肯定是贝罗索斯。

贝罗索斯的历史与大洪水

克特西亚斯和希罗多德提供了有关巴比伦的丰富历史信息，有些很准确有些不准确，但不准确的全都很有趣。他们的这些范围广大的故事，都是由前往美索不达米亚的希腊旅行者传播的。当时的人们已无法认读楔形文字，但人们认识阿拉米文，且阿拉米文早已在西亚成为通用语。巴比伦祭司贝罗索斯用希腊语写下了一份巴比伦王国的历史，书名为《巴比伦王国》或者《迦勒底人》。他将自己放入他撰写的这些故事中。而且他还能通过楔形文字直接得到比任何希腊历史作家都梦寐以求的更多资料。约瑟夫斯有关巴比伦王国的描述说明，贝罗索斯的历史甚至一直伸展到了阿特拉哈斯史诗的传说世界。在介绍他对新巴比伦王国国王的叙述时，约瑟夫斯解释道：

《诺亚和家人制作方舟》，弗伦奇·马斯特绘，1675 年

> 我在这里的见证人是贝罗索斯，他身为迦勒底人，但通过写了为希腊读者撰写的有关迦勒底天文学和哲学的作品而为希腊学术界所知。根据最为古老的记录，这位作者就像摩西那样：首先描述了洪水和遭受洪水毁灭的人类，并告诉我们人类的祖先诺亚（Noah）的方舟（ark）是如何在亚美尼亚（Armenia）群山之巅登陆获救的。然后他逐一叙述了诺亚的后代，还附上了年代，一直到巴比伦和迦勒底国王那波帕拉萨尔。[79]

可惜的是，他的著作今天几乎未留下只言片语。[80] 有人认为，贝罗索斯的历史最终被人遗忘，是因为它与关于美索不达米亚的占据统治地位的历史叙述不契合，即与克特西亚斯的那份遗漏了尼努斯和塞弥勒弥斯这些关键人物的叙述不契合。[81] 这份叙述只能通过后世作者（主要是弗拉菲乌斯·约瑟夫斯和恺撒利亚的尤西比乌斯）的提及和引用为人所知。因此我们能清楚看出，贝罗索斯能够接触新巴比伦王国继位的准确记录，包括每位国王统治的年代，这些只可能来自于《巴比伦编年史》。

在古典文献有转述贝罗索斯的内容中，也通常会受到改动和神话化。一份具有某些巴比伦起源的叙述文本已经被篡改得面目全非，其中便引用了贝罗索斯的报告，说有一种历时 5 天、称为萨凯亚的庆祝活动。在此期间，奴隶们可以统治他们的主人。[82] 这一说法在普鲁塔克的著作中再次出现，他笔下的塞弥勒弥斯便说服了尼努斯，让他接受她统治 5 天的要求。但接着她就运用了刚得到的权力，把尼努斯投入了监狱。[83] 狄奥多罗斯没有说起这个故事最早来自贝罗索斯，而是说它来自“阿特那奥斯（Athenaeus）和其他历史学家”。[84]5 世纪的保卢斯·奥罗修斯（Paulus Orosius）则进一步渲染了这个故事，他的《对抗异教徒的历史》（*History Against the Pagans*）是中世纪欧洲阅读最广泛、影响力最强的著作之一。[85] 除了详细地阐述了塞弥勒弥斯的邪恶[86]之外，奥罗修斯还在其中添加了与罗马教廷之间的神秘数字命理学联系，而这显然是基督教的做法。[87] 正是对这一原始内容的篡改，让人想知道贝罗索斯的著作到底记载了什么，特别是有关编年史方面。他仍认为，“所有新巴比伦王国时期君主的名单都流传下来了，贝罗索斯的记述极为贴近楔形文件的记述”。[88] 这一观点问题不大，但我们只能通过约瑟夫斯和尤西比乌斯[89]才知道他记述了什么，而这两位作者在明显引用贝罗索斯的同一段落时竟然又有所不同。尤西比乌斯也保存了博学者亚历山大的君主名单，亚历山大也声称这一名单来自贝罗索斯，但这又是一份不同的名单。[90]

在约瑟夫斯的叙述中，与楔形文字文件对照的细节准确得惊人。他声称这是自己直接从贝罗索斯的著作中抄录的，这更让人按捺不住地想知道，那些无法与楔形文字记录对照的细节会如何。贝罗索斯曾准确地记述了新巴比伦王国时期国王的名字和执政年代，而且还在其中加上了简短的美索不达米亚编年史未曾叙述的谋杀和阴谋的细节：

> 在统治了 43 年之后，尼布甲尼撒二世病故。王位传给了他的儿子伊维尔米罗达奇，即阿美尔－马尔杜克。这位王子的统治方式非常任性、放纵，结果成了阴谋的牺牲品，只执政两年就被他的姻亲兄弟涅里格利沙尔谋杀。他死后，谋杀他的涅里格利沙尔篡位登基，统治了 4 年。他的儿子拉巴洛索多奇（即拉巴什－马尔杜克）只是个孩子。因此他只在王位上坐了 9 个月，就因为自己卑鄙的心性激起了反对他的一个阴谋，结果被自己的朋友殴打致死。谋杀成功之后，那些阴谋者举行了一次会议，一致推选那波尼德斯继位，后者是巴比伦王国的人，是他们的王族成员之一。[91]

表 1　贝罗索斯对于新巴比伦王国国王的统治时期的准确叙述

统治者（以英语中最知名的名字为准）	巴比伦语名字	约瑟夫斯作品中的称谓	实际统治年份[92]	约瑟夫斯作品中的统治期
那波帕拉萨尔	Nabû-apla-usur	Ναβοπαλάσσρον	前 626—前 605	21 年
尼布甲尼撒二世	Nabû-kudurri-usur	Ναβονχοδονόσρον	前 605—前 562	43 年
阿美尔－马尔杜克	Amel-Marduk	Ευειλμαράδονχοs	前 562—前 560	2 年
涅里格利沙尔	Nergal-šar-usur	Νηριγλισάρον	前 560—前 556	4 年
拉巴什－马尔杜克	Labaši-Marduk	Λαβοροσοάρδοχοs	前 556	9 个月
那波尼德斯	Nabû-na'id	Ναβοννήδω	前 556—前 539	17 年

贝罗索斯在已知的巴比伦王国历史文本中加入了人的细节，即针对阿美尔－马尔杜克和拉巴什－马尔杜克的阴谋。然而，这些信息在楔形文字记录中不存在，它提醒我们需要谨慎对待。谋杀者的细节是通过口头资料传下来的吗？或者它是通过文字资料传了下来——但它一定与官方记录大相径庭，而我们所依据的细节是来自官方记录的——但现在失传了吗？或者说，它们只不过是人们的即兴创作，用以适应希腊历史学和希腊读者？（在这种情况下又会出现进一步的问题：它们是否出自贝罗索斯本人之手，或者是后人托名伪造）当发现这些问题之后，我们还是应该认真地对待贝罗索斯有关巴比伦被征服和有关那波尼德斯命运的叙述，它再次为楔形文字的记载增加了血肉：

> 那波尼德斯王 17 年，居鲁士率军自波斯杀入巴比伦王国，征服王国余部后直取国都巴比伦。获悉居鲁士到来，那波尼德斯率军迎战，不敌败阵，即与随员遁走，后只得据波尔西帕闭门死守。居鲁士遂占巴比伦，并令推倒全部外城墙（因其视之巍巍，摄人心魄），乃进兵波尔西帕，欲围那波尼德斯。后者不待居鲁士大军合围，即献城投降，颇受居鲁士宽待，遣其离巴比伦，另居卡曼尼亚颐养天年。那波尼德斯终老于彼。[93]

贝罗索斯、安美伊迪丝和空中花园

贝罗索斯的记述，是有关空中花园的另一个重要史料。他显然将它的建造归功于尼布甲尼撒。他在叙述中混淆了巴比伦与尼尼微的可能性，显然要小于克特西亚斯或者斯特拉波。[94] 由于我们是通过犹太教或者基督教作者知道贝罗索斯的，这一事实令我们对他的叙述内容提出了一些怀疑。因为在后来的传统中，尼布甲尼撒几乎变成了一切“巴比伦王”的代名词，但有关尼布甲尼撒二世生平的对应点实在太强，让这种混淆成立的可能性微乎其微。贝罗索斯以反驳希腊人有关塞弥勒弥斯的普遍观念为开始（即认为她是巴比伦的建筑奇迹的缔造者）。[95] 正是在这种背景下，他给出了他所拥有的巴比伦王国原始资料中最清楚的说明物之一：叙述了尼布甲尼撒二世在巴比伦的建筑工作，这些证据不仅得到了楔形文字史料的证实，而且极有说服力地与一篇特定文本相符。罗巴塔斯·范·德·斯佩克曾强调过东印度公司发现的尼布甲尼撒二世铭文，该铭文与贝罗索斯有关该建筑的叙述之间是契合的。这说明贝罗索斯叙述中的历史顺序，与现在存放在大英博物馆中的石质纪念碑铭文中的毫无二致。[96] 这两段文字之间的对应关系是惊人的，但有一处明显的例外：有关空中花园的描述。没有任何楔形文字史料提到过这些花园，反之，贝罗索斯对于它们的描述似乎出现在另一份直接模仿已知巴比伦铭文的清单上。这超出了一个很小的特质含义：考虑到贝罗索斯在其他问题上的准确性，他对于这些花园的描述应该具有特殊的重要性。应该如何解释这一现象呢？而有关花园的段落本身非常简短：

> 在这座宫殿内，（尼布甲尼撒二世）建立了高高的石头平台，他在平台上非常逼真地重现了山峰的景色；为使景色生动真实，他还在这些山峰上种植了各种树木，建立了所谓空中花园；这是因为他在米底长大的妻子热爱层峦叠嶂的感觉。[97]

贝罗索斯把这段描述放进了有关尼布甲尼撒二世建筑项目的说明中，这就不仅把花园的建设与一位具体的国王联系了起来，而且还说出了具体的地点：尼布甲尼撒二世的南宫殿。这一点以及其他古代史料的细节，让人们认为这些花园应该位于宫殿之内或者附近。后来人们发现，它们可能位于宫殿与河流之间的西外墙处，即过去认为是防御城堡或者国库的地方。[98] 尽管如此，值得考虑的另一个可能性是，在叙述中加进花园相关内容是另一位作者做的，也是为了让贝罗索斯更容易被希腊读者接受。

故事来源的一个关键，可能是尼布甲尼撒二世的那位热爱山峦的新娘。贝罗索斯是第一个将建造这些巴比伦花园的国王确定为尼布甲尼撒二世的作者，而且确定了他的王后的名字——安美伊迪丝。然而，人们很少注意到的事实是，他是在两个相当不同的地方确定这两件事的。他说到安美伊迪丝，是因为提到她的婚姻是政治联姻。这时候的尼布甲尼撒二世是巴比伦王国的王储，他与艾斯提亚格的女儿、基亚克萨雷斯（Cyaxares）的孙女安美伊迪丝结婚，为的是巩固巴比伦王国和米底的联盟。[99] 于是，贝罗索斯是第一个合理地说明了故事中王后有伊朗老家的作者，但他是在一个不同的、完全与爱情毫无关系的叙述中这样做的，这个故事描述的是提升新巴比伦王朝地位的政治决定。为此，贝罗索斯或其他人编造这样一个婚姻，用以与他有关空中花园的描述吻合的可能性很小，而在后一个叙述中，他既没有提到安美伊迪丝的名字，也没有提到其他。[100]然而，两者确实吻合了，而且吻合得天衣无缝。对于贝罗索斯来说，王后的老家在米底——波斯的首都埃克巴坦那，这件事的重要之处是，那里是在高高的札格罗斯山脉之中。这个故事的一切版本，都依赖于国王的妻子是从一个多山的国家来到了非常平坦的国家这件事上，另外狄奥多罗斯说她来自波斯，而库尔提乌斯没有提到国名。[101]在整个中东地区，高度差别最大的两个国家就是多山的米底（埃克巴塔那，即今天的哈马丹城，其海拔 1850 米，周围环绕着 3000 米以上的群山）和平坦的巴比伦。

我们可以得出几个结论：第一，巴比伦王后来自米底，这似乎是空中花园这个浪漫故事得以存在的基础；贝罗索斯对尼布甲尼撒二世的婚姻描述完全是就事论事的。这两件事的良好契合至少引出一个十分重要的巧合，因为它们虽出于不同原因，但同时出现在文本中，相互之间似乎没有关系。另外还有个细节，那就是它们没有出现在早些时候的希腊史料中。而且，用它们来暗示一些知识，即希腊人很难知道的米底的地理状况以及政治态度（巴比伦王国与米底结成了对抗亚述的联盟），这对于任何后来的校订者来说难度都太高。第二，这是由这样一位作者做出的一项认定，他在其他地方批评了人们对尼尼微和巴比伦的混淆（如在塞弥勒弥斯的情况下），也对婚姻给出了相当可信的政治原因。当然，他更没有混淆尼布甲尼撒二世与早些时候的亚述国王。第三，如果尼布甲尼撒二世和他的伊朗新娘之间的爱情故事是这一叙述基础的话，则我们可以说，贝罗索斯之前的其他人记述的版本，也证明了他们与尼布甲尼撒二世之间的某种传承关系。

尽管贝罗索斯知道这个故事，但他对这个故事的处理也说明它的起源不是巴比伦的官方资料，我们也觉得确实不是。反之，将具有神话和故事性质的故事与对巴比伦政治事件的专门知识的展示相结合，以及民间对伊朗和巴比伦景观对比的兴趣，使我们认为这个故事更有可能起源于波斯宫廷，而不是 4 世纪希腊的发明。顺便说一句，克特西亚斯曾长期接触这样的宫廷故事，因此比克莱塔卡斯更有可能成为狄奥多罗斯的空中花园故事的基础。一旦得到了这个结论，可惜非常有限的古波斯文献证据就表明了极好的吻合，这似乎不是巧合。于是人们注意到，那些在希腊资料来源和《圣经·列王纪》中被认为来自古波斯的故事是以浪漫爱情为中心故事的再创作，当然它们也涉及遥远的国度旅行。对于空中花园的实际描写则是不同的一件事。我们可以在古典来源中看到一些有关它们建筑工程不合逻辑的一些描述，对此的最佳解释或许是希腊人的润色，这甚至有可能让它们保留了一些对辛那赫里布在尼尼微的花园的模仿。贝罗索斯的简单叙述中没有提到尼尼微的花园，这一点很令人费解。[102]

总而言之，这个印象起源于这样一个时代的米底或波斯口头传承，当时尼布甲尼撒二世与一位米底公主的婚姻故事广为流传，这一传承在波斯王庭传统中得以保留，但把米底公主置换为波斯公主了。到了克特西亚斯的时代，具体的国王与王后的身份已经不清楚了。即使过去人们知道他们的身份，但因为克特西亚斯没有关于巴比伦历史的明确知识，只有这种知识才能让他把这些人放进正确的背景中。不过，贝罗索斯是知道故事有两种版本的。

小说和浪漫故事中的巴比伦

在以上叙述的内容外，还有两部描写巴比伦的早期小说。它们与上述历史记载相当不同，分别是《尼努斯罗曼史》（*The Ninus Romance*）和杨布利可（Iamblichos）的《巴比伦王国纪事》（*Babyloniaca*）。《尼努斯罗曼史》是一部 1 世纪早期的希腊文小说，有四张莎草纸片段流传至今。它的作者有两种可能性，我们不确定是谁。第一种可能是查里顿（Chariton），他是一本题为《卡利洛俄》（*Callirhoe*）的小说作者，是阿弗罗狄西亚的公民，曾经被人叫作尼努厄（Ninoe）或尼努斯。小说作者的第二种可能是安条克的色诺芬，一本 10 世纪的百科全书《苏达》（*Souda*）说他是《巴比伦王国纪事》的作者。[103] 这本小说的风格不仅不是来源于美索不达米亚，似乎也完全没有尝试表现另一种文化的不同。尽管小说的情节没有显示出任何类型，但它的来源或许因此从希腊化与神话化的美索不达米亚历史中汲取了些东西，[104] 麦考尔正确地描述了尼努斯和塞弥勒弥斯这两个名字的使用，指出它们“只不过是在一个牵涉海难、战争和爱情场面的浪漫情节中的历史代码”而已。[105] 我们很难从希腊历史上辨认出与主要人物和他们的行为对应的人物，更不要说古代的伊拉克人物了。然而，《尼努斯罗曼史》确实为我们提供了一个使用历史寓言的有趣例子。这里我们要着重注意两点，一个是有关主题的一些（但不是全部）历史信息选择；另一个是在这种文学形式下，尼努斯和塞弥勒弥斯这种“历史代码”的角色选择。

在这里，让我们考察一下已掌握的历史信息问题。很可能，《尼努斯罗曼史》的来源是克特西亚斯的《波斯史》。尽管希罗多德关于巴比伦的叙述更古老，也提到了尼努斯和塞弥勒弥斯这两个名字，[106] 但它没有把这两个人物联系起来，更没有提到得塞托。据克特西亚斯与狄奥多罗斯称，她是塞弥勒弥斯的母亲（显然《尼努斯罗曼史》中也是这样说的），也没有描述对亚述的军事战役。通过狄奥多罗斯的描述，我们知道克特西亚斯是做过这些描述的，而且它们可能启发《尼努斯罗曼史》写下了对尼努斯进行的亚美尼亚之战。然而，承认作家知道克特西亚斯的叙述，也就需要承认他们也和借用故事中的内容一样，准备无视与违反这些历史故事。最有趣的是，尼努斯爱的那个人物，在流传下来的残篇中竟然没有留下名字。[107] 作为尼努斯的未婚新娘和得塞托的女儿，[108]《尼努斯罗曼史》中的女主角被命名为塞弥勒弥斯的概率很低。如果确实是她，我们接下来就必须解释塞弥勒弥斯在《波斯史》和《尼努斯罗曼史》中两个不同叙述之间的变形问题。前一种叙述中，她是令人畏惧的女勇士，独自统治着国家，还领导了一次野心勃勃的印度军事冒险，但士兵在侍寝之后杀掉了她。后一种叙述中，塞弥勒弥斯不仅从尼努斯手里活了下来，而且还骗取了他的王国。[109] 如果后一种说法对小说的写作有任何指导意义，那么作者便不需要克特西亚斯告诉他塞弥勒弥斯是一个勇敢而且好战的人物：这一点很可能是正史中记载的、广为人知的。与此不同，我们在《尼努斯罗曼史》中看到的人物实在太害羞，不敢向尼努斯的母亲表露自己对他的感情，而尼努斯对得塞托的类似话语是对这部作品的风格的强调。[110] 如我们所知，这部小说只是残篇，也许塞弥勒弥斯在这部小说丢失的部分中可能会更大胆，但仅就我们看到的这部分来说就完全背离了《尼努斯罗曼史》作者从史料中得到的形象。我们可以得到结论：考虑到表现理想人物的重要性超过遵守历史背景的真实，这种背离是作者有意做出的。

杨布里科斯的《巴比伦王国纪事》是通过佛提乌斯的《历史图书馆》中的一份摘要流传下来的，它与其他任何历史叙述之间无更多相像之处。正如斯蒂芬斯和温克勒所写的那样，佛提乌斯详细地描述了小说的情节：[111]

> 如果对于作者大人的恶作剧能力有任何怀疑的话，不妨看看下面的情景。按照他的说法，因为受到两个被割去鼻子和耳朵的宦官之紧追不舍，男女主人公在整个近东奔逃。他们遇到了采集毒蜜的蜜蜂，一位埃及女同性恋公主，一伙食人盗匪。之后，还遇到了一对看上去很像的兄弟，他们名叫底格里斯和幼发拉底，而且刚好长得和男主人公一模一样。还有一个相当威严的农民的女儿，女主人公强迫她跟一个刽子手睡觉，后者其实是一个阿佛罗狄特的祭司，他让他的儿子幼发拉底穿着农民女儿的衣服越狱逃走。[112]

杨布里科斯的身份本身就已神话。《苏达》说他出身奴隶，[113]而佛提乌斯说他有个巴比伦奴隶老师，杨布里科斯最初正是从奴隶老师口中听到了《巴比伦王国纪事》的故事。[114]无论事实真相如何，在这两种情况下，这种努力都因为自己的异国起源让人特别有兴趣。

以巴比伦为背景，最著名的经典罗曼史一定是皮拉摩斯和提斯柏的悲剧故事。尽管它最初的场景在今天已经基本上被人们忘却，但这个故事出现在奥维德的《变形记》中：[115]

> 皮拉摩斯是男子汉中最标致的典型，
> 而提斯珀在东方女性中的可爱无与伦比。
> 他们俩是生活在巴比伦的邻居，
> 那里是塞弥勒弥斯用城墙包围起来的城市。[116]

虽然他们的父母棒打鸳鸯，令他们只能通过两家共用的一堵墙上的小裂缝互通消息。但为爱疯狂的人儿无法亲吻，于是他们约定，在尼努斯坟旁一棵高大的桑树下面幽会。提斯珀先到，可是她被一头路过的狮子吓跑了。对她来说，幸运的是那头狮子刚刚吃饱。皮拉摩斯到来的时候，看到了他的恋人在逃跑时不慎丢下的斗篷，现在正被狮子放在嘴里啃咬，上面还沾染着它上一次捕食时留下的血迹，结果他陷入了绝望。他相信提斯珀已经死了，于是拔剑自刎。提斯珀回来时发现了他的尸体，因为悲伤过度而无法自持，结果拿起皮拉摩斯余温尚存的宝剑结束了自己的生命。她最后的话是一句祈祷，愿这两位恋人死后能够葬在一起，而那棵桑树将用它浆果的深红色果汁记录他们的死亡。

今天，这个故事就像莎士比亚的《仲夏夜之梦》这出剧一般令人难忘。然而，它的高潮剧情与悲剧具有更高的升华，而且在莎士比亚的另一出话剧中得到了更好地保存：奥维德的巴比伦情人皮拉摩斯和提斯珀的故事与《罗密欧与朱丽叶》的情节非常相似。

第4章 湮没在角落：中世纪与文艺复兴的文学如是说

公元5世纪，在保卢斯·奥罗修斯编撰的一本颇具影响力的历史作品中，尼布甲尼撒二世的巴比伦已经变成了遥远的回忆。在之后几百年间，各种楔形文字的记录完全湮灭。但很早之前，《巴比伦编年史》就不是史学家的直接资料来源了。自前3世纪起，贝罗索斯的叙述似乎就变成了巴比伦王国和希腊历史之间最后一个重要连接点。[1]

奥罗修斯的《对抗异教徒的历史》一书将历史分为四个阶段，分别为巴比伦、马其顿、迦太基和罗马。这部书的目的，就是要人们比较这些不同时期的历史，这也是这部著作最有影响力的方面之一。后来，在其他中世纪历史著作中这种划分法也被多次采用。从这里我们可以看出，奥罗修斯最感兴趣的，是他所叙述主题的道德意义。中世纪欧洲历史学家对巴比伦的处理方式，其实也就是对整个古代世界的处理方式，我们可以从最广泛的角度，将之描绘为一种对大量文字证据的组织与合理化过程。这种合理化并不局限于解决史料之间的明显冲突，而是从宗教与道德的方面要求人们对历史故事采用新结构和新解释。这种实践也不是抽象的，是需要以永恒道德的方式，分析人们过去的行为，从而帮助理解当前的生活。这一点，也很好地反映在根据当前的政治需要改编历史传说上。[2]

加布里埃尔·施皮格尔在一篇论文中，重点考察了中世纪历史学。他认为，“中世纪编年史作者是用一种非常不固定的角度来看待过去和现在的联系的。对于过去的认知是由现在的需要引出的。因此，对于过去历史的理解也就从这一角度决定了对当前事件的修辞表达之方式。”[3]于是，过去并非完全线性的，而是出现了过去与现在观点交织的情况。可以想见，这些观点存在着相互影响。尝试某种程度的相对主义，并在它们当前的文化背景下理解过去的行为。这种做法是现代历史学家最看重的特质。在古代也有这种做法，希罗多德的作品便是其中一例。但该做法在中世纪历史学中却极为罕见。最接近的方法是，尝试让笃信基督教的作者们处理一个问题：为善良的异教徒留出一个合适的位置，即如但丁笔下的维吉尔，他在《神曲》中最终只能生活在地狱的边缘，因为尽管他可以免受地狱之苦，但依然被天堂拒绝。更普遍地，聚焦于用当前的道德观念理解过去，将导致判定的不准确。

中世纪与今天之间的观念差异，是一个很难以解决的问题。不过从世界观来看，今天与中世纪世界观还是有些相似的，可以说，在现代历史学思想中，中世纪的世界观模型改变了形态并嵌套在今天的世界观当中。[4]考古学的先行者们大部分处理方法属于古今结合。人们至今还认为，巴比伦历史的最直接来源是少数访问过中东古代遗址的欧洲旅行者之叙述。这些报告被认为是一手信息，而对它们的处理则是考古研究的前提——尽管旅行者们并不想误导别人，但他们往往会对中世纪的先人加以批判，以证明自己看到的才是真实存在，即过分抬高它们在知识历史中的重要性。大部分前往中东的中世纪游客之目的是经商或者朝圣，而不是出于任何类型的学术研究。[5]那些出于个人偏好而认为自己感觉到的差别，只是程度不同，并没有本质区别。人们往往认为，这些由旅行者、探险者、古物商人、寻宝者以及考古学家所做的现场记录反而最具有权威性。因此，可以把这些不同的人归为一组的原因，就在于他们都对古代遗址进行了直接的观察和叙述。而在普遍意义上，在考虑考古工作先驱的时候，人们通常寻找的正是这一元素，后来的辉煌发现和向公众进行解释所起的作用则是加强这种认知。哈德森（Hudson）是这样评论的：

> 的确，英国考古界在海外取得的成就在于它缩小了“考古学”这个词的意义。在克里特岛（Crete）、埃及、美索不达米亚和地中海沿岸的其他地区，引起公众瞩目的伟大发现往往是发掘出的古物。正是通过他们的技巧和好运而在深深的泥沙下面挖出了神奇的物品，伦纳德·伍利爵士、亚瑟·埃文斯爵士、马克斯·马洛温爵士以及其他人这才取得了封爵的可能，获得了无上的名誉。他们是挖掘者中的骑士，是埋藏宝藏的发现者，他们点燃了他们母邦国人的想象力，让考古学吸引了通俗报章的注意，因此也让路人注目观赏。自20世纪20年代开始，对大多数人来说，考古学实际上已经变成了发掘的代名词。[6]

前往巴比伦的访问者确实具有某种连续性，他们的个人经历和不同生活方式影响了人们理解过去的新方法之发展，但这些旅行者的孤证并未影响到后来考古方法的发展。当然，他们并不是令过去的人文主义理性经验方法有所发展的关键驱动者，而正是那一发展确立了考古学这一现代学科。因此，我们对巴比伦考古的方法必须涉及两个方面：首先是对巴比伦的访问者和他们的故事进行调查；然后是考虑与这座古代城市联系的欧洲知识与艺术传统的更广泛范围是什么。

旅行者和他们的叙述

巴比伦作为一个定居点，从逐渐缩小到最终消失均在现存典籍中有记载。作为一个有人居住的定居点，最后一次提到它的人是伊本·豪卡尔，他在10世纪时曾提到一个叫作巴贝尔的小村庄。[7] 然而到了中世纪中后期，在欧洲旅行者的游记中，都没有提到这个村庄。即使今天有村庄存在遗址周围甚至遗址之上，但中世纪的旅行者始终认为它就是一片无人居住的废墟。

图德拉的本杰明

中世纪欧洲人关于亚洲知识的一个重要来源，是西班牙图德拉地区的拉比·本杰明（Rabbi Benjamin）的行纪。本杰明是一位西班牙商人，他大约从1160年开始旅行，一直到1173年结束。[8] 可他写的《旅行日记》直到1543年才出版，[9] 是一个简写本。但其内容十分丰富，涉及地域广泛：包括中东的大部分重要城市，甚至延伸到中国。其主要内容就是记录犹太人在世界各地的情况。该书第一个描述的是巴比伦，然后是希拉城，最后是巴别塔（事实上他描述的是古代波尔西帕的遗址比尔斯尼姆鲁德）。[10] 关于巴别塔，本杰明记录了当地人走近那个地方的恐惧，因为那里有很多蛇和蝎子。[11] 他还描述了一座古老但还在使用的犹太教堂，还有就是《圣经》中但以理的烈火窑门（Fiery Furnace of Daniel）所在地：

> 在附近方圆不到一英里的地方，居住着3 000名以色列人，他们在但以理大帐篷的犹太会堂里做祷告。这座教堂很古老，且是但以理建立的。教堂是用凿好的石块和砖头建造的。在教堂和尼布甲尼撒的宫殿之间是沙得拉、米煞，亚伯尼歌被扔进去烧的烈火窑门，它在一条人人都知道的山谷里。[12]

但以理及“三童”拒绝伯沙撒王的招待，20世纪初，奥托·阿道夫·斯塔米勒为《圣经》制作的插图

有人怀疑本杰明并没有真的去过巴比伦，或者并不是真的如其游记所说的那样，他向东方走了那么远。据后来另一个作者撰写的前言称，《旅行日记》是对他的所见和所闻做的记录。将其翻译为英文的亚瑟在为《旅行日记》所写的导言中声称，可以把它理解为由两个部分组成的著作。[13] 这份叙述包括其旅行到达巴格达之前途经城镇的所有主要犹太人领袖和长老的名字，此后就几乎没有了这种记录。亚瑟认为，这里就是他所见结束，而所闻开始的地方。如果这种说法完全正确，那本杰明似乎见到了摩苏尔（Mosul）和尼尼微。而且，摩苏尔的主要长者们也名列其中。但他很可能没有见到巴比伦、希拉城或者巴别塔。确实，一旦来到了伊拉克，人们有走到巴格达的充分理由：

> 在本杰明那个时代，巴格达是囚虏王子——一位犹太人领袖，声称自己是大卫王的后代，在本杰明有关巴格达的部分中，对于他的描述占据了很大一部分——的被囚地，因此必定会吸引来自各地的犹太人进香者。这里无疑是收集有关犹太人和世界不同地方贸易信息的最合适的地点，而收集这些东西正是本杰明的工作。[14]

《贝德福德祈祷书》第 17 章中描绘的巴别塔，大英图书馆藏品，展品号 MS18850

说完前面这一切，只要我们不那么严格地将那本书分为两部分，就应该能做出如下假定：本杰明可能从巴格达出发去了一趟巴比伦。他给出的信息是可靠的，当然与他在远东的那些神奇旅行的叙述风格不一样，这些旅行毕竟很可能是后来的编撰者加进去的。[15]

说到本杰明在伊拉克的经历，值得注意的是赛纳用希伯来文对他进行的评论：

> 读一遍希伯来文本的《旅行日记》，能让你更多地了解本杰明。他以一种非常正式的中世纪希伯来文写作。他的希伯来文中偶有阿拉伯语。这当然表示出本杰明会说阿拉伯语，而且很可能是他的母语。阿拉伯语让他取得了探索亚洲和非洲的语言钥匙。本杰明的阿拉伯语知识，也为他开创了更深刻了解他的知识背景的道路。[16]

由此可见，本杰明不是一个前往中东的典型欧洲游客。尽管欧洲的东方学有很长的历史，但研究领域从来都不大，而且至少在 19 世纪之前都是

《巴比伦的倒塌》，选自《纽伦堡纪事》第 65 章第 3 节，1493 年版

由古典研究统治的。因此，在任何时候，欧洲能讲阿拉伯语的人都极为罕见。这使得阿拉伯语被欧洲人视为一种死亡的语言。[17] 阿拉伯语不是唯一的交流工具，但本杰明的叙述中确实包含着迷人的民间故事以及他在伊拉克所了解的当地传统，其中也包括巴比伦。

马可·波罗和作为巴比伦的巴格达

有些旅行者认为，巴格达就是巴比伦或者新巴比伦。马可·波罗认为这两个城市之间有连续性，他说“伟大的城市巴尔达克（Baldach）或巴加德（Bagadet），即古代的巴比伦”。[18] 因此，他认为 13 世纪后期欧洲人叙述的巴比伦，应是巴比伦的继承者巴格达。其实，把这两个城市混为一谈是一个错误，但作为一系列在今天伊拉克中部，曾作为统治中东政治版图的强有力城市中的最后一个，巴格达确实是巴比伦遗产的惠及者。而且，正如马可·波罗描述的那样，它是一个有足够资格的继承者：

巴格达是一个非常大的城市。在那里，世界上所有的萨拉森人的哈里发都有位置，就像全世界所有基督教首脑在梵蒂冈都有位置一样。一条非常大的河流从城市中心穿过，旅行者可以在河上航行前往印度洋。

正是在巴格达，人们将从印度进口来的大部分珍珠穿孔，再销往基督教国家。这里也是出产多种用金子和绸子织成衣料的地方。人称纳西克和纳克（nasich and nakh）以及叫作克鲁莫西的深红色布匹，用动物和鸟类的图形装饰得富丽堂皇。这是研究穆罕默德的法律和研究巫术、自然科学、天文学、占卜以及相面术的伟大中心。在这些方面，它是最伟大、最辉煌的城市。[19]

其他人虽也认识到巴格达与巴比伦的地理位置不同，但还是称前者为新巴比伦，比如约翰·埃尔德雷德（John Eldred）就是这样做的。不过，更多的人还是简称其为巴比伦，比如安东尼·雪莉（Anthony Sherley）、约翰·希尔特贝格（Johann Schiltberger）和罗伯特·克维特（Robert Coverte）等。考虑到古希腊、古罗马将尼尼微称为巴比伦或古巴比伦的明显倾向，我们可以领会到，让多个地点具有巴比伦的身份，其意义与将比尔斯尼姆鲁德和阿夸库夫（即杜尔·库里加尔祖，巴比伦古都）中的塔庙遗址误认为巴别塔毫无不同。

圣鄂多立克

14世纪初，波尔代诺内的鄂多立克修士（Odoric）从威尼斯旅行到中国附近的太平洋沿岸。这是一次非凡的旅行，与他有关的神奇故事在他还活着的时候就开始流传。[20]他的叙述可能是在他回来之后口述的，其中包括许多奇怪的人和事，但其中的地理描述大多无误，而且人们通常都认为他确实有过那些旅行。尽管如此，他的叙述只是副产品，而不是他的真实旅行目的。他是以传教士身份踏上旅途的，而且清楚地声明，他“越过了海洋，访问了异教徒的国家，为的是赢得一些相信主的灵魂”。[21]他对伊拉克的描述非常少，但确实包括了巴别塔，他说那里距离巴格达4天路程。根据他的叙述，他是从亚兹德（Yazd）向西北方向路过这座塔的，尽管游记的译者和编辑认为这可能是他的一个错误，因为在他的旅行日程中，这条路似乎向西方走了很大的弯路。不过，基耶萨（Chiesa）提出了另一个可能性是，他是通过伊朗西北部的苏丹尼耶（Soltaniyeh）进入伊拉克的。[22]他说的从巴格达到巴比伦的距离是可信的，因此，那座人们可以在比尔斯尼姆鲁德看到的已损毁的金字塔形神庙，有可能就是鄂多立克认为的巴别塔遗址。他没有对那里发表任何评论，因此我们无法得到任何线索。尽管鄂多立克讨论过巴格达，但他从来没有说过它的名字，无论巴格达或者巴比伦。他描述了“迦勒底”，指的是巴格达附近或者更笼统地说是伊拉克，说它是“一个伟大的王国”，并指出，它的人民讲一种“他们自己的语言”。他也描述了一种不同寻常的性别着装规范：

> 男人很标致，但女人的品位真的不高。那些男人穿着很讲究，打扮得就像我们这里的女人一样，他们在头上戴着一种有黄金与珍珠饰物的头带。可那些女人只穿着一件难看的直筒式连衣裙，一直盖到膝盖，裙子的袖子又长又宽，扫着地面。而且她们光着脚，衬裤垂在脚边，头发既没有梳成辫子，也没有什么装饰，而是完全乱糟糟的。我们这儿是男人走在前面，女人在后面跟着；而在那里，女人得在男人前面走。[23]

这段令人费解的内容似乎与任何已知传统都不符。对这一内容，以及其他在游记中远东地区更为奇异的描写，最好的解释是，鄂多立克只是在颠倒欧洲规范，用以表达在这些奇怪国度上看到的不同。

约翰·希尔特贝格

1396年，年仅15岁、来自巴伐利亚（Bavaria）的约翰·希尔特贝格在尼科波利斯（Nicopolis）之战中被俘。此后5年，他一直是土耳其苏丹巴耶塞特（Bajazet）的囚犯，但到了1402年，他和巴耶塞特又都变成了帖木儿（Timur）的俘虏。希尔特贝格的个人经历极为丰富：他与帖木儿的军队和王庭一起旅行到了西伯利亚、中亚、埃及、阿拉伯半岛。在途中，他写了大量日记和纪行，其中不少是第一手资料，也有一些是第二手资料。他讲述的内容被P. 布鲁恩（P. Bruun）和J. 巴肯·特尔弗（J. Buchan Telfer）编辑成书。而且这两人还声称，他是访问麦加（Mecca）和麦地那（Medina）的第一位基督徒[24]，当然其中也包括美索不达米亚。他最终逃跑成功，并于1427年回到巴伐利亚，随后他的故事从巴伐利亚流传开去。他亲眼看到的各种事情都非常奇特，他的记忆力也同样惊人。希尔特贝格“对自己在东方经历的各种事件的记述全无系统，显然是信马由缰地想到什么就说什么”[25]。然而，他叙述的内容（或者至少根据他的亲身经历叙述的那部分）都是未加修饰的原始材料，是真实而准确的。比起叙述毫无系统，在叙述准确性方面可以说是希尔特贝格的优势。因为他没有负担，用不着对照前人的经历或者文献。然而即便如此，有关巴比伦城墙的尺寸是其中的特例。特尔弗认为，希尔特贝格关于巴比伦城墙的尺寸的叙述显然来自希罗多德，且是整个叙述中唯一有文献来源的部分。[26]

希尔特贝格称巴格达为巴比伦，并描述了1401年帖木儿对这座城市的征服，不过他不是亲眼见证人。希尔特贝格经常在证据中强调帖木儿的暴力与残酷，如下面的叙述便说到了巴格达遭受的破坏：

> 台墨林（Tämerlin①）整整围困了它一个月，在此期间他破坏了城墙，占领并焚烧了城市。然后他在城中犁地，并种上了大麦，因为他曾发誓要摧毁这座城市，让任何人都不知道那里曾经有人居住。[27]

在他对巴别塔的叙述中，有关于巴格达的一段（他称其为新巴比伦，用以区分大巴比伦），我们有理由认为他没有去过这座城市。在希尔特贝格的描述中，巴格达是一座伟大的城市，那里的人们说波斯语和阿拉伯语，城内有巨大的狩猎场及动物园。他也告诉我们，大巴比伦和新巴比伦之间隔了一条叫作夏特（Schatt）的河流。[28]这一点很难解释，因为巴比伦的废墟在离幼发拉底河很远的下游。或许，就像以后的一些旅行者一样，他说的其实是在费卢杰（Falluja）和巴格达之间的古代灌溉系统。希尔瓦贝特见到的那座城镇是比尔斯尼姆鲁德，这一点可以通过他有关距离的叙述（布鲁恩证实，这一点与比尔斯尼姆鲁德的情况相符），[29]以及我们第一次在这里听到的名字证实，这个名字应该是“马布尔第鲁德”（Marburtirudt）。布鲁恩合理地认为，这就是“马勃特·尼姆鲁德”（Marbout Nimroud），意思是“宁录的监狱”。[30]希尔瓦贝特认为，整个名字说的就是建立了这座塔的国王。很显然，他的说法与他最为熟识的《圣经》的观点更为接近，即这座塔是宁录建造的。

① 帖木儿的变音。——译者注

莱昂哈德·劳沃尔夫

16世纪有关美索不达米亚及其古代遗址的图书和文字大量增加，其中的细节也在逐渐增加。欧格（Ooghe）对此做了准确的总结，他说道："关于美索不达米亚的游记，1530年以前出版的数量几乎为零，随后便突然爆发，单单16世纪下半叶，就不少于19部。"[31]有一个很著名的例子，一位巴伐利亚医师莱昂哈德·劳沃尔夫（Leonhard Rauwolf）的叙述，他从1573年至1576年一直在那里旅行，他曾于1574年10月到达巴格达。他对旅程的叙述最早发表于1583年。他描述了巴比伦，说它是坐落于埃卢戈（Elugo，即费卢杰）东面的迦勒底的最古老首都。[32]他发现：

> （它）完全被摧毁了，静悄悄地坐落在那里，无人居住。在它后面不远处矗立着高高的巴别塔，就是诺亚的孩子们（大洪水之后他们首先定居在这里）试图建筑的登天梯。[33]

可以想见，劳沃尔夫口中的城市巴比伦必定是一些古代沟渠遗址，且位于他前往巴格达的途中，而他口中的巴别塔必定是在"阿夸库夫"的那座金字塔形神庙的遗迹。[34]这似乎是第一个将"阿夸库夫，即古代杜尔·库里加尔祖的金字塔形神庙"误认为巴别塔的叙述。尽管真正的巴比伦遗址位于很远的北方，而且距离巴格达要近得多，但这种错误判断是合乎逻辑的。如果在通往巴格达的路边的沟渠遗址被认定为巴比伦城的废墟，在阿夸库夫的著名的金字塔形神庙显然就应该是巴别塔的明显候选者之一，且其概率远远大于南面的那座废墟。不管怎么说，见到那座废墟的旅行者总要少一些。而且，神塔结构上泥砖砌层之间看得到的芦席残骸，完全与希罗多德的描述相符。除去这些因素，再加上对于巴格达是巴比伦的直接继承人的认识，支持认为这两座城池距离不远的假定，就足以解释为什么会出现认为巴别塔遗迹出现在阿夸库夫的传统说法了。

约翰·埃尔德雷德

英国人约翰·埃尔德雷德于1583年到达伊拉克南部，他简短地叙述了巴比伦。但他给出的巴比伦所在地有些让人困惑：

> 在幼发拉底河与底格里斯河之间的那片沙漠上，过去曾耸

立着雄伟坚固的巴比伦古城，它的古老废墟有许多可以在白天看到——这也就是我，曾在阿勒颇和新巴比伦之间做过多次旅行的约翰·埃尔德雷德，经常在幽雅闲暇时刻看到的景象。[35]

从阿勒颇向巴格达（“新巴比伦”）的旅行，意味着必须沿幼发拉底河朝东南行进。或者更可能的是，在巴格达西面的沙漠中，与它保持一定距离地平行并进，只有在接近巴格达的时候才靠近底格里斯河，但这样做的结果就是根本没有可能朝南靠近巴比伦遗址。[36]巴奇描述了埃尔德雷德的行程，说他是“在从摩苏尔离开底格里斯河时”来到阿夸库夫的。[37]他或许有理由假定那条路是一个通往摩苏尔的沙漠通道，以及一段前往底格里斯河的旅程。但埃尔德雷德没有这样写，所以更可能的是，他指的是幼发拉底河大篷车商队的路线。希尔普雷希特（Hilprecht）认为，埃尔德雷德、劳沃尔夫和威尼斯商人旅行者加斯帕罗·巴尔比（Gasparo Balbi）一样，是在从费卢杰西行前往巴格达的路上见到阿夸库夫的，并且也和他们一样，将古代沟渠遗址误认为巴比伦城。[38]这个解释似乎更符合埃尔德雷德的描述，即那段“短短的沙漠通道”可能是费卢杰和巴格达之间的一段路。他对于“巴别塔”的描述是与阿夸库夫相符合的：

古老的巴别塔废墟仍在这里矗立着；在一片平坦的土地上，它远看似乎很宏伟；但是越走到跟前，它似乎就变得越来越小了。我在不同的时间来看它，发现它的直径超过四分之一英里，高度差不多相当于伦敦的圣保罗教堂尖塔；但它看上去大得多。这座古老的纪念碑的砖头还在，有半码①（yard）厚，四分之三码长。这些砖只是被阳光晒干了。但每两层砖之间都有一层席子，由藤条编成的，尽管它们历经多年，但现在还很结实，没有毁坏。[39]

紧随埃尔德雷德而来的人们也有类似的叙述。显然，安东尼·雪莉[40]和约翰·卡特赖特（John Cartwright）都认为，阿夸库夫的金字塔形神庙就是巴别塔。1652年到访的让-巴普蒂斯特·塔韦尼耶（Jean-Baptiste

① 英制长度单位，1码为91.44厘米。——译者注

Tavernier）也认为阿夸库夫的金字塔形神庙就是巴别塔，不过他也记录了一份当地的传统说法，认为这座塔是一位阿拉伯王子为在战争期间保护他的子民而建造的。[41] 与其他旅行者一样，他也详细描述了砖和芦席的使用方式。

还有另外一个值得一提的“巴别塔”潜在候选者。人们经常把萨马拉（Samarra）大清真寺（Great Mosque）旁的建于9世纪的巨型麦拉维亚（Malwiya）尖塔认为是另一座假定的巴别塔。或许，至少它的形状影响了欧洲艺术界对巴别塔的描述，因为对有些欧洲艺术家来说，这二者之间具有惊人的相似之处。然而，没有任何一位欧洲旅行者的游记认同这个看法。有关萨马拉，已知最早的欧洲记述是安东尼·雪莉的叙述。16世纪末，作为伊丽莎白女王的使节，他和他的兄弟罗伯特前往波斯的沙阿·阿巴斯（Shah Abbas）王庭所在地进行了一次访问。[42] 不过，似乎没有多少欧洲旅行者到访过大清真寺，也没有任何人把马勒维亚宣礼误认为巴别塔。约翰·纽伯里（John Newberry）曾于1580年到访，也确实提到它所在的地方是埃斯基（Eski）巴格达（老巴格达），[43] 但他并没有认为那里就是巴比伦。毕竟，巴格达接替萨马拉成为首都，而上述名字正反映了这一点。最重要的是，马尔韦亚尖塔的图画似乎没有以任何形式流传，这让我们弄不清楚它的形象到底是怎样进入欧洲艺术界的。[44]

彼得罗·德拉·瓦尔

16世纪的行纪经常会包含一些路线和奇特景观的基本信息，且基本上都会集中于当时人们关注的地方（很有趣的是，与遥远过去相连的任何事情相比，人们对有关巴格达城的细节记录比巴比伦城多得多），只是偶然提到巴比伦一类的古代遗址。一个重大的转折随着彼得罗·德拉·瓦尔（Pietro Della Valle）的来访而到来，布伦特（Blunt）与因维尼齐（Invernizzi）强调了瓦尔对这一地区的考古研究的先驱角色。[45] 他是一位意大利贵族，为减轻失恋的痛苦，放弃了罗马的奢华生活来到这里，并做了一个重要的“第一次”：

> 人们认为，他是抄录楔形文字铭文的第一人——这件事是他于1621年10月13—14日在波斯波利斯完成的。但这个说法需要一些旁证，因为他的抄本并不完全准确。而且在他之前，西班牙驻伊

斯法罕（Isfahan）大使唐·加西亚·德·席尔瓦·菲格罗亚（Don Garcia de Silviay Figueroa）已于1617—1624年在波斯波利斯抄录了一行楔形文字。而且德拉·瓦尔本人在沙阿·阿巴斯的王庭上见过此人。尽管如此，西班牙贵族发表的报告并没有对17世纪的欧洲文化产生重大影响。不过，彼得罗·德拉·瓦尔的信件却获得了更广泛的传播和持续的成功，这在以后的几个世纪里，为他发表的波斯波利斯铭文赋予了特殊的重要意义。[46]

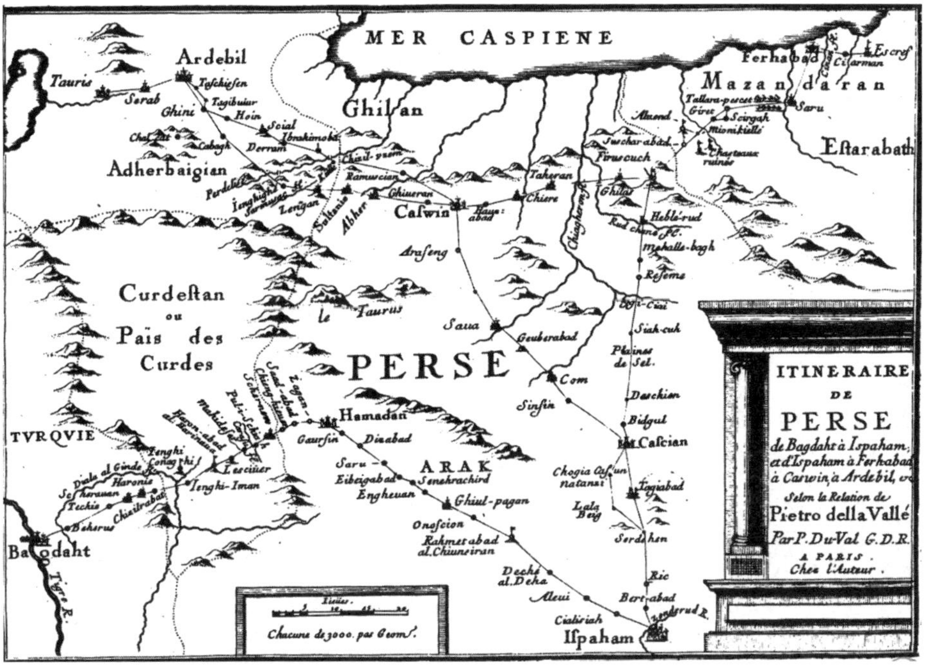

彼得罗·德拉·瓦尔的旅行手稿插图，
选自1677年皮埃尔·杜瓦尔出版的法语版《彼得罗游记》第3卷第158页

另外，瓦尔也正确地推导出，这份铭文应该从左向右阅读。[47]然而，他抄录铭文的这一举动本身并不是孤立的，而是说明彼得罗·德拉·瓦尔与他的前人相比，在旅行中对古代遗址的访问在程度与方式上有所不同。瓦尔不但在抄录、描绘、探索，他甚至还亲自进行发掘：

他在不同的地方用鹤嘴锄探查遗迹，努力寻求对未知纪念碑在结构方面的清楚认知。出于对知识的好奇心，我们在这里看到的，显然是在美索不达米亚进行的第一次发掘试探，而且肯定是对这种试探的最早记录。[48]

维尼齐强调了瓦尔的实证精神，以及在考古方面非常重要的一点：在试图探测遗址方面亲自动手的做法。不过，瓦尔的行为并不能说明他做的是新的突破。[49]但我们仍需解释他的真正新颖之处。但在已有的欧洲游记写作传统外，加入了休闲、教育、爱好与对文化和智慧历史的重要片刻的憧憬（更多的是对瓦尔的故乡罗马，而非中东）。当这些因素加在一起时，通过缜密的亲身检验，促进了更多细节的产生并让我们在实践的过程中证明：通过对遗址本身的研究，确实可以学到更多东西。

彼得罗·德拉·瓦尔对巴比伦的访问，最引人注目之处是各种画作。在他的随行人员中，一位来自佛兰德（Flemish）的艺术家创作了一些草图，准备将来作为油画的素材。[50]尽管这些油画似乎最终没有问世，而且那些草图本身也没有流传下来，但它们是亚塔那修·基尔舍（Athanasius Kircher）的三幅《巴别塔》（*Turris Babel*）画作的起源[51]（下面还会提到），它们的自然主义与幻想画面在其中产生了鲜明的对照，从而形成了绘画的基调。人们可以辨认出，它们描述的是巴比尔土丘，即巴比伦北面的高地，这里也是尼布甲尼撒二世的夏宫所在地。它到今天，还在使用这个城市的古代名字。这些草图表现的是被摧毁得毫无特征的山包，根本看不出过去的任何欧洲人对巴比伦的描述。基尔舍的作品也以另一种方式促进了彼得罗·德拉·瓦尔的影响，包括一份有关巴比伦的叙述的拉丁文翻译（主要来源是意大利文的，是给德拉·瓦尔的朋友马里奥·斯基帕诺的信件），[52]从而让这一描述能让更多的欧洲读者看到和理解。

16 世纪下半叶与 17 世纪的另一个值得注意的特点，是欧洲旅行者开始收集来自巴比伦王国的古物。但是，正如瓦尔在巴比尔土丘上的研究无法与 19 世纪的庞大发掘比较一样，这种收集与从美索不达米亚大规模进口古物相比不值一提。瓦尔本人带回了一些纪念品：来自巴比伦和乌尔的带有铭文的砖。——我们也知道，早在 17 世纪，一种带有希腊时代头像的新颖的巴比伦印章便出现在意大利。可以理解的是，在现代发掘的时代之前，人们误以为后世加上去的这个头像是尼布甲尼撒二世的。[53]然而，他并不是第一个这样干的人：16 世纪末到访的奥地利人格奥尔格·克里斯托夫·费恩伯格（Georg Christoph Fernberger）也曾从“巴别塔”带回了一块砖，不过那块砖早已不知去向。[54]

观察的角色的变化

有人认为，彼得罗·德拉·瓦尔的工作来自其他人未曾观察到的东西，这种说法也不尽然。因为在任何游记中，一个人看到的、描述的东西的价值往往是模糊的。我们或许可以说，他的观察形成了一个叙述，以某种方式起到了劳尔沃尔夫或者雪莉未能起到的关键作用。阅读这些旅行者的游记，我们可以得到这样的印象：他们对《圣经》的信任程度远远超过了自己的眼睛，而且这很可能改变了他们的认知。在《被丢弃的图像》（*The Discarded Image*）中，C. S. 路易斯（C. S. Lewis）给出了一个中世纪的关于宇宙的模型，其中的经典特征仍然具有巨大的价值：

> 他们（中世纪的作家与思想家们）的学究气很浓。他们认为任何古代经典作者说的，无法理解的任何事情都是错误的。而且他们继承的是一套与各方论述差别很大的书籍……显然，他们与经典作者之间是相互矛盾的。如果你不去理会各种书籍的不同类别，公平地从诗人和哲学家那里获得科学，它们之间的矛盾便会更大。而事实上，中世纪的人也经常有这种情况，他们可以很好地从理论上指出前人的“造假”问题。在这种情况下，有人也很不情愿地相信书里讲的任何事情，那么显然，纠正这种局面已是人们的迫切需要。[55]

路易斯认为：“中世纪人的最大特点，就是他们既不是梦想家，也不喜欢漫游。他们是组织者、编撰者，也是系统的建筑者。”[56]对这种说法，我们可以认为其怀疑合理。不过，路易斯也强调了所有这些经典作者或者权威来源在分类和解析时只注重感观愉悦，而忽略了其他，这种聪明的写作方式至今仍然被广泛使用。但我们必须强调，这一判定无意贬低那些中世纪学者（的确，曾经有一个有关智慧的清晰与次序的非常类似的版本，路易斯对其评价很高）。[57]《被丢弃的图像》帮助现代读者理解中世纪和文艺复兴时代人们的想法。我们对获得并处理新知识的特定模式有兴趣，其中关键的一点是与权威文本在现代游记中扮演的角色相比，它在中世纪扮演的角色相当不同。前者的价值在于它经常可以增补、修补甚至否定过去的权威。启蒙运动之后的几百年间，由于实证主义研究越来越重要，令近代人往往将后来通过新航路开辟者获得的经验与实证主义结合，确定了旅行者在遥远国度中看到的一切：即发现新事物，并以这些新事物为基础确定其工作价值。因此，如果在早期旅行故事文学中，有某件事情与《圣经》或古典来源不同而让我们略感失望，我们大可不必纠结。在最糟糕的情况下，这会让读者在稀奇事物上消耗过多的精力。例如，由于拓砵修士鄂多立克故事中的“首创精神”，人们或许会着重关注他对远东的怪物种族之神奇描述，而忽视了更实际且准确的地理内容，或者甚至略过了对于《圣经》的证实。如果为了接受路易斯提出的见解，我们转而证实这些叙述的作用是使事实清晰，即使它们的价值就是为制造完美个体与和谐的宇宙做出贡献，那又能怎么样？让我们听一听一个与路易斯同代的人，而且与他同为中世纪思想界研究者的莫顿·布卢姆菲尔德（Morton Bloomfield）之见解吧：

> 如果没有基督教思想与信仰范畴的有效知识储备，想正确地理解中世纪文献几乎是不可能的。然而，中世纪的人也可以说是古典时代晚期和蛮族的文化继承人。因此，他们的思想范畴、文学类型和观点，也是中世纪人得到的遗产的一部分。[58]

将需要解决的问题、冲突、谜团以及重要的工作，收集与巩固来自过去权威的全部知识，并让所有这些东西形成一个整体，即在单一的宗教框架内让这些知识结合。从这种见解出发，对中世纪知识的解析就简单多了，或许还能以更好的方式说明中世纪旅行者的作品。采取这样一种略微有点变化的见解，相信我们能更容易理解中世纪与文艺复兴时期对巴比伦的猜想，以及后来人们对巴比伦进行研究之间有着共同的知识基础。我们真正研究的东西只是一个缓慢的过渡，这个过渡从中世纪开始，我们对其理解是一个巨大的但不太复杂的网络；这个过渡到了今天，是追求简明。广而言之，它甚至概括了当今自然定律的优雅，并将其降解为四种力①。人们现在相信，正是通过这四种力的相互作用，形成了我们多变而又复杂的宇宙。对于社会科学以及

① 即地、水、风、火。西方人认为这四种力组成了世界本源。——译者注

人文学科的学者们来说，20世纪是一个建立模型并寻找内在原理的时代，尽管得到的成果远逊于自然科学，但也是非常伟大的。让这一努力与“中世纪的”编辑、分类工作分离的，是我们建立了一套通用于古今的规则与原理，即在强调工作重点时根据实际情况做出改变：与仔细研究现有资源的工作相比，我们更加注重通过经验获得新数据。

现在，让我们回到刚才提到的怪异种族叙述上：我们也可以把它们视为知识向一个宏大的框架内融合的一部分。它们实际上源于古典地理学，尤其是老普林尼（Pliny the Elder）的《博物学》（*Natural History*）。[59]而且我们可以准确地说，真正不同于“中世纪的记录方式”并不存在，现在这些记录正越来越不被人们信服，因为它们并不能与我们观察到的事实相对应。[60]我们可以从中世纪对使徒行传和圣徒传记的处理中，找到一个可资比较的问题及答案。肯德尔（Kendall）以尊者比德（Venerable Bede）的《教会史》（*Historia Ecclesiastica*）为例，其中：

> 我们看到了一幅双重图景：一边是冷静的科学观察者，正在一丝不苟地筛选过去的证据；另外一边是黑暗时代的人们，他们信奉着民间传说中最为迷信的元素。[61]

肯德尔认为，比德能够分辨这样一种多重物质的关键工具是专家修辞法，并就他所取得的成就做出了如下结论：

> （读者）可以意识到，我们宽泛地称为历史叙述和圣徒传记叙述之间有并列关系。一旦这种并列关系被视为中世纪受制于任何事都要从《主经》出发的叙述惯例，并只能使用不连续性语句准确反映现实的话，那么比德的重要成就就变得明显了。在他眼中，《博物学》是人们从世俗走向神之国的最重要的点，无论是在有限的时间之内或是在无穷的永恒之中都是如此。[62]

所以，这是一个调和的过程，它不仅仅针对不和谐的来源，也针对差别相当大的史料类型和思维模式。即使把对这种“不连续性”的宗教解释抛在一旁，这位历史学家也能评价在伟大的哲学与神学的基础上，人们是如何保留一切类型的知识来源的。中世纪游记也面临着同样的问题。因此，在一定程度上保留保守主义，并保持投身其中而不是持怀疑的态度，这也是合理的。然而，如果再提到老普林尼的怪异种族在新背景下知识的保留问题，那它本身就只能是一种变化形式。

手抄本《上帝之城》书影。1470 年

尽管与过去的记述相比，彼得罗·德拉·瓦尔的记述完全没有本质上的差别，但二者确实有相当大的不同。作为记述者，瓦尔提出问题并进行检验；而且为了做到这一点，他还对自己的观察结果抱有极大信心。我们很难把他的不同做法视为有意识的不虔诚或者是异端举动，但不同之处总是存在的。而且，恰恰是通过他所使用的方法，瓦尔的记述向神权为上的记录方式提出了挑战。它意味着，《圣经》和正统的知识并不是字字准确的，而且作为历史文件也是不完整的。在《圣经》的真实理念上区分神话和理性的可能性正是源于这种行为。当我们看到《圣经》与正统的知识之间的权威冲突清楚地在 19 世纪和 20 世纪展开时，这会让我们想起彼得罗·德拉·瓦尔这个人物，正是他曾试探性地探索着他曾经相信是巴别塔地基的那片废墟。

中世纪和文艺复兴时期历史、艺术和文学中的巴比伦

基督教中古时代神学中的巴比伦

罗马天主教会的伟大修士们塑造了中古时代欧洲教会和知识文化

的一切。我们不能低估圣奥古斯丁（St Augustine）、圣安波罗修（St Ambrose）、圣耶柔米（St Jerome）和格里高利一世教皇（Gregory the Great）在基督教教义和西方哲学上的影响。对于本书来说，尤为重要的是圣耶柔米和圣奥古斯丁，他们是最高产的基督教作家，而圣奥古斯丁是最著名的一位，他们都对巴比伦在世界史上的形象和地位确立做出了重大贡献。

圣耶柔米原名尤西比乌斯·索福洛尼斯，其最重要的成就在著作的翻译上。他用拉丁文翻译了恺撒利亚的尤西比乌斯写的《编年史》，让学者们得以阅读来自贝罗索斯、麦加斯梯尼和阿拜德努斯（Abydenus）等名家的，有关美索不达米亚编年信息的作品。[63]除了传播美索不达米亚的特殊历史之外，耶柔米对《编年史》的翻译也保存了（而且延续了从327—378年的）尤西比乌斯关于异教徒和基督教历史的编年史。[64]而且，他的翻译帮助这部著作成就了其成为重要的历史编年史，为中世纪欧洲编年史提供了大量可使用的资源。[65]耶柔米对《圣经》中一些书卷的评论，也与对巴比伦的关键史料的研究与翻译密切相关。

耶柔米是第一个将希伯来语的《旧约圣经》翻译为拉丁文的人，也是将《圣经》中的巴比伦故事原样翻译的人。在他之前的译者，只是根据希腊文的《七十士译本圣经》翻译的，该译本有一批维护者，这些人认为它是一部具有启发性的著作，以致耶柔米的译著过了几百年时间才取而代之。[66]然而，一旦取代，便完全逆转。当代的《圣经》英语译本之所以成为所有《圣经》的规范，不是因为它以耶柔米的译本为基础，而是它遵照了耶柔米翻译的原则，即尽可能地让译本忠于原作的语言。

圣奥古斯丁对保存巴比伦故事的重要性在于两个方面：其一是他对占据统治地位的基督教历史观的普遍影响，其二是他对巴比伦在那段特定历史时期中所处地位的特殊影响。圣奥古斯丁在拉丁文巨著《上帝之城》（*The City of God*）中，在引入直线性、命理学和有限性这些犹太教－基督教概念方面扮演了关键角色。[67]这一著作的重要性在于使用了巴比伦对当时罗马帝国进行的讽喻。5世纪，罗马帝国已然处于大难临头的前夕，连耶柔米也感觉到了，[68]但奥古斯丁对这种想法却不以为然，他在著作中认为：就如同巴比伦一样，罗马的辉煌是对尘世罗马人的奖赏，因为他们“具有自己的美德，他们靠着这些美德在艰难的道路上跋涉，最后为他们带来了光荣”。

中世纪的阿拉伯资料来源

《英雄宁录》，大卫·斯格特绘，1832 年

尽管巴比伦的地位在穆斯林心中没有基督徒重要，但其他阿拉伯史料却保留了有关这座城市的希腊传说。[69]阿布－拉罕·穆罕默德·伊本·艾哈迈德·比鲁尼（Abu-Raihan Muhammad Ibn' Ahmad al-Biruni，973—1048 年）在收集并比较了希腊的美索不达米亚编年史的基础上写了《古代国家编年史》（*Chronology of Ancient Nations*）一书，其中包括三部美索不达米亚编年史，即一部亚述王国编年史和两部巴比伦王国编年史。这部作品影响极大，对现在失传的史料和其他信息的保存十分重要。该书的译者沙宙（Sachau）认为：

> （这是一部）东方文献中的标杆著作。东方也承认了它的地位，即代表着东方学术界最高水平的前沿成果。或许我们有一天会发现比鲁尼获取信息的文献来源，而且可以不需要他对这些来源做出解释。但还有其他章节……作者是通过一些族群的传闻得知有关它们……的信息的，而这些族群当时已经处于消亡的前夕。[70]

比鲁尼的亚述编年史叙述了总共 1305 年的历史，其中亚述和巴比伦王国编年史分别涵盖了 241 年和 428 年历史。在亚述王国编年史中，第一个国王是拜卢什（Belus），[71]随后是尼尼微的创建者尼努斯。按照比鲁尼的叙述，亚伯拉罕在尼努斯统治的第 43 年出生。他给出的所有凡人国王的统治年代都是可信的，当然早期的苏美尔国王半神半人就不好说了。在这里，比鲁尼认为巴比伦城的创建者是宁录：

根据某位编年史学者的说法，宁录（Nimrod）在语言被搅乱之后的23年在巴比伦尼亚建立了王国。那是人间建立的第一个王国。[72]

其中的“某位编年史学者”，是比鲁尼说到这些编年史来源时的含糊说法。他引用“西方作者”作为萨丹纳帕勒斯[73]和萨丹纳帕卢斯被阿拔士（Arbaces）打败的故事的来源。[74]他叙述的故事足以证实克特西亚斯是原作者，但不一定是比鲁尼著的历史书的来源，可能还有中间转述者狄奥多罗斯·西库路斯和佛提乌斯等人。然而，对于巴比伦王国编年史来说，克特西亚斯不是源头。这些编年史的第一部说到了巴比伦史的开始：即这座城市是由宁录建立的；另在一段为澄清混乱的有趣说明中，塞弥勒弥斯成为萨马拉的创建者。[75]她的继位人不是克特西亚斯说的尼亚斯，而是扎梅斯（Zameis）。他的名字在亚塔那修·基尔舍在17世纪所做的编年史中再次出现（见下文）。比鲁尼的第二部巴比伦王国编年史从一个名叫“尼布甲尼撒一世”的人开始，[76]一直到亚历山大大帝，总共428年。最后一位新巴比伦王国的国王是“贝尔特沙撒”（Belteshassar）（在位4年），随后是“米底的大流士一世”（17年）和“重修了耶路撒冷的居鲁士”（在位9年）。在所有比鲁尼可能撷取了资料的已知编年史中，这一部编年史和《圣经》很相似，其中在居鲁士之前在位的也是一位神秘而且年长的米底人大流士。两份中世纪文本都用正在摧毁耶路撒冷的形象来描绘尼布甲尼撒二世［尼布甲尼撒这个名字事实上被记住了，这里与其他阿拉伯来源一样，用的是“布特－那萨“（Bukht-Nassar）的形式］。[77]布特－那萨和犹太人囚虏也被记录在12世纪的雅库特·鲁米·哈马维（Yaqut al-Rumi al-Hamawi）之故事中。有趣的是，人们一直认为尼布甲尼撒二世才是那个兴建大规模沟渠的人。[78]

与欧洲历史学家一样，阿拉伯历史学家也只局限于知道同样一批非楔形文字来源。14世纪后期的历史学家伊本·卡尔敦（Ibn Khaldun）的著作中使用了古老的作品来源，在他伟大通史的第二卷中简短地叙述了巴比伦王国，而一份更完整的叙述则一直到16世纪后期，才出现在奥斯曼帝国首席宫廷占星师艾哈迈德·伊本·卢特富拉（Ahmed ibn Lütfullah）的通史中。卢特富拉的叙述使用了来自欧洲和伊斯兰国家的资料，他有关亚述和巴比伦王国的信息来自前者。这些王国和塞琉古王朝、托勒密王朝（Ptolemaic dynasty）一样，都是“在过去的伊斯兰历史学中很少知道的事物”。[79]

这些编年史时常提到宁录，并赋予其几个角色：《圣经·创世记》中说他是洪水之后的垦殖者、巴别塔的建筑者、反对上帝的罪人、怪物巨人和魔法师。有个故事说，宁录试图使用鹰飞上天堂与上帝作战。[80] 那个搅乱语言的文字游戏——巴贝尔也以新的混淆形式塔 - 巴拉尔 - 阿（ta-balal-a）流传了下来。[81] 正如西方的传统说法一样，宁录和尼布甲尼撒是两个流传下来的最著名的名字，不过两者都带有强烈的反面意义。巴比伦这座城市本身已经演变成了“魔法与美酒”。[82]“巴比伦的眼睛”变成了那些被迷惑了的人。[83] 根据巴克瑞（al-Bakri）的叙述我们可知，“因为认为巴贝尔是受到诅咒的，阿里拒绝在那里祷告，并称之为‘坟场’”。[84] 这一条引语认识到了这个遗址的古代与异教本质，而且，巴比伦确实保有着两河流域最古老的城市的称号。[85] 更令人注意的是，巴比伦经常被列入中世纪阿拉伯地理书中。正如中世纪的欧洲旅行者游记一样，尽管对这里的描述通常很简短，但都承认它的古老与庞大。10 世纪的穆夸达西（al-Muqadassi）在他的《地理学》（*Geography*）一书中用“巴比伦王国”描述两河流域，这里的意思是它还和过去一样。[86]

古代晚期和中世纪的希伯来资料来源

按照犹太历史学家的观点，一个关键的中世纪来源是亚伯拉罕·伊本·达乌德（Abraham Ibn Daud）于 1160—1161 年（希伯来历 4921 年①）撰写的《传统之书》（*Book of Tradition*）。这部著作影响很大，在犹太文化中就相当于奥罗修斯或者圣伊西多禄（Isidore of Seville）的著作在中世纪基督教史学中的地位。[87] 伊本·达乌德一心彰显希伯来传统的古老与连贯性，以强调一个不曾中断的历史传统。

尽管《传统之书》是以希伯来传统为基础的，但与已有的学术界知识相比，它更依赖于伊本·达乌德本人对《圣经》文本的研究。[88] 在编年史的最后部分，我们可以看到，尼布甲尼撒二世曾于他在位的第 18 年和第 23 年主动进攻耶路撒冷。在第一次进攻后，他带走了约雅斤、但以理和后来被投入火焰熔炉的那三个伙伴。第二次他则带走了约雅斤和大约 17000 名俘虏。他只是在最后一次进攻时才摧毁了神庙，俘虏了国王西底家（Zedekiah）。47 年后，伊本·达乌德称伯撒沙被他的军官们出卖。

① 希伯来历以公元前 3760 年为元年。——译者注

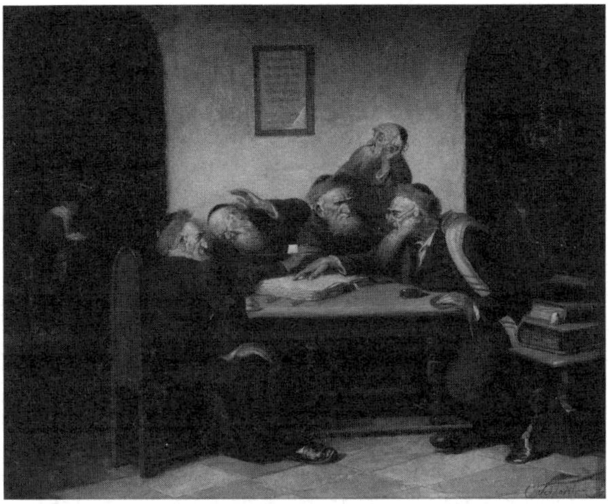

《基于〈塔木德〉的辩论场面》，卡尔·施莱尔在1859—1871年间绘制，现藏于德国多禄泰拍卖行

通过巴比伦的犹太法典《塔木德》（*Talmud*），人们能够看到一种完全不同的美索不达米亚遗产，这份法典编辑于古代晚期的两河流域，因此融进了许多从楔形文字文献得到的材料。其中特别引人注目的，是魔法和医学的信息从楔形文字向阿拉米语的转变。《塔木德》也包含历史传统，有些来自楔形文字，其他来自传说和民间故事的材料。《塔木德》是人们在很多个世纪中，对美索不达米亚犹太知识传统的编撰与校订。尽管它在犹太人精神上引起了共鸣，但巴比伦囚虏的结束当然并不意味着犹太人在伊拉克生活的结束。与此相反，这只不过是开始。正如前文所指出的，没有理由认为，会有比较多的犹太人利用居鲁士赐予的返乡权利，而在几个世纪里，两河流域的犹太人口增加了。为《塔木德》的内容与编撰做出了贡献的学者们，是被尼布甲尼撒二世带到巴比伦王国的犹大国人的后代，他们在苏拉（Sura）和蓬贝迪塔（Pumbeditha）巨大的《塔木德》研究中心以及其他小一些的中心工作，如在涅哈迪亚（Nehardea）和玛忽扎（Mahuza）的中心。

波斯和亚美尼亚传统

与伊斯兰文献类似，在波斯传统中，有些影响来自犹太传统和巴比伦《塔木德》，保证了宁录、尼布甲尼撒和但以理这些名字的流传，同时也保存了一些对巴比伦人的记忆，他们的身份是波斯和西方人心目中的伟大天文学家。值得注意的是，在中世纪的阿拉伯传说中，有两个人可能创建了古代城市巴比伦。一个是宁录，来自约瑟夫斯解释的《创世记》中的故事；另一个来自王族的人物，则来自波斯文献。在波斯传说中，巴比伦是由一个国王家族建立的，其中第一个是一位邪恶的半怪物王，名叫扎哈克（Zahhak），[89]他的继承人卡瓦斯（Kavus）似乎与阿拉伯文献中的宁录有一些共同特征。他享有建造巴别塔的声誉，[90]而且据说是他在巴比伦建造了7座宫殿，每一座都用了不同的石头或者金属建成，以对应七大星球。这位国王也有试图用鹰飞上天堂的传说，而在阿拉伯的文献中，这件事是宁录的作为。[91]

与此同时，塞弥勒弥斯的传说也流传到了波斯，因此一个不同的亚美尼亚传说也围绕着这位传奇女王出现了。8世纪，摩西·克莱纳第（Moses Khorenati）在他的叙述中描写了塞弥勒弥斯领导的一次对凡湖地区（Lake Van）（当时属于乌拉尔图王国，与亚述王国相邻，有时与之有战争）的入侵，而且她还在那里建筑了一座大城市。[92]在传说中她是因为渴望获得一位半神英雄即活力四射的美男子阿拉（Ara the Fair）的青睐，才发动入侵的；[93]尽管她下令活捉阿拉，他却在战斗中被杀。塞弥勒弥斯企图复活阿拉，但最终失败了，便把一个替身打扮成国王，并对他的人民宣布他已经复活。[94]

中世纪宇宙学中的巴比伦：但丁的情况

尽管但丁的《神曲》在提到美索不达米亚的时候叙述都很简略，但它的重要性主要出于两个原因：第一，但丁的作品从古到今的普及性和影响力，大大增加了人们对巴比伦的关注；第二，《神曲》本质上是一部对人类道德分析的作品，在许多情况下（尽管不是全部）体现了但丁和他那个时代的基督教思想家共有的价值观。《神曲》对于罪恶和美德的细分，与C. S.路易斯创作《纳尼亚传奇》时心中的宏大场景完全相同。[95]这个场景成功地与《圣经》和古典传统结合，同样也运用于但丁时代的世界观，[96]它的分类和等级结构让今天的许多读者吃惊。例如，亚历山大、匈奴王阿提拉（Attila）和其他“手拿屠刀进行抢掠的暴君”一起出现在地狱的第7圈血河中，[97]而萨拉丁（Saladin）被安置在第一圈地狱的边缘，那是在这一故事中非基督徒可以指望的最佳命运。[98]看得出，这两种安排似乎有些时代错乱，然而书中对萨拉丁的处理，必定是调和了但丁描写的先知穆罕默德的命运。作者显然对十字军东征时期的穆斯林表现了极大的宽容。[99]

提到巴比伦城的唯一一处是在天上的最高处，当一场大审判已经结束的时候：

> 哦，聚集在下面的是何等巨大的财富啊，

聚集在下面，在这些最灿烂的金库中间，在地面之下，
那些俊美的农夫，真实的种子抛撒着。
在这里，黄金具有生命，是令人欣喜的宝藏，犹太人在流放中获得，在巴比伦痛哭，在饥饿中藐视黄金的价值。[100]

尽管《神曲》提及巴比伦的资料很少，但与巴比伦相关的几个人物是分别对待的。塞弥勒弥斯出现得比较早，在地狱的第二圈，那里是性犯罪者的居住地，遭到永恒风暴的折磨。和她同在一处的人包括克里奥佩特拉（Cleopatra）、特里斯坦（Tristan），以及《伊利亚特》（*Iliad*）中的恋人：阿喀琉斯、帕里斯（Paris）和海伦（Helen）。维吉尔向但丁描述了她：

"她是你问到的人中的第一个，
许多语言中提到的女皇。"他说道，
"而且，她的懿旨带着不可阻挡的淫荡，
与她的色欲一起，交织在她的法律当中，
她喜欢把自己的错误行为转嫁到与她有不当行为的对象身上。
她在尘世中的名字是塞弥勒弥斯女王；我们知道，她是尼努斯的妻子和继位的女皇。她控制的那个国家是所有人都不希望踏足的土地。"[101]

《巴比伦大淫妇》，威廉·伯格米尔绘，1523年

这段叙述足以证实，但丁笔下的塞弥勒弥斯是狄奥多罗斯·西库路斯转述的克特西亚斯和阿忒那奥斯笔下的人物的结合体，他们的说法很可能来自一个拉丁文的翻译或者摘要。一个可能的来源是奥罗修斯，正如我们已经注意到的，他强调而且仔细描述了塞弥勒弥斯的性犯罪。[102]当然，但丁的《对抗异教徒的历史》也是一部在中世纪大受欢迎、多次再版的著作。[103]尽管没有指名道姓，但看上去但丁很可能指定了奥罗修斯为第四天

堂中的太阳的一簇“小光”。[104] 关于这一点，有人认为他使用并且尊重奥罗修斯的作品的说法。[105]

《但丁的地狱》，桑德罗·波提切利于15世纪80年代绘制，现藏于巴黎卢森堡博物馆

这一叙述的其他方面显示出当时其他文化的影响，即说明但丁也和约翰·曼德维尔等其他人一样，认为巴比伦是开罗的古代名字。尽管这里提到的太模糊，无法确定。更有意义的是，尽管塞弥勒弥斯的行为是从古典文献资料中获得的，维吉尔评论中对这种行为的道德尺度被限制在明显的原始方式上。克特西亚斯的塞弥勒弥斯当然并没有试图“转嫁……对她自己的行为的责备”。她就像希腊的永生者们一样，是一位半人半神的野蛮人女王，应该不在乎这些责备。无论什么情况，塞弥勒弥斯距离巴比伦在地狱中的另一个代表宁录很远。有趣的是，但丁在这里既没有把后者确认为尼努斯——克特西亚斯的巴比伦建造者，也没有试图解决这个很明显的建造者冲突。但丁在一些地方说明，这样的冲突不存在。一方面，有些后来的文献资料说明，人类在彼此相通的语言被搅乱之后便分散了，此后宁录才重建巴比伦；另一方面，当我们最后在地狱的最下层遇到宁录时，那时的他显然已经处于另一个年代了。[106] 宁录背叛了上帝，是阴谋在天上开战的一个巨人，因此只能在第9圈里。尽管地狱以前的各层涉及凄惨而且

暴力的惩罚，但这批巨人只是被链子拴起来而已，他们看上去还是非常危险。在他们中间，对宁录的叙述是最长的，甚至还让他说了话，但他的话全都是胡说八道。正如维吉尔向但丁解释的那样：

他告诉我："他用言语诅咒自己。
这是宁录，受到了他的邪恶之刺激，
我们无法相互说同一种语言。
让我们留下他自己站在那里吧，别说一句废话。
因为对于他，任何语言都是一样的，
正如他的语言对于我们，全都是胡说八道。"[107]

像怪物一样被拴起来的巨人宁录是《地狱》（*Inferno*）的高潮所在，它要比后面的段落出名得多。而在《炼狱》（*Purgatorio*）中，见到了一个我们更加熟悉的人物。但丁和维吉尔在这里沿着一条路行走，在那里有被他们踩在脚下称为骄傲的人。他们看到宁录正在见证塔的毁灭。这两种表现方式事实上并非不一致，《地狱》的表现方式确实与我们对塔的中世纪描绘中的宁录相冲突，有关这座塔，在《炼狱》中的描述似乎更典型。道德教诲是所有这些文字的核心，而在这方面，发动了反对天堂的战争的怪物巨人，与受到野心和骄傲的缺陷误导的普通人是非常不同的。对于后者，人们可以从谦卑中学习；前者则是一个令人震惊的图像，人们从中看到的只有恐惧——对于宁录、上帝和地狱的恐惧。[108]

尼布甲尼撒不再是但丁遇到的人物之一，在书中人们只是简单地提到了他：

比阿特丽斯（Beatrice，但丁的情人和天堂中的向导）接过了
但以理努力扮演的角色，
要将尼布甲尼撒从愤怒中拯救出来，
这对他是如此残酷且不公。

考虑到但丁有关罪恶和救赎的方案与尼布甲尼撒在《圣经》中的名声，这一段草率的处理很奇怪。一个解释可能在于《圣经·但以理书》本身有一些隐喻。但丁的书中两次出现这位国王，只有其中一次提到了救赎。按

照但丁的写作模式，对于一贯行为的惩罚和奖赏超过了对于特定行为的惩罚和奖赏，而特定行为总是被视为对那些他在《神曲》中遇到的人的性格的说明。系统是按规则而不是按程度运行的，尽管在《炼狱》中个体可能表现出相通的美德与恶习。尼布甲尼撒从残酷、疯狂向接受明智的忠告之转变无法与现有资料相吻合。但丁对于这个问题的明显解决是将罪恶叙述简单化，通过但以理救赎，并使用灵巧的写法。这很显然是一种非常优雅、非常有中世纪特色的解决方法。

丢勒和有关启示录的画作

在阿尔布雷特·丢勒（Albrecht Durer）于1498年发表的著名的木刻作品《启示录》（*Apocalypse*）上，可以看到《圣经》中的巴比伦和真实世界中的巴比伦之间有混淆的早期迹象。丢勒的“巴比伦”是一个身穿威尼斯当时服饰的浓妆艳抹的高级妓女。[109]那些受她吸引的“地面上生活的人”也穿着当时的服装。而且，引人注目地在显著位置放上了一个修士和一个土耳其人。然而，所有这些只是用以衬托《圣经》幻想世界的背景。高举着盛满污秽之物金杯的巴比伦人才是图像的聚焦中心。[110]她骑在一头七首野兽身上，而在她上方的天使们预言着巴比伦的毁灭，[111]还有名叫忠贞的骑士的军队[112]降临于世。在背景上，各种城市和巴比伦都已火焰升腾。

丢勒在1498年绘制的《启示录》系列中的两幅木刻作品

在绘制《启示录》幻境的复杂环境时，丢勒面临的特殊挑战远超他的中世纪前人。[113] 丢勒的《启示录》创作于15世纪末，因而这个题材在宗教改革期间的角色塑造对丢勒皆有所借鉴，它实际上已经影响到16世纪所有关于这个题材的北欧印刷版插图。在丢勒的木刻中，他将想象与现实、古典和当代元素混合，在宗教改革者心中，恶贯满盈的巴比伦和当时的罗马教会之间的联系，可以通过类似于丢勒的绘画加以表达。后来又有许多人步了他的后尘，如卢卡斯·克拉纳赫（Lucas Cranach）的木刻便深受丢勒木刻的影响。另外，在《巴比伦的毁灭》中，哈特曼·舍德尔（Hartmann Schedel）就像1493年的《纽伦堡编年史》（*Nuremberg Chronicle*）中描述的那样，用罗马作为它的原型。中世纪末期，巴比伦又变成了世俗物欲的典型象征。现在它又一次回到《圣经》里。而且，正如1世纪圣约翰的时代一样，这个地点是罗马。

彼得·勃鲁盖尔和巴别塔

今天，巴别塔的声望远超其他著名建筑，描绘巴别塔的画作的最杰出作品是由老彼得·勃鲁盖尔（Pieter Bruegel the Elder）于16世纪后期创作的。勃鲁盖尔为这座塔绘制了三幅画，其中有两幅保存下来了。[114] 这两幅画中包含有诸多极小的细节，表现出作者对建筑学的大师级领悟。他以当时的佛兰德作为这座骄傲与腐败象征的巴别塔之背景，显示出其强烈的政治立意。之后的很多人模仿了这一表现形式，因此可以认为它为16世纪后期和17世纪初期的绘画提供了一种重要的基本模型。

《宁录视察巴别通天塔》，老彼得·勃鲁盖尔绘，1563年。这幅画共有三个版本，此为第一个版本，现藏于维也纳艺术史博物馆

熟悉的背景可能会令人误解。原因是这位艺术家被后人称作“农民勃鲁盖尔”，即他喜欢描述农民的日常生活。而且人们都认为，他的作品直截了当，完全没有智慧。卡雷尔·范·曼德尔（Carel van Mander）在传记中记载，许多人断言勃鲁盖尔本人就是位农民。[115] 让这种说法与《死神的胜利》（*The Triumph of Death*）或者《杜尔·格雷特》（*Dulle Griet*）这类主题不鲜明、内容奇特的作品几乎无法协调。而20世纪有关勃鲁盖尔的学术知识，更让传统观点越来越趋于重新解构其作品内涵。查尔斯·德·托尔内（Charles de Tolnay）撰写过一本书，目的是为提炼和总结这位艺术家的新看法，[116] 现在人们普遍认为，他把勃鲁盖尔描绘为一位激进主义者、一位“爱之屋”成员，当然他也如实地承认了勃鲁盖尔作品中的文化与学术内容。与过去人们想法不同，现在许多人觉得，勃鲁盖尔画出的农民场景，显得更悲观，更具讽刺意味。今天人们对于这位艺术家本人的生平所知甚少，尽管有限的证据说明，他与一个包括制图师亚伯拉罕·奥特柳斯（Abraham Ortelius）在内的人文知识分子圈有关联。[117] 他很可能创作过一份伤风败俗的作品，但没有流传下来：他似乎在临终前要求他的妻子烧掉了他的一些画作。许多人认为这些画作的政治性很强。然而，情况是否属实，我们无从知晓。[118]

因此，有关勃鲁盖尔到底出于什么目的绘制了这些画作，我们就只能从画作本身去分析了。在勃鲁盖尔的所有作品中，我们有足够多的肖像作品作为证据，说明这位艺术家相当熟悉伊拉兹马斯（Erasmus），他似乎是勃鲁盖尔的画作中的许多谚语和双关语的来源。[119] 或许更重要的是，勃鲁盖尔的作品就是按照伊拉兹马斯有关历史的视觉表现方式创作的。伊拉兹马斯认为，通过“给佛兰德人穿上希腊服饰”重现历史并非毫无意义，这样做确实能让人们觉得，历史一直活在现实当中。[120] 他认为，古代的作品往往对现代生活具有切实的指导意义；有关视觉艺术（在这方面伊拉兹马斯很少写评论）的上述观点，是他的这一较为包容思想的直接延伸。相信勃鲁盖尔也使用了同样的古今结合方法，而且做得非常机智，因此他的画作具有强大的感染力。他的《屠杀无辜者》（*Massacre of the Innocents*）[121] 或许是所有表现历史“生活在现实当中”的画作中最令人惊叹一幅作品。通过把这样一个可怕的场景放进当代世俗的背景中，勃鲁盖尔为主题带来了极大的恐怖，或许多于鲁本斯（Rubens）对于同一事件令人痛苦的绘画描述。[122] 这座塔的建筑风格本身是古典的，但这座塔俯瞰的城镇竟是16世纪的安特卫普。按照当时的政治意义理解，宁录实际代表西班牙国王菲利佩二世（Philip II）。[123] 而且，宁录和巴别塔的建筑者也可以认为是菲利普和他的支持者，这一层意义在勃鲁盖尔的一些追随者的巴别塔画作中表现得比他本人的作品更加清楚。然而有趣的是，鹿特丹画家的画板上根本没有出现宁录。[124] 卢卡斯·范·瓦尔肯波奇（Lucas van Valckenborch）的巴别塔画作中的人物显然穿着西班牙服装，这可以成为瓦尔肯波奇对新教徒更自由的生活进行批评的口实。但这时，他已经逃脱了宗教裁判所的势力，在德国定居了。

《屠杀无辜者》，老彼得·勃鲁盖尔于1565—1567年间绘

正如勃鲁盖尔的其他作品一样，瓦尔肯波奇的作品主题也有多重附加意义，或许还有不少模棱两可的地方。[125] 因此，尽管塔指的是必遭摧毁的骄傲，但它们似乎也加入了当时流行的乌托邦的想法。在《圣经》中语言的混淆是一个重要主题，特别因为牵涉更广泛的语言学的问题，尤其在低地国家更是如此。有人指出，佛兰德艺术家从16世纪后期到17世纪初期创作了大批有关巴别塔的画作，而这件事是与第一部多语本《圣经》出版同时发生的。

勃鲁盖尔笔下的塔具有庞杂的结构，建筑风格非常经典，且与当时在他们脚下的城镇和港口非常不同。显然其构思来自罗马圆形大剧场——已知的最大古代欧洲建筑之一。勃鲁盖尔的选择影响很大，但他并不是第一个把画中的塔与罗马圆形大剧场联系在一起的人。科恩利斯·安东尼兹（Cornelis Anthonisz）于1547年创作的一幅蚀刻版画可能是最早的例子。在这幅版画中，这座塔被描绘成摇摇欲坠的样子，几乎要倒塌，这时有一批胆战心惊的民众在奔跑（他们中一些人的姿势显然是以著名的经典雕刻作品为模型的），要躲开这座正在倒塌的砖石结构的庞然大物。[126] 实际上，勃鲁盖尔不需要为了得到罗马圆形大剧场的详细建筑知识前来意大利：因为他可以得到由希罗尼穆斯·科克（Hieronymus Cock）制作的图纸复制品，而勃鲁盖尔正好认识科克。但他还是去了意大利，大约在罗马工作学习了5年。我们知道，在这段时间里，他和微缩画画家朱利奥·克洛维奥（Giulio Clovio）密切合作，很可能是为克洛维奥的微型人物作品画风景背景。[127] 通过克洛维奥，勃鲁盖尔很可能看到杰勒德·荷伦布（Gerard Horenbout）的画作《格里马尼·布雷维亚里》（*Grimani Breviary*），也可能观看克洛维奥为《法内斯时刻》（*Farnese Hours*）做的一个极为接近的副本，或者二者都看过。[128] 如果只是孤立地思考，我们或许无法立即弄清楚，这些图画在多大程度上影响了勃鲁盖尔的巴别塔模型，但如果把它与更传统的手稿插图比较，其中的联系确实是非常密切的。在《格里马尼·布雷维亚里》中，规模庞大的塔是一种创新，它所在的深邃的自然景色也是一种创新。正是由于他们的风景画（尽管它们的类型并非独立存在的），这些来自北方的艺术家在意大利得到了很高的评价。以约阿希姆·帕蒂尼尔（Joachim Patinir）的工作为基础，勃鲁盖尔发展出“世界风景画”这一理念，即使用多种技巧的结合，将俯瞰庞大的复合景观得到的视野融入他的作品中。[129] 巴别塔是一个例子：在某种意义上，背景是安特卫普；在另一种意义上，当观察者本能地欣赏时，背景就是整个世界。而且，这些塔通常不会与世界风景画的模型完美契合。在这种情况下，人们通常会添加更多阿尔卑斯山的特征，而且这些情况确实也发生在追随勃鲁盖尔的其他艺术家的绘画主题中。尽管如此，我们还是可以看到，勃鲁盖尔设法将他的主题铺陈到一个很大的地区，而且还会为了这一目的而改变视角。比如从一个抬高的前景与一个更鲜明的例子得到的不同视野，便是一个常用的方法，而勃鲁盖尔的《伊卡洛斯坠落的风景》

（*Landscape with the Fall of Icarus*），令这种手法更趋老到。

相信我们都读到过许多关于勃鲁盖尔绘画中的建筑是否可行的文章。如果从工程学角度上看一个结构是否可行，这是否意味着，人类通过努力有成功的可能性？另外，建筑学上的错误究竟是偶然的，还是作者有意而为之？[130]建筑学进一步证明其可以在绘画与罗马之间取得联系。罗马城的建筑遭到摧毁已成为一个绝妙的象征，因为可以通过这一象征意义批判当时罗马教皇对权威的追求。

巴别塔的图画以几种方式与现实和历史相连。它们可能暗指艺术家所在时代的人与事，具有关于骄傲、狂妄甚至可能是乌托邦的更普遍信息。最重要的是，它们为当时背景下的历史主题寻找到一个相当合适的基础。所有这些特征都可以归入与过去相关或者是理解历史的大背景之下。当欧洲旅行者在16世纪访问巴比伦时曾注意到，正如他们知道的那样，这座城市被摧毁了，它的废墟上现在滋生着野兽。对现场做进一步实证调查是否有价值还完全不清楚，但对于一个像伊拉兹马斯这样的学者来说，有关过去的知识仍旧躲藏在对文本的研究与翻译之中。那种知识的价值，而且在某种意义上甚至可以说是他的积蓄，都在于将这些读到的东西应用于当时的世界。而在这方面，勃鲁盖尔做出的贡献显然大于那些在他的时代中访问并描述了巴比伦遗址的旅行者。勃鲁盖尔的绘画代表着现实与遥远历史的精巧结合，而不是对已有的信息或者幻想的二手信息的滥用，它们也代表着一个存在于现在的过去，以及现在与过去的相关性。

勃鲁盖尔的绘画带动了整个佛兰德绘画类型的发展。从16世纪中叶到17世纪初，出现了几十幅有关巴别塔的油画与其他绘画，其中有些是由勃鲁盖尔的学生们创作的，因而经常采用几乎与他完全相同的表现方式。亨德里克·范·克里夫（Hendrick van Cleve）、卢卡斯·范·瓦尔肯波奇和马滕·范·瓦尔肯波奇（Marten van Valckenborch）、小彼得·勃鲁盖尔（Pieter Brueghel the Younger）、阿贝尔·格里默尔（Abel Grimmer）和许多其他人按照勃鲁盖尔的基本绘画风格创作艺术品。[131]在这些画中，塔的建筑细节往往以经典的废墟为模型，特别是罗马圆形大剧场的废墟更是最为多见，同时把周围的城镇和港口视为在艺术家当代环境中的城镇。勃鲁盖尔创造了一个塔的视野，尽管这完全是他一个人的创造，但从那时起它竟然定义了欧洲想象中的纪念碑形象。

阿塔那修·基尔舍

在为巴别塔绘画时，勃鲁盖尔找不到美索不达米亚的参考画作，且在17世纪后期之前的一切欧洲巴比伦绘画中都有这个问题。有人认为，最简单的参考应当是彼得罗·德拉·瓦尔在旅行中委托他人进行的绘画，它们显示了现代的“巴别塔”的特征（德拉·瓦尔认为，Tell Babil就是Tower of Babel，即巴别塔），另外，还有由德拉·瓦尔、恩格尔伯特·坎普法（Engelbert Kampfer，他曾于1686年到过伊朗）和阿贝·巴泰勒米（Abbe Barthelemy）在17和18世纪带回欧洲的刻字砖头。[132] 这些东西现在只形成了相当有限的资源——德拉·瓦尔的图画只显示出一座塔，完全没有其他内容。尽管如此，这些图画仍伴随着它们的描述起着作用。作为一位学者，17世纪耶稣会教士、奇物收集者、博学家阿塔那修·基尔舍（Athansius Kircher）的工作，在有关巴比伦及众多其他题材，与文艺复兴时期思想和现代思想之间的鸿沟上架设了一座桥梁。

基尔舍的《巴别塔》（*Turris Babel*）是一部独特的神学、历史学著作，作者在作品中融入了彼得罗·德拉·瓦尔的观察结果、《旧约圣经·编年史》中的含义、克特西亚斯和希罗多德的巴比伦王国历史、巴别塔在道德方面的故事和语言学方面的论点等。[133] 基尔舍对于语言的起源极为着迷（作为埃及古物学者，基尔舍最出名的地方是他对象形文字所做的认真但不成功的破解），因此他对《创世记》中上帝搅乱语言的故事以及巴别塔有着浓厚的兴趣。当时对所谓的亚当语（Adamic），即亚当和夏娃（Adam and Eve）在伊甸园（Garden of Eden）中说的语言有兴趣的并非他一个人。人们

《巴别塔》，选自阿塔纳修·基尔舍1679年的《巴别塔》第5页，现由罗杰·瓦格纳收藏

普遍认为，《摩西五经》（*Pentateuch*）中的希伯来语就是这种语言，而所有其他语言都是因为语言被搅乱后才出现的。从这一观点出发，基尔舍采取了一种语言学方法，考虑了多种语言，并寻求理解它们之间的关系。实际上，这项伟大的工作几乎就是一份语言学通史：该书的全部内容都是解释语言在巴别塔之后是如何增加与传播的。[134]

《巴别塔》让今天的读者看到了一片在17世纪和当代学术思想之间纵横的知识论海湾，并揭露一些那个时代的游记对于现代知识理解有相当欺骗性的谎言。它也对做出如下假定的倾向提出了挑战，即对线性的历史著作与知识积累联合，总结已有的知识，如基尔舍的学术著作往往要在自己的假定与论证方面比游记等学术性不那么强的著作更具有“现代性”，因为后者更多地依赖于道听途说、民间传说和当时的知识积累。《巴别塔》是一部从多种渠道汲取信息的极具学术性的著作，因而在某种意义上，基尔舍向我们展现的巴比伦，是当时以任何方式能够看到的最完美版本。然而，当作为一个整体时，与古希腊历史学家的叙述相比，它显然与现代考古学或者历史学的叙述有着很大的不同。基尔舍试图解读手头上所有关于巴比伦的资料，于是便创造了一份要求读者对于神性、魔法和幻想具有极大包容性的作品。完整性与不可信性的结合不是巧合，而是基尔舍为他自己设立的挑战的唯一结果。《巴别塔》在达到简直不可能的和谐、一致、完整方面奏效了，而在这样做的同时，他也创作出一个丰富多彩、光怪陆离的巴别塔形象。同样，基尔舍的学识也与他的想象不相搭配：他对史料非常热心，且用这些信息完成的巴比伦描述过分详细与完整，超过了这些信息能够支持的程度。[135]

无法产生一个统一的巴别塔表现形式，是由于巴别塔在人类历史早期就被摧毁与它在现实中仍被人们口耳相传之间的矛盾。是的，根据希腊史学家的记载，它确实是被人类亲手摧毁的。对于这一问题，基尔舍采取了奥罗修斯的解决方法：即由尼努斯和塞弥勒弥斯建造第二座塔。19世纪初的里奇和科佩尔显然认为这种解释是正确的。确实，人们到今天还在尝试解决一个类似的问题，即希罗多德曾经叙述过，人们当时认为存在的一座寺庙，到了他前往美索不达米亚的时候，它已经完全被赛瑟斯摧毁了。[136]然而，这种说法几乎无法解释作为插图出现《巴别塔》在这本书中的很多座塔，它们从新古典的大个“结婚蛋糕”样式到由彼得罗·德拉·瓦尔的艺术家记录的平淡无奇的塔。除了巴别塔之外，插图中还包括整座城市的景象和空中花园的景色。前者是按照希罗多德的叙述以创作，其中的河流——只有一条，与书中其他地图中表现的底格里斯河与幼发拉底河在巴比伦合并不一致——流过市中心，而纪念碑式的高大建筑在市中心河流两岸。整个城市周围由一条护城河环绕着，桥梁直通城墙，城墙均匀分段，且可以通过希罗多德叙述的100座大门进出。尽管存在着走向经典建筑特点的倾向，特别是巴别塔的画作中表现出一种亚洲的背景：前景人物身穿异国服装向城市走去，还有些人骑在大象背上。

或许，《巴别塔》最引人注目的元素，是基尔舍尝试从科学与人文角度分析处理巴别塔中那些最难从字面上解释的方面，即如何尝试建造一座可以通向天堂的塔，以及语言在随后是怎样被搅乱的。这种方法根本没为寓言留下余地，而基尔舍用图解说明，建造一座通往天堂的塔是不可能的。而且，他还进一步论证，这种不可能不是出于哲学或者神学的原因，而是在机械工程方面，因为根据天文学方面的资料，即使是距离地球最近的天体月球，要想让塔达到那里也实在太高了。根据基尔舍的计算，要想到达月球，这座塔需要有178672英里（约287545千米）高，至少使用300万吨材料，即便完成该塔也会压迫地球，让它从它的轴上翘起来[①]。结合使用《圣经》的文字与启蒙时代的天文学来得到这一结论似乎很荒唐，特别是当作为视觉图像描绘的时候，但这种情况恰恰是基尔舍在研究巴别塔时面临的挑战的一个完美的缩影。神学、哲学和实证研究的领域开始以出人意料的方式相互碰撞，有时令人恐慌。

伦勃朗

以《圣经·但以理书》的故事内容为基础的绘画一直持续到十六七世纪，其中的一个共同主题便是“伯沙撒的盛宴”。这类图画通常表现了这位国王带有东方风味的宴会厅、宾客和出现在墙上的文字，但比所有其他特点都更显著的特点，是几乎所有东西都与所表现的时代无法吻合。伦勃朗的杰作《伯沙撒的盛宴》（约1636—1638年）与艺术家独特的宗教观点有莫大的关系，与他表现历史宗教题材和表现当代题材的方式不同也有很大关系。伦勃朗的巨大画布聚焦于伯沙撒本人，只显示了一小批旁观者和

① 地月距离的现代值约为238858英里（384403.9千米），基尔舍的数字与此相去不远，但这么高的塔只要300万吨材料应该是不可能的。——译者注

盛大宴会中的一张桌子。由于恐惧而身体后仰的伯沙撒死盯着墙壁，看着出现在他眼前的字迹。他穿着东方化的衣服，这套服装和国王的姿势可以肯定是从皮耶特•拉斯特曼（Pieter Lastman）的《以斯帖和亚哈随鲁》（*Esther and Ahasuerus*）那里抄来的。[137] 画中其他人物也在过去的其他画作中有模特，[138] 尽管伯沙撒的东方服装特点是独一无二的，但伦勃朗没有追随当时荷兰画家普遍对波斯服饰有兴趣的潮流，也没有追赶在此之前的土耳其服饰的时尚。[139] 他的“东方”服饰的主要来源很可能是生活在阿姆斯特丹的犹太人群体，[140] 以及像《伯沙撒的盛宴》中那样，来自其他画作中的人物。事实上，所有有关物质文化的历史准确性方面的表达似乎在这里都无关紧要。重要的元素是伦勃朗对于国王的刻画——他的个性、他的情感，以及那份神圣字迹本身。

这幅画的题词是许多值得争论的主题。题词以希伯来文字写成，其中包含阿拉米文弥尼、弥尼、提客勒、乌法珥新（mene mene tekel upharsin）。然而，题词的格式极为奇特，字母并非横行，而是竖列。如果试图按照希伯来文的正常阅读方式阅读题词，即按水平方向从右向左阅读是毫无意义的。正确的阅读方式来自《圣经•但以理书》，是对有关这一事件的叙述产生的学术问题的解释：为什么在巴比伦王的王庭中，会只有一个人（但以理）不仅能够翻译，而且能够阅读用近东阿拉米通用语写下的铭文？当然，竖列阅读的解决方式可以追溯到巴比伦《犹太

帆布油画《伯沙撒的盛宴》，伦勃朗•范•莱茵绘，约1636—1638年，现藏于伦敦国家画廊布里吉曼艺术图书馆。右上角文字为“弥尼，弥尼，提客勒，乌法珥新”，出自《圣经•但以理书》

法典》，归结到那里的撒母耳（Rabbi Samuel），[141]而这一方法或许是由著名的阿姆斯特丹拉比门纳西・本・以色列（Menasseh ben Israel）告诉伦勃朗的。[142]

所以，从某种意义上说，这幅画作的学术价值很高，但它的目的不是让人觉得高深莫测，其核心含义直截了当、一目了然。在伯沙撒这个人物中，伦勃朗抓住了其惊慌、恐惧和极度负罪感的混合表情，这正是这幅画作的真正主题。这是与神明的一次邂逅，他的人性之体现对于伦勃朗极为重要。这在伦勃朗以后的许多《圣经》题材作品中也同样如此。被墙上的字迹照亮，国王的肤色打破了艺术惯例：在冷色与暖色正常交替的地方，伦勃朗完全用上了暖色，增强了作品的夸张效果。国王的身躯转向字迹，但向后躲，结果令他的身躯填满了很大一部分画布，实际上大量占据了画布的空间，让观察者动感，好像周围的人物也都对幻影的出现有所反应。[143]国王本人年届中年，脸上有皱纹。伦勃朗笔下的伯沙撒忧心忡忡，尽管衣着华丽，但看上去竟泯然众人。这里表现了一个正在看到自己即将毁灭的强权人物，也表现了上帝对于凡人的权威。与勃鲁盖尔一样，伦勃朗也是一个关心他的历史题材作品的当前意义的艺术家。

第5章 远方的乐土：英法对巴比伦的考古

巴比伦重现于世：探索者、古物收藏家和考古学家们

十七八世纪，欧洲的知识文化水平有了长足进步。启蒙运动为欧洲学术界带来了探索世界的新思想和新方法。从培根和笛卡尔提出的探索经验论，到牛顿和莱布尼茨对于物理学和数学的革命性贡献，学者的探究领域已经国际化了。他们的研究范围是跨学科的，甚至已影响到学术界的每一个领域。因此，在 18 世纪实证调查过程中，巴比伦一类的古代遗址对人们的影响远超过去。

与前人相比，18 世纪初的人们在确定巴比伦遗址的尝试上有了不少变化。对于巴别塔遗址的两个不同地点的思考，或许已经激起了一些实证研究与史料的比较。多明我会教士佩雷·伊曼努尔·德·圣·阿尔伯特（Pere Emmanuel de St Albert）则清楚地指出了巴比伦遗址最可能存在的两个地点，之后他于 1700 年访问了这两个地方，而这两个地方都不在阿夸库夫。[1] 实际上，他这一行为也提出了一个让学者困惑不已的问题，而这个问题一直到科尔德威时才得以解决：在他的描述中明显地存在着两个完全不同的遗址地点，一个位于阿拉伯半岛的比尔斯尼姆鲁德，另一个在幼发拉底河东岸。而后一个废墟才是真正的巴比伦遗址所在地。有趣的是，1743 年 5 月到访的让·奥特（Jean Otter）在遗址问题上没有受到困扰，因为他知道遗址一定位于希拉城一带，而且据一个流传下来的当地传说，确定它的一部分即巴别。奥特是一位东方学学者，后来成为法国法兰西学院的阿拉伯语教授。在他确认遗址的过程中没有提到近代的其他旅行者，只提到了土耳其地理学家艾哈迈德·戴德·姆尼希姆巴西[2] 及《古兰经》中提到的哈鲁特和马鲁特。[3]

尼布尔和比彻姆

18 世纪下半叶突出的一点，是有两部特别有影响的、有关巴比伦的游记出现。它们分别出自卡斯滕·尼布尔（Carsten Niebuhr）和阿贝·约瑟夫·德·比彻姆（Abbé Joseph de Beauchamp）。1904 年，巴比伦历史学家希尔普雷希特认为，他们的游记是巴比伦研究史上的重要转折点。他

在介绍这两部游记时指出，他们的叙述方法和前人有明显区别，[4]前人主要是“教育程度有限的旅行者和主要以宗教观点看待那些废墟的传教士”，而尼布尔、比彻姆及之后的人们则“对巴比伦的废墟有着严格的科学认知”。[5]

卡斯滕·尼布尔于1761—1768年间在亚洲旅行，并于1765年探访了巴比伦遗址。有关巴比伦遗址的叙述，在他著作《阿拉伯各国游记》（*Reisebeschreibung nach Arabien und andern umliegenden Laendern*）中有所体现。[6]尼布尔是丹麦国王弗雷德里克五世派出的6人科学考察团的唯一幸存者，事后他以一位博学者的口吻书写报告，取得了非凡成功。在他的报告中，能够一丝不苟地记录各项细节，尤为珍贵。事实证明，这种做法不但对早期发掘者受益极大，甚至对楔形文字文本的破解者也起到了正确引导作用。如，格奥尔格·格罗特芬德（Georg Grotefend）便是使用尼布尔在波斯波利斯抄录的铭文，作为破解古波斯语的第一步，进而取得了成功。这为破解更为复杂的音节楔形文字文本做出了示范作用。

18世纪80年代，时任巴格达副主教的皮埃尔·约瑟夫·德·比彻姆（Pierre Joseph de Beauchamp）两次到访巴比伦遗址。比彻姆除了在废墟上开展了小规模研究之外，还在现场与一位现代挖砖者交谈。他得知，尼布甲尼撒二世时期留下的砖至今仍可以作为极好的建筑材料，甚至有人在附近地区长期回收并用于建造新建筑物。同时，那人还向比彻姆讲述了一个很吸引人的故事：

> 受雇挖砖的泥瓦匠头头告诉我，他们挖砖的地方有一堵又大又厚的墙，其中还有小室。他们在挖砖过程中经常发现埋在土里的容器以及雕刻过的大理石。而且，在大约8年前，还有一个真人大小的雕像。他把它和垃圾一起扔了。在小室的一堵墙上，他发现了一头牛的图案，还有太阳和月亮的图案，全都是用彩釉砖拼成的。最近，他又发现了人类黏土偶像。[7]

这是当时对巴比伦遗址内容的最准确描述。比彻姆没有足够的办法弄清这位信息提供者说话的真伪，但那些彩釉砖公牛浮雕和巴比伦陶瓦之后果然再次被挖掘出来了，它们显然就是这位泥瓦匠说的那些东西。

《皮埃尔·比彻姆像》，弗朗索瓦·马利罗塞绘，1781 年

比彻姆仔细证实了尼布尔的测量结果，包括其自行计算的巴比伦城所处的纬度。[8] 这一细节反映了一个重大的变化：随着旅行者数量的增加，以及随着世界上更多的欧洲人足迹的出现，欧洲绘制的世界地图越来越准确、完整，能够测量巴比伦这类地点的坐标已然不是问题。这个遗址不再是在已知地理边界上的模糊数据，当这样的已知地理边界变得越来越少的时候，人们对它们的兴趣也越来越大，甚至受到了盲目的推崇。[9] 在 19 世纪，人们的探索兴趣扩大与未知世界逐渐绝迹形成了矛盾。这就像亨利·莫顿·斯坦利（Henry Morton Stanley）和戴维·利文斯通（David Livingstone）在坦噶尼喀湖边会面时所说的：他为利文斯通找到了最后一个人类的未知地域，即在非洲大陆东海岸以南 10°。而利文斯通早已进入非洲内陆 58 个月，知道这一点对他不会有什么帮助。[10] 换言之，非洲仍然无法整合到欧洲人的地理学当中。我们通过地理学扩大了已知世界，相应地缩小了未知世界。在理解像巴比伦这样历史久远地点的问题上，神秘与神话的内容被慢慢消灭掉了。尽管有人会说，那些仍然具有异国情调而且无法到达的地方的价值也会因此增加。

破坏者：克劳狄亚斯·里奇

克劳狄亚斯·里奇是东印度公司于 1808—1821 年派往巴格达的常驻代表，他于 1811 年访问了巴比伦。这次访问的游记以《巴比伦废墟上的回忆录》（*Memoir on the Ruins of Babylon*）为题于 1813 年发表在《东方矿山》（*Mines de l' Orient*）杂志上，不久后又得以出版。这一作品中，关于巴比伦遗址研究的叙述比其他遗址报告更为详细。[11] 这不仅因为里奇对遗址进行了彻底的观察研究，而且他之前已阅读过许多古代书籍，有许多书在他的报告之前几乎不为人所知，其中知识之广博着实令人赞叹。由于这些前提，再加上里奇自己的亲身经历，造就出一份通过经验观察和依据较早的信息综合而成的叙述。这部《回忆录》是对与这一遗址不同部分的相关知识与故事的有趣整合，由于作者本人通晓阿拉伯语、土耳其语、波斯语和希伯来语，他才能够做到这一点。

伊拉克巴比伦遗址，1932 年英国亚述学家 G. 埃里克与美国女历史学家伊迪丝·马特森拍摄，现藏美国国会图书馆，编号 matpc.13231

里奇的故事包括从巴格达到希拉城的旅途，其中详细讲述了路线和距离。他途经一条干涸了的运河，名叫“纳尔马尔加”，即弗鲁维乌斯雷基乌斯，据传说又是尼布甲尼撒建造的工程。[12] 在讨论巴比伦本身时，里奇从南到北走过了这些土丘，对每一个都做了介绍。他也在书中的三份全页插图中有两份提供了许多视角的地图。第三份全页插图则是一份巴比伦平面图，也是当时最为准确的地图。在描述的过程中，他解决了过去游记中出现的许多令人疑惑之处。这不是偶然的，因此他的描述根据结构标准不同，目的也不同。在很久以后，在 E. A. 沃利斯·巴奇（E. A. Wallis

Budge）撰写的《尼罗河与底格里斯河游记》（*By Nile and Tigris*）中，[13]引用了《回忆录》中的一些话，让人感觉里奇说话的口气更像是在吵架。里奇强烈感到，需要改进他所见到的不完整与有误导的现有来源。为了证明他的观点，作者通过描述他对巴比伦的第一印象而产生的思考，来带领大家与其一起进入后面的叙述。

> 在此我有机会指出，一般性描述无法传达有关人物或者地方的正确情形。我发现，这一点特别适用于现在这种情况。从现代游客的游记中，我曾期望得知的信息少于或者多于我在巴比伦遗址中已经得知的信息。少于期望的信息是，我无法形成对整个废墟惊人建筑范围的大小观念。或者说，我无法得到有关它们的一些部分的大小、坚固程度和完美状态的观念。多于期望的是，我认为我已经看出了许多巴比伦主要建筑物可能是什么，无论它们何等不完美。在想象中，我应该这样说："这里是墙，而这些一定是这个地区的方位。那里矗立着宫殿，这个差不多肯定是拜卢什神庙。"——但我完全被欺骗了：我发现的不是几座孤立的土堆，而是被建筑的残留部分覆盖着的整个国家的地基，它的一些地方是由看上去崭新得令人吃惊的砖墙组成的，而其他地方则仅仅是一连串由无法确定种类与范围的雕像组成的垃圾土堆，我就好像一位涉及无法理解的困惑，而建立起某种理论的人。[14]

因此，里奇开始详尽地描述这个遗址，正是这种记录方式，令他能提供令人惊叹的准确文字，从而正确理解从前的游客们所说的话。例如，他似乎第一个意识到，许多与他时隔不远的旅行者口中描述的废墟，只不过是沟渠而已。[15]他能够推断出这一点，部分原因是植被，它们在遗址上生长很少见。他也提出，这可能是因为土丘中包含的垃圾不适于植物生长。当然，只有卡斯尔树（Kasr tree）是个例外。他将该树描绘为即便受伤很重，也能长出叶子的常绿乔木。[16]

尽管他公开记录的内容几乎仅限于对遗址进行现场描述。事实上，在他的叙述中，投入了大量篇幅以检查与古典作者的说法是否正确。自始至终，他都依赖与援引瑞内尔（Rennel）的《对希罗多德的地理系统的研究与解释》（*Geographical System of Herodotus Examined and Explained*），[17]

而后来的英国来访者如罗伯特·克尔·波特（Robert Ker Porter）、乔治·凯佩尔（George Keppel）和詹姆斯·西尔克·白金汉（James Silk Buckingham）等都经常将瑞内尔的文字见解和里奇的观察结果相互对照来看。[18]

特别值得注意的是，虽然里奇已做好基于由现场观察向希罗多德的细节挑战的准备，但他并没有对古典作者的权威提出任何重大质疑。确实，他没有理由这样做。到了这个阶段，即使作为一个认为实证观察价值很高的作者，他的观察与这些来源也没有巨大的冲突。里奇看到了荒废后的孤寂，这与记载中的巴比伦毁灭完全一致。[19]他甚至证实了来自古典故事的细节——他在报告中这样说："通过土壤的松软程度，我很容易想到，居鲁士在城市内外挖一条足以让河流改道的壕沟并不难。"这里指的是色诺芬在《塞罗皮迪亚》（*Cyropedia*）中描述的事件。[20]

里奇的叙述的最重要特点，无疑因作者长期在伊拉克居住和他的语言能力而得到了加强，这就是其中经常谈及与遗址相关的当地与非欧洲传统习惯，这是一个直到现在才在考古论述中普遍重新出现的主题。[21]一次难忘的交谈发生在一座土丘顶上，里奇称这座土丘为穆杰利毕（Mujelibè）：

> 土丘顶端被一层层垃圾覆盖着，深入挖掘其中的一些，可以发现一层层用灰浆砌在一起的破碎砖头，时不时也可以发现上面刻有铭文的整砖：整个土堆被无数陶瓷碎片、砖头、沥青、卵石、釉化的砖头或者烧过的石头覆盖着，甚至还包括贝壳、小片玻璃和珍珠母。我问一位土耳其人，这些东西是怎样被带到这里来的。他毫不犹豫地回答："洪水带来的。"[22]

这里所说的穆杰利毕就是巴别塔，也叫作马克鲁伯（Maqlub），当然其他旅行者也用同一个名字称呼卡斯尔地区。[23]而且科尔德威也知道卡斯尔的另一个名字是"穆德沙尔利比"（意思是"被推倒的"）。[24]

在书中，里奇完整地叙述了一个与卡斯尔的那棵孤独古树有关的传说。当地人称该树为阿特勒（Athele）。根据当地的传说，在巴比伦被摧毁的时候，只有这棵树被留下了，"因为这可以让阿里在希拉之战之后有个方便的地方拴马！"[25]在此之后，这个故事又在游记里出现过几次。[26]尽管《巴比伦废墟上的回忆录》给人一种书中内容已经广为人知的印象，但这本书似乎应该说是至今存在的第一部关于巴比伦的出版物，至少是第一部说到单独有一棵树的故事的出版物。

里奇坚持认为，比尔斯尼姆鲁德中的贝尔斯（Birs）这个词是阿拉伯语的 burj（塔）变化之后的形式；这是一个看上去很明显的结论，但从词源学的角度上看似乎站不住脚。他似乎也就这个词的意义请教了伊拉克专家。他在一份脚注中这样写道：

> Birs 这个词的词源能为那些喜欢讨论的人提供一个有趣的主题。它看上去不是阿拉伯语，因为它没有那种语言中与这个主题联系的意义，甚至就连这里（即书写巴格达）最博学的人士，也找不出任何能让它成为那片废墟名字的理由。[27]

这段叙述激起了作者与其他学者之间的一场不小规模的辩论，其中最重要的“反方辩手”是印度地理学家詹姆斯·瑞内尔（James Rennel）。这次辩论让里奇再度造访遗址，并于 1818 年发表了《巴比伦废墟上的回忆Ⅱ》（*Second Memoir on the Ruins of Babylon*）。[28] 里奇死后出版的《巴比伦废墟之旅》（*Narrative of a Journey to the Site of Babylon*）[29] 不仅包括这两部回忆录，还包括他前往巴比伦探险的原始日记、回忆录、瑞内尔针对里奇 1815 年对巴比伦地形的叙述所写的文章的重印，以及对 1821 年从巴士拉（Basra）前往设拉子（Shiraz）和波斯波利斯的旅行记录。里奇与瑞内尔之间的争论意义重大，因为它让我们看到了有关巴比伦的问题，人们已开始置疑学术权威。尽管瑞内尔本人也是一位重要的地图制作者和测量师，但当他驳斥里奇提出的观点时，他不仅捍卫自己的学术观点，而且在某种程度上，也是在维护希罗多德的权威。反之，在整个 19 世纪和 20 世纪初期出现了一个过程，便是里奇逐步破坏了古典作家与《圣经》故事对于古代近东历史的权威，并用考古学进一步将这一地区的历史更正过来。无疑，里奇对这一过程做出了早期贡献。

里奇是一个贪婪的搜集者，对于东方文献尤为疯狂，而且当他在伊拉克时也搜集了一些考古材料，其中甚至包括带有尼布甲尼撒二世名字的巴比伦古砖和楔形文字泥板——由于这些文字当时还无法解读，有人怀疑这些文本可能根本不是什么书面文字。里奇的遗孀后来把这套藏品卖给了大英博物馆，正是它们开创了欧洲这类藏品的先河：

> 确实存在着东方珠宝和圆柱形陶器的收藏者。而且，早在17世纪初期，“那位自视过高的好奇旅行者”彼德罗·德拉·卡莱便从巴比伦与乌尔的废墟中把一些刻有铭文的砖带回意大利。后来到了18世纪末，修道院院长德·比彻姆也在巴比伦搜集了不少砖头。但里奇的藏品是第一份可以称之为有代表性的收藏，因为它包括了几类古代巴比伦王国的古物，以及东方的文稿和钱币。[30]

尽管如此，与即将到来的情况相比，里奇的研究与收藏的规模仍很小。这时，在远离巴比伦王国的伊拉克北部，英国与法国对亚述王国的大规模发掘的时代即将开始。

博塔、莱亚德与大规模发掘：重新发现并接受亚述艺术

说起来，发掘亚述遗址的伟大时代之背景是学术的需要，也是政治需求。19世纪40年代，欧洲各大国争相分解奥斯曼帝国（Ottoman Empire）的领土，其中英国和法国更是急先锋。到了这一时期，从确立新的疆域与边境，到建立“中东”这一概念本身，[31]最终导致今天人们已广泛接受中东这一词。在发掘过程中，以亚述宫殿里标志性的浮雕和带翅膀的公牛为代表，令现代世界第一次得以广泛接触古代美索不达米亚的视觉文化。

今天公众已广泛认为，19世纪欧洲列强对奥斯曼帝国位于中东领土上的大规模发掘，其实是在征服欲和权力欲的驱使下帝国主义掠夺的简单问题。这一假定经得住仔细推敲的程度各异。美索不达米亚的情况与帝国主义的殖民占领计划相关，英、法两国竞争和政治局势是其中最重要的因素，但不是唯一的因素，甚至在政治领域内，批准了发掘和古物出口的奥斯曼帝国也不是欧洲欺骗下毫无抵抗能力的受害者。这一问题不可避免地更为复杂。[32]

1842年，对考古有极大兴趣的外交官里奇有了接班人：在著名东方学家、法国兴业银行（Societe Asiatique in Paris）秘书朱利斯·莫尔（Jules Mohl）的建议下，法国外交官保罗－埃米尔·博塔（Paul-Emile Botta）成为法国驻摩苏尔的领事。里奇正确地认为，尼尼微遗址一定是在涅比－尤努斯（Nebi-Yunus）和库扬及克（Kuyunjik）的这两座土堆下面。按照里奇的想法，博塔发掘尼尼微的最初途径是正确的，但由于在第一座土堆顶

部有一座圣坛（涅比尤努斯的意思是“约拿之墓”），他不得不屈服于当地人的压力放弃挖掘。从 1842 年 12 月至 1843 年 5 月，博塔在库扬及克发掘，[33] 但没有发现其实就位于下方的辛那赫里布和亚述巴尼拔的宫殿。相反，由于人们在附近的遗址豪尔萨巴德（Khorsabad）中发现了带有雕刻的石头，他的视线被转移了。人们很快就在这个土堆下面发现了辉煌的建筑物。当看到一座装潢华丽的庞大宫殿出现时，博塔修正了他的观点，从此之后他相信豪尔萨巴德就是尼尼微的遗址。后来发现的文字说明，这里是古代杜尔－沙鲁金（Dur-Sharrukin）的遗址，那是一座重要但短命的首都，而博塔发现的宫殿属于这座城市的建筑者萨尔贡二世。

与法国任命博塔为摩苏尔领事的政府决定形成对照的是，奥斯丁·亨利·莱亚德（Austen Henry Layard）加入（也就是英国加入）有关亚述的辉煌发现与博物馆文物的竞争并非出于事前考虑，更多的是出于偶然。里奇死后，他在这个地区的发现由大英博物馆接管，他的古物研究工作也逐渐受到了公众的注意；尽管有不少先例，但博物馆仍对非古典文物表现出了它当时的一贯态度：既无拨款，也没有兴趣派人保护遗址。[34] 据信莱亚德本人是为实践法律工作前往锡兰（Ceylon，现斯里兰卡）的，结果于 1842 年他在摩苏尔遇见了博塔。[35] 然而，这次会面很幸运，因为年轻的莱亚德拥有必要的知识和抱负，且非常欣赏博塔的发现的价值，而且梦想着自己也能进行类似的发掘。从个人角度上说，莱亚德与博塔从开始就相互有好感。[36] 后来，莱亚德赞扬了他的法国同行的慷慨行为：

正为遗址绘画的奥斯丁·亨利·莱亚德，
所罗门·恺撒·米伦绘，1850 年

> M. 博塔立刻便带着他的非凡发现（即在霍尔萨巴德的第一次发现）与法国的科学团体取得了联系。他知道了我对他的工作感

兴趣以后，便允许我看了他交予伊斯坦布尔的信件和图画；而我成了最先知道他成功的人之一。借此良机，我认为对于一个决心追求知识的人来说，他值得赞扬的公正无私和慷慨大方是非常可敬的。在他整个发掘期间，M. 博塔不仅向我描述了他的发现，而且给我寄来了铭文的副本，甚至没有要求我承诺按照他的规定使用这些材料。那些在东方从事古物研究的人不会否认：很少有人会像他这样，做出如此开明的举动。[37]

从政治角度来说，莱亚德把一件强有力的工具带回了法国：有关这些发现的报告将给法国带来荣耀，将把传说中的尼尼微的纪念碑带到巴黎。这对英国软实力的增强和英法两国的竞争必定是间接的。对于在奥斯曼帝国内的文化竞争，英法两国政府采取了不同的行为。说英国政府在购买与研究古物方面没有提供支持，这种说法不准确，[38]但是，就像莱亚德和其他英国发掘者很快就指出的那样，对于法国发掘者，法国政府给予了慷慨得多的直接支持。英国政府和大英博物馆的受托人通常认为，个人获得古物是一种对国家有利的行为，在可能的情况下应该给予实际支持；但对这些人的功绩最好以后再通过授予荣誉予以补偿，而不采取金钱回馈的形式。因此，莱亚德能够于1845年重返该地区从事发掘工作，最初是通过英国驻奥斯曼帝国首都君士坦丁堡最高普特的大使斯特拉特福德·坎宁（Stratford Canning）的私人赞助才得以成行的。

像博塔一样，莱亚德开始也无法发掘涅比尤努斯，甚至连库扬及克也不能发掘，因为人们从恰好位于底格里斯河对岸的摩苏尔可以看到这两个土丘。他开始想要躲开当地政府偷偷地工作，但由于这一工作最后的规模之巨，令这种想法似乎很不现实。对于坎宁来说，这种状况自然很尴尬，他后来不得不为莱亚德争取了事后追认的许可。拉塞尔（Russell）这样写道：

这里不是印度。而且，尽管英国很强大，但奥斯曼帝国也同样如此。亚述的雕像是通过外交途径获得的，由英国大使坎宁去找奥斯曼苏丹毕恭毕敬地恳求，希望苏丹允许英国得到他不需要的任何文物。[39]

无论如何，正是这种雇用大批人手从附近的土丘挖掘庞大雕像但又多少保持低调的尝试，令莱亚德完成了在尼姆鲁德的挖掘。那里就是卡拉赫（Kalhu）古城遗址（尼姆鲁德是前亚述首都卡拉赫的遗址，请不要与巴比伦附近的古城波尔西帕的遗址比尔斯尼姆鲁德混淆）。后来证明，在这里发掘到的建筑物是亚述纳西拔二世（Ashurnasirpal II）的宫殿。这让莱亚德确信，这里才是各类书中经常提到的尼尼微，而不是霍尔萨巴德、涅比尤努斯或库扬及克土丘。正如博塔在霍尔萨巴德所做的那样，他得出的结论是：他发现的这座城市太宏伟了，不可能不是尼尼微。结果，无论是莱亚德在《尼尼微及其遗址》（*Nineveh and its Remains*）还是博塔在《尼尼微的纪念碑》（*Monuments de Ninive*）[40]中描述的都不是尼尼微；实际上他们是分别描述了卡拉赫与杒尔沙鲁金。是莱亚德找到了尼尼微，后来他在那里的工作由霍尔木兹德·拉萨姆继续。最后他从辛那赫里布和亚述巴尼拔的宫殿里得到了浮雕藏品，它们现在与来自尼姆鲁德的亚述纳西拔二世和撒缦以色三世的浮雕藏品一起，都收藏在大英博物馆内。

在莱亚德获得了初步的辉煌成功之后，坎宁终于可以从英国政府那里报销他的花费了，而且他还鼓动大英博物馆负责亚述发掘的进一步工作；但对于把发掘工作移交给政府，甚至让亚述雕像进入国家收藏的这一做法是有争议的。莱亚德本人则是个例外，他认为，无论这些雕像有哪些美学价值，其原因都在于艺术本身。他声称：“如果无法确认那些创造了这些艺术品的人们在雕塑绘画方面掌握了的技巧，并确定他们拥有设计甚至作曲方面的知识，以说明他们进入了文明的高度发展状态，我们就无法真正考察亚述古国的纪念碑。”[41]尽管如此，他和其他支持获得雕塑的人们还是认为，雕像的首要价值在于它们在艺术史上的地位，因为它们是古典希腊雕像的更早祖先。纯化论者甚至不承认这是一个优点，他们认为，大英博物馆雕像收藏的目的在于展示古代传统中最精致、最优秀的部分，从而为今天的艺术家们带来灵感。他们认为，研究亚述雕像是无法带来这样的灵感的。这种观点最重要的支持者是老理查德·韦斯特马科特（Richard Westmacott the Elder）。作为博物馆的受托人之一和艺术批评界的领军人物，他的观点颇具影响。[42]最终，亚述雕像进入了大英博物馆收藏，但当时无法与那些古典文物相提并论。与埃及雕塑艺术一样，它们也被视为新奇物品，是在早期艺术史上的粗糙产品，远不及帕提农神庙大理石雕像的完美，也没有与体现当时成就的古物结合的概念，不值得当今模仿。即使莱亚德也没有达到认为亚述雕像能够与最优秀的古希腊艺术成功媲美的程度。反之，他从历史关联的角度上论证，查尔斯・费洛斯爵士（Sir Charles Fellows）在吕基亚的桑索斯（Xanthos in Lycia）的发现（同样被加入进大英博物馆的藏品；同样是不受纯化论者韦斯特马科特待见的东西）是二者之间的某种桥梁：

> 桑索斯的大理石雕刻作品……对如下三重联系的引人注目的说明：亚述与波斯、波斯与小亚细亚、小亚细亚与希腊。如果恰当地、按照时间顺序摆放那些大理石雕刻作品，它们将为我们上一堂极有用的课程；甚至能让一个肤浅的观察者追溯艺术的逐步发展，从它原始的祖先，直至希腊雕塑家最经典的理念。这并不是说，他会发现纯亚述或者纯希腊这两种风格中的任何一种处于自然完美的巅峰；而是他将能够看到一个更加贴近自然的模仿，一个对于品位的逐步改善，以及进一步的研究能够怎样将亚述作品沉重生硬的线条转变为流畅的装饰织物和最高档次的经典艺术形式。[43]

某种类似的行为是大英博物馆的主要雕塑展厅的安排方法，馆内以埃及、亚述、小亚细亚和希腊（帕特农神庙）的次序排列。[44] 就连在这个领域的学者中间，莱亚德更为热情的观点也属另类。亨利・罗林森（Henry Rawlinson）认为，莱亚德的发现具有最高价值，但不在于它们的意象，而在于它们的历史重要性和与它们一起出现的楔形文字铭文：

> 我仍然认为，它们的设计总体来说是粗糙、僵硬的，它们的创作是漫不经心的，它们的组合混乱而且古怪。实际上，我敢肯定，现代艺术不会从尼尼微的大理石雕刻作品中得到灵感，而纯粹的塑像作品鉴赏家也会因为这种不够优雅（有时甚至是丑陋奇异的）的形式而感觉受到了冒犯。但我绝不会因此声称这些大理石雕刻作品毫无价值……我认为，尼姆鲁德的石雕将增加英国的荣耀，但不是从纯粹艺术的角度出发，而是在一个更加璀璨的领域，即有关人类早期世界的普遍知识。[45]

罗林森也不赞同希腊艺术从亚述艺术中得到了任何启发的观点。[46] 他对亚述雕塑作为艺术的质量太差的看法过于消极，让莱亚德感到无法忍受。尽管他完全赞同罗林森有关欧洲传统的想法，即将古典的希腊艺术置于人类成就的巅峰，甚至表达过类似的有关亚述雕塑的负面情绪。[47]

英国皇家地理学会的 logo

莱亚德与博塔的会面和他于 1842 年的发现改变了他的人生。他回国的时候已经成了英雄，人们称他是“尼尼微的莱亚德”。然而，《尼尼微及其遗址》让人们看到了一种个性，即尽管作者对于这一地区的古代历史研究极有兴趣，但他在旅程中还有许多其他任务，如发掘土丘，即便与这些任务毫无关系（确实，他在出发前接受了皇家地理学会的一项委托）。因而，这本书记述的重点更多在于游记，而非古物研究。而且书的作者对于当时的奥斯曼帝国形势和对古代的美索不达米亚同样有兴趣。他经常以积极的方式表达这种兴趣，但他在与官员们打交道的时候不是这样做的。莱亚德采取的方式相当专横，或许是交流方面的问题，这让他与奥斯曼帝国当局关系不是很好。在叙述中，他对处理这些另类利害关系没有好感：里德说这本书是“有史以来对奥斯曼帝国当局攻击力度最高的作品之一”。[48] 他的批评范围相当广：类似于其他列强为了肢解奥斯曼帝国，而不断制造奥斯曼政府的各种负面描述一般，也可以用来为最终分裂帝国并在中东引入英法两国托管进行辩护。作为更加积极的方面，莱亚德对于当前的关切，让他的作品具有作为游记的重要价值。对于从所谓“魔鬼崇拜者”（亚兹迪教派）到莱亚德经过地区的管理者，他的书都极有价值，无论作为 19 世纪中叶的欧洲人在当时的伊拉克的经历，还是关于这个国家的古代记闻，它都是一部难得的佳作。

除了博塔和莱亚德的作品都错误地认定了尼尼微遗址所在地以外，它们的共同点很少，而且有着本质上的不同。弗雷德里克·波尔（Frederick Bohrer）曾经比较详细地讨论了这两本书在英国和法国不同的传播方式。[49] 但要总结其中最重要的差别，我们可以特别考察一下莱亚德和博塔本人于 1849 年出版的这两部作品本身。莱亚德的书是一本通俗读物，而且特别受读者欢迎，[50] 其商业更成功是因为两个原因得到了进一步扩大：其一，当他在亚述的发现物品来到伦敦时，《伦敦新闻画报》（*Illustrated London*

News）对其进行了广泛报道；其二，莱亚德的另一部作品，《尼尼微发现的通俗叙述》出版了更加便宜的简写本。[51] 与此相比，法国博塔的作品《尼尼微的纪念碑》则走向了另一个极端，即以五大卷的巨著形式发表，插图丰富，装帧精美，除了顶级富豪外一般人完全无财力问津。放在大规模生产的《尼尼微及其遗址》旁边，《尼尼微的纪念碑》像是一部文艺复兴时代的杰作，在精英赞助下出品，代表着赞助人的特殊利益。《尼尼微的纪念碑》确实印行数量不多，主要面对发掘工作的赞助人。从更公正的角度出发，它可以与莱亚德自己的《尼尼微纪念碑》（*The Monuments of Nineveh*）[52] 和《尼尼微纪念碑Ⅱ》（*Second Series of the Monuments of Nineveh*）[53] 相媲美，它们都是昂贵的大开本图书，发行量也很小，面对的都是极为特殊的受众。但比起它们来，法版《尼尼微的纪念碑》的出版排场明显更加阔气。而且，与它们不一样，当年的法文版书籍是传播新发现信息的主要手段，因为人们没有感到有对相当于《尼尼微及其遗址》这样一部出版物的公众兴趣或者商业益处。如果有人写出这样一本书，则这一假设被证实的可能性依然存在，因为莱亚德的书的销售是建立在《伦敦新闻画报》对于亚述古物的经常性报道的基础上的，后者的周销售量约为 10 万册（在 19 世纪中叶，这一数字说明实际读者量要高得多），与之相比，即使当时的畅销书籍也相形见绌。[54] 巴黎的对应杂志《画报》（*l'Illustration*）确实有与此相当的发行体量，但它对亚述的发现远不如《伦敦新闻画报》那样热情洋溢。

部分出于对这种出版形式的不认同，莱亚德本人采取的形式与其他游记作者更为接近，特别是与在 19 世纪较早时期访问过美索不达米亚的英国游客更接近。他的作品风格让人想起科尔·波特或者白金汉。博塔似乎与学者传统更为接近。对此，23 卷的鸿篇巨制《埃及描述》（*Description de l'Egypte*）提供了出版样板。[55] 然而，如此差别是否可以归因于学术界的民族传统，对此我们还远未弄清，因为我们至少可以通过这两个国家人民的兴趣与两位发掘者得到的支持的不同情况解释它们。无论情况如何，《尼尼微及其遗址》读起来就如同叙述探险与发现的故事。这正是书的风格最能说明问题的领域，其远远超越了法文版《尼尼微的纪念碑》这样一部装帧奢华、极具视觉冲击力，而且价格昂贵的书的作用。当然，他也与日后科尔德威作为发掘报告出版的《巴比伦重上巅峰》（*Wiedererstehendes Babylon*）不同。[56]《尼尼微及其遗址》是一部令人着迷的著作，因为它的作者是一位优雅的游记作家。发掘的细节本身描述得非常简略，因为它显然是第二位的，因此书的主要着眼点在于扣人心弦的描述，进而让读者获得身临其境的感受。莱亚德在这两方面都做得非常成功，或许正是这一原因，让公众记忆中的他成了一位衣衫褴褛的探险者，而不是一位像博塔那样的文化范儿十足的唯美主义者。而且后者摇身一变，发展成为一位政客、外交家和纯艺术作品的收集者与鉴赏家。出于同样原因，我们可以很容易地批评人们于 19 世纪中叶在亚述发掘工作中采取的做法，因而他们能把莱亚德描绘成为一位粗鲁的寻宝者，对于他发现物品的历史价值或者背景漠不关心。但是，正是因为看到了亚述土丘的伟大历史价值，莱亚德才基本上自发地采取了行动，而且也成了美索不达米亚发掘工作的先驱者之一。他的记录用细致的形式和准确的图画描绘发现物，[57] 所以他的记录拥有极高的质量。因此，用这种负面观点看待他极不公正。后来的发掘者发展了更好的方法，也意识到了地质学和环境的价值，在这方面是有功劳的，但反过来说则讲不通：19 世纪中叶的发掘者不知道，人们也可以在某个考古遗址中成功地推断一些他们未能发现的东西。他们认为，自己能够做得最有用的事情是发现大量石头浮雕和用于研究的楔形文字泥板。我们不能为此严厉地斥责他们。此后 150 年间美索不达米亚考古学和亚述学证明，他们在后一方面只有一部分是错误的，这是因为我们的楔形文字档案和艺术非常依赖于 19 世纪的发掘，而它们今天仍旧是古代亚述的主要研究方向和焦点。

关于亚述遗址发现中的一个有趣的问题是，它们为世界历史的一种观点提供了戏剧性的物质和视觉支持，而这种观点普遍存在于 19 世纪中叶的英国。帝国的兴衰通常只有古代作者才会研究，如导致罗马帝国的一个周期性变化模式的经典想法，一直主宰着历史发展的进程。[58] 这些模型解释了当时英国在世界文明中的巅峰地位，以及它在对一度强盛的东地中海与中东国家施展强权的能力。人们认为，诸如莱亚德的这类发现为这些模型提供了相当大的实际证据。他们也预言，即使最强大的帝国也会衰弱与消亡，有一个例子是雪莱（Shelley）在《俄西曼迪亚斯》（*Ozymandius*）中提出的著名观点。与他们的罗马帝国前辈一样，大多数英国帝国主义者是用一种粗糙方式解决这一问题的：将自己创造的帝国视为这世界上最完美的表现形式，因为没有比对自己有利的更好理由。[59]

对于亚述的文物，博物馆本身各有各的态度。如法国的项目一直得到政府的支持。与之相对，现有的记录说明，大英博物馆对于莱亚德发现的态度介于勉强接受与明显的敌意之间。托管人认为，从美学意义上说，这些文物低于他们视为博物馆主要业务的古典雕塑。而埃及文物通常也遭受了同样的命运，这两批古物的从属性地位特别反映在托管人愿意在它们身上花费的金钱总额上，与希腊－罗马的古物形成了鲜明对照。[60]然而，尽管托管人的态度并不好，大批亚述雕像还是进入了大英博物馆，《伦敦新闻画报》甚至为庆祝它们的到来进行了热情的报道。

那时的发掘方法本身与现代考古学的方法相距甚远。取得雕像的主要方法包括找到一堵带有装饰性浮雕的墙的边缘，然后沿着它挖地道，把浮雕沿着地道取出来。有时也可以开明沟，否则就得在土丘下很深的地方挖地道，还得在里面搭上木架，以免塌方。与莱亚德一起工作的艺术家中有一人叫作 F. C. 库珀，他用绘画告知这种方法极其危险。[61]而且为了运输，必须尽量减少重量，因此要把厚石板削到只有几英寸厚。尽管如此，它们还是极为沉重，即便使用最好的现代化设备和专业重物搬运者，在搬运它们的时候也要极其小心。因此对于发掘时在现场工作的工人来说，移动文物必定是非常危险的。有时为了运输，人们特意把大件文物，特别是带翅膀的公牛和狮子等切成小块，结果直到现在，还能看到在它们身上留下的切割痕迹。[62]亚述古物首先在木筏上沿底格里斯河顺流而下来到巴士拉，然后装船运往伦敦和巴黎。英国的探险队，可能还会经孟买（Mumbai）乘船渡海，至少有一次，一大批文物在孟买临时开包，在码头上展览。在这种情况下，丢失与损坏必然是不可避免的。最悲剧的一次发生在由福尔金斯·弗雷斯内尔（Fulgence Fresnel）、费力克斯·托马斯（Felix Thomas）和朱利斯·奥珀特（Jules Oppert）组成的法国探险队身上，他们于 1855 年在底格里斯河上遭受袭击，结果失去了在美索不达米亚发现的整批文物。[63]当然，在原地留下的文物的命运也好不到哪去。由于暴露于风沙、巨大的温度和湿度变化环境下，出土后在现场暴露的浮雕表面很快就损坏了，腐蚀了通常很浅的浮雕和铭文。暴露于大自然中，这是伊拉克的遗址和纪念碑的一个大问题。[64]

在巴比伦的莱亚德

以大规模发掘为基础，莱亚德和博塔的工作是破坏性的，即造成实质性的毁损。不过，他们的后继者或许造成了更大的破坏，特别是在伊拉克南部，现在那里已经很难找到土 – 砖建筑物，而且当年的发掘者对这样做也往往缺乏兴趣，因为他们寻找的是石头纪念碑或者楔形文字泥板的隐藏处，结果发掘者经常在建筑物内部挖掘。正是南方遗址的这种不同特点，令莱亚德未能在巴比伦重复他在亚述的成功。他确实试图在这处遗址发掘，但早期的结果让他气馁。这里没有在尼姆鲁德和尼尼微发现的那种石头浮雕，而且除了里奇已经确定了的之外，这里似乎也不大可能就这座古城的布局收集更多的信息。[65] 在这方面，莱亚德和他以前的人同样沮丧。他已开始像几位 19 世纪的旅行者那样质疑希罗多德的说法，即城墙应围成一个巨大的正方形，而且其中还必须包含比尔斯尼姆鲁德。[66] 他也和旅行者一样没有意识到，已经确定了的一面墙是城市的外墙。因为如果是这样，就说明城市的面积太小，无法与古典的描述对应。莱亚德在报告中说，他的发掘是在当地发生明显动乱的时候开展的，这种情况只有一个后果，就是他无法在比尔斯尼姆鲁德发掘。

在巴比尔土丘，即巴比伦最北面的土丘，莱亚德发掘出了一些后世建造的建筑，它们都是人们循环利用巴比伦城的砖头而建筑起来的，这样的砖头今天还可以在土丘的表面上见到；还有些可以在塞琉古、帕提亚和萨珊波斯时期的墓葬中找到。他也发现了一些原始的新巴比伦王国砖石建筑，可能是科尔德威日后确定为尼布甲尼撒二世的夏宫的一部分。莱亚德还注意到了有关巴比尔土丘的当地传统说法，与巴比伦的其他废墟相比，它更像一个在地面上耸立的山丘。他想起了图德拉的本杰明的消息提供者，他根据自己读到的文献，把这里说成是《圣经 • 但以理书》中的火焰熔炉所在地。[67] 有趣的是，即便在他的年代，“废墟中的阿拉伯风格也依然保持着。在废墟内，捆绑着倒脚踝吊着的，是那两个堕落天使哈鲁特和马鲁特，他们将一直像这样继续下去，直到最后审判的那一天。阿拉伯人叙述的邪灵在这个地方作祟的故事，都与他们有关”[68]。

在卡斯尔，莱亚德看到了尼布甲尼撒二世时期建筑的庞大建筑项目所留下的遗址。他发现：

> 或许可以找到码头、桥墩和壁柱的踪迹。但这里被破坏得太彻底了，我们无法确定它们到底是在宫殿内部还是外部。我寻找这座大型建筑的总体平面布局的线索，但徒劳无功。[69]

莱亚德也看到了仍然存在的挖砖行业：

> 直到今天，竟然还有人专门从事在这庞大土丘上收集砖头的行业。他们把这些砖拿到邻近的城镇和农村出售，甚至远销巴格达。在希拉城，几乎没有一间房子没用过这种砖头。而当旅行者走过狭窄的街道时，他能够在每座小屋的墙上都看到尼布甲尼撒时期的辉煌和权力象征。[70]

到了这时候，过去辉煌与今天没落之间的反差，是欧洲旅行者书写中东情况的标准特点。尽管如此，莱亚德也像比彻姆一样，意识到挖砖人可能是绝佳的信息来源。然而，他的前任在信息提供人方面的好运没有在他身上重复："那些从童年时代开始就从事砖头生意的人向我保证，现在的人们没有发现雕像或者带有铭文的石板，而且在这个土堆下根本不存在任何石头墙的残迹。"[71]这个回答的最后一部分必定反映了他提出的问题：这里有与亚述浮雕相对应的文物吗？答案是没有。而他自己的试探虽找到了砖砌结构，可他仍未发现彩釉砖头的碎片。有关这些我们将在下一章继续讨论。他的发现微乎其微，尽管其中确实有一份值得注意的公元前 9 世纪至公元前 8 世纪的浮雕碎片。[72]

不久南下，莱亚德在阿姆兰（Amran）也发现了较晚时代的文物，即阿拉米人的咒语碗。他立即意识到它们对于犹太人在巴比伦历史中的价值。[73]然而，他还是未能发现古代建筑的明显遗迹。总体来说，当与显赫的亚述发现相比时，巴比伦当然令人失望：

> 这就是当时在古巴比伦废墟中的发现。无论在数量或是重要性方面，它们都远远没有达到我的预期，而且也没有证明，在土堆和垃圾堆下存在着任何值得让我们进行更多的广泛发掘的遗址。我们甚至无法弄清任何一座遗址的总体平面布局。我们发掘出来的只有不像样的砌体结构堆和孤立的墙及支墩，它们完全没有给我们留下它们所属的建筑物当年形式的任何线索。[74]

铭文发掘者：霍尔木兹德·拉萨姆

1864 年，阿诺德·肯博尔（Arnold Kemball）开始发掘巴比伦遗址，[75]

接着又在 1878—1882 年间发掘了巴比伦附近的比尔斯尼姆鲁德。[76] 而莱亚德的助手、朋友和接任他担任大英博物馆在伊拉克的代理人的霍尔木兹德·拉萨姆发掘了西巴尔（Sippar）。[77] 在此期间，拉萨姆同时监督着多项发掘任务，但这些发掘全是在资源分配不足的情况下做的，结果只留下了极少记录。遗址发掘开始之后，他便留下监督者主持工作，可是这些人谁都没有受过他的训练，或者根本没有做这种工作的资历。而且，出于种种原因，拉萨姆本人也只有部分时间在现场。[78] 他知道这样的安排并不合适，但博物馆的托管人不同意他的看法。毕竟，拉萨姆只是为增加博物馆的收藏才来执行寻找楔形文字泥板的具体任务的。因此无法也不想说服托管人，让他们认识到向现场派出一位牌铭专家或者给他配置一台照相机的必要性。人们经常因为信息的缺失而责备拉萨姆，这其实是不公正的。该负更大罪责的肯定且应该是大英博物馆的政策，它只不过将发掘视为寻找泥板的一种机械工作而已。[79]

让拉萨姆最为担心的是，出土的泥板并非全都有很好的机会被保存下来。一旦出土，未曾焙烧过的泥板便会毁损，而拉萨姆的工人们找到的许多泥板肯定已经碎裂。拉萨姆担心，许多信息在发掘现场就会因为楔形文字泥板的破碎而丢失。与此同时，他的一位工人做了一个实验即为保存泥板而对它们进行焙烧处理。[80] 找到泥板几乎是发掘的唯一目的，而且确实如此，大英博物馆的楔形文字收藏中有极大一部分来自拉萨姆的发掘。[81] 关于巴比伦本身，他这样写道："这次挖掘对于大英博物馆没有任何物质利益。如果不是因为我在这个项目上浪费公众的钱财有顾虑的话，

比尔斯尼姆鲁德和纳布神庙，选自加斯顿·马斯佩罗的《埃及、卡尔迪亚、叙利亚、巴比伦和亚述的历史》第四卷 A 的插图。马斯佩罗认为该神庙就是通天塔（巴别塔）的原型

我当然会采取不同的方式来发现一些线索，找出这座古代城市的重要部分的位置。”[82] 与他的前任一样，他就连确定巴比伦边界的范围都不可能。但他确信，比尔斯尼姆鲁德是一座独立的城市。他甚至在比尔斯尼姆鲁德给纳布神庙画出了一个很好的平面图，[83] 但他的注意力还是必须集中于找到文字材料。

在寻找泥板方面，拉萨姆在阿姆兰得到的结果是极好的。那里是巴比伦主土丘的最南端，距离今天的德基米玛村（Djimijma）不远。[84] 后来人们发现了埃萨吉拉的所在地。埃萨吉拉离这里很近，而埃萨吉拉是巴比伦所有神庙中最大的一座。拉萨姆的工人们在阿姆兰发现了大批铭文，其中重要性远超同侪的居鲁士圆柱（见第 2 章）。只是当它在伦敦得到破译之后，人们才清楚地认识到这件文物的意义：它与《圣经》之间有千丝万缕的联系，所以价值特别高。拉萨姆对于古代历史非常神往，这也是其中的重要因素。

在那个远离 19 世纪的阿塔那修·基尔舍的世界中，将语言混淆作为历史事件的描述仍然在几种语言发展理论中保留。因此，拉萨姆认为比尔斯尼姆鲁德就是巴别塔，他在讨论这个地点时评论道：

> 在我的心目中，有关语言混淆与此后人类分散的最令人吃惊证据，就是在世界不同地方存在的与闪米特语（Semitic）词语变种的广泛的密切关系。学识渊博的瓦伦西上校说：“除了鞑靼（蒙古人），雅弗的后代也住在中国。我们没有理由怀疑这一点（尽

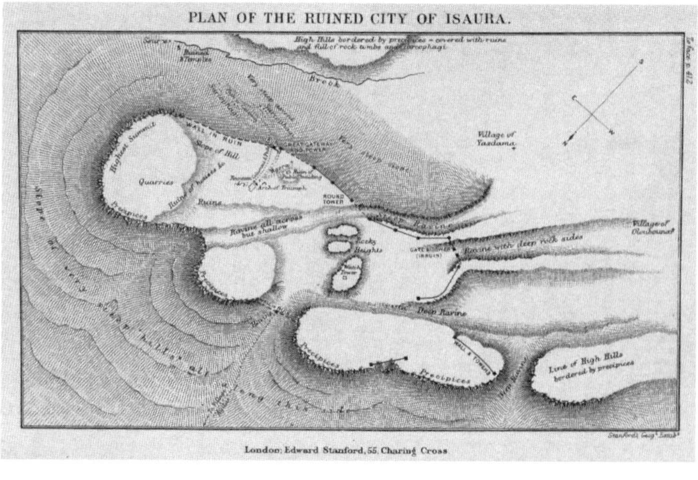

艾萨吉拉城挖掘计划图，现藏于大英博物馆机械分馆

管我们无法假设知道他们是什么时候到达那个国家的），而且中国人的语言与希伯来语和其他语言有很大的联系，博学者甚至认为中文是希伯来语的方言。”[85]

拉萨姆继续引用在美洲土语和太平洋岛国语言中被人们认为是希伯来语和盖尔语的名字和词根。拉萨姆本人不是个语言学家，罗林森这类亚述学者并不同意他的上述观点。即便如此，《圣经·创世记》中的这一段字面上的文字流传了下来，这一点终究是值得注意的。然而，莱亚德和拉萨姆的工作正是对闪米特语的研究做出了极为深刻的贡献，而且因为这些工作，他们在自己的时代，向真正的巴比伦迈出了难以想象的巨大步伐。

楔形文字的破解和亚述学的诞生

在古代美索不达米亚诸早期文明的语言和文字彻底消失之后，时隔 2000 年后的再生是现代语言学最伟大的成就之一。正如埃及象形文字一样，“三语铭文”在破解过程中起到了关键作用。然而，在这次破解中，“三语铭文”中没有已知的文本或者语言。关键的铭文是阿契美尼德波斯国王的那些，他们用巴比伦语、埃兰语和古波斯语记录了他们的功绩。这是最后一种据信是阿契美尼德的语言，人们为了他们发明了一种新的、大为简化的楔形文字文本。有些例子通过卡尔斯敦·尼布尔的图画传到了欧洲，但在这些三语记录中，最著名的当数在伊朗西部比索通（Bisitun）发现的巨石铭文。在札格洛斯群山之间的一条主要通道上，即比索通陡峭的悬崖峭壁里隐藏着一道山谷。我们知道，亚历山大和他的军队曾经走过这条路，并见到过这个铭文，而在那里的希腊、帕提亚和萨珊波斯纪念碑也同样说明了它的重要性。这座纪念碑是一件浮雕石刻，表现出一位面对一排较小人物的国王（伊本·豪夸尔写于 10 世纪的文字将这一场景解释为一位老师在训诫自己的学生）。[86] 看得不那么清楚的，是跪倒在国王脚下的一个人物。围绕这一中心浮雕的是一些巨大的石刻铭文，文字长度各异。整组铭文刻在悬崖峭壁高处，一般人很难接近，在谷底是根本看不清的。

这些铭文是用楔形文字写成的，在 17 世纪唐·加西亚·德·席尔瓦·菲格罗亚和彼得罗·德拉·瓦尔的时代，在欧洲便出现了铭文的仿制品。从那时起，对它们的断断续续研究一直很缓慢。不过，从 19 世纪初开始，这种情况终于有了改变。之前，德国语言学家格奥尔格·格罗特芬德的主要工作是研究意大利语和拉丁语，但1802年，在卡尔斯顿·尼布尔在波斯波利斯现场抄录的铭文上，他竟然成功地认出几位波斯国王的名字。[87]他是通过一个逻辑过程做到这一点的：首先假定“国王”这个词会在纪念碑铭文上经常出现，然后考虑那些通过希罗多德和其他古代希腊作者而让现代世界仍然知道名字的国王的名字。基于这种考虑，他成功地确定了大流士、赛瑟斯和希斯塔斯普（Hystaspes）等人的名字。另外，格罗特芬德也正确地推导出了这些铭文的几个特点：必须从左至右阅读（证实了彼得罗·德拉·瓦尔和尼布尔的结论）；铭文实际上有三种不同类型（尼布尔也这样认为），因此它们可能是同一文本的三语版本；其中两种是音节的，而他能够辨认出国王名字的是更简单的第三种版本，该版本是由40个字符组成的。[88]他认为，铭文使用的语言是中古波斯语。[89]这条路是正确的，因为比较简单的铭文使用的语言今天叫作古波斯语，它确实是一种印度－伊朗语系的语言。进一步的发展是由挪威人克里斯蒂安·拉森（Christian Lassen）和法国人尤金·比尔努夫（Eugène Burnouf）做出的。1836年，根据尼布尔抄录的文本之一，后者能够确认阿契美尼德帝国的总督辖地的一份清单。[90]对于这些工作，已有的来源也是古希腊语。

19世纪初期的第二个重大进展是克劳狄亚斯·里奇的工作，他在美索不达米亚的研究包括收集泥板和带有铭文的砖。里奇的这些文物最终进了大英博物馆，但它们与莱亚德后来的发现相比只不过是小巫见大巫。另外，莱亚德在他做出了自己的发现之前的评论是：“只不过区区3英尺的一只正方形箱子就装下了所有残留的文件，而且不仅来自伟大的城市尼尼微，还有来自巴比伦本身的！”[91]这种说法只不过略有夸张而已，但它大大增加了在欧洲可供研究的铭文数量，而且其中还有一些是由里奇的私人秘书卡尔·贝利诺（Carl Bellino）制作的、非常准确的楔形文字铭文抄本。在这早些时候，另一批具有特定价值的单个铭文也来到了伦敦和巴黎，最著名的是东印度大殿铭文，即来自巴比伦的一块大型石质纪念碑铭文。人们最终发现，它上面记录着尼布甲尼撒二世本人对于这座城市的神庙、宫殿和城墙所做的恢复与重建。在此时，人们还完全无法获知铭文的内容。然而，这种状况即将在19世纪40年代有所改变，特别是当人们仔细地研究了比索通的铭文之后。

这次破解的著名英雄是亨利·克雷斯威克·罗林森爵士。直至今日，人们还记得他的天才能力和他在波斯的探险成就。罗林森是一位天才语言学家，他在东印度公司的军队里服役时，不仅很快学会了波斯语（是英国从莫卧儿王朝继承的印度管理机构和政府语言），而且还熟识了几种印度语言。一前往波斯任职，罗林森就开始研究古代铭文。1836年他被派驻比索通附近，此后又在那里度过了两年。在这段时间里，他花了很大努力，为一份古波斯语的铭文做了些质量极高的抄本，后来又于1844年和1847年回到那里，再次抄录这份铭文，并对另外两份铭文（埃兰语和巴比伦语）做了模子和抄录。[92] 当时人们很难看到比索通铭文，但罗林森意识到了它们在破解工作上重要性极高：长篇三语文本终于能让人们完成破解楔形文字的工作。在英国民间人士的心目中，罗林森应该是亲自攀登峭壁，并冒着生命危险用绳子从上方放下去抄录铭文。当然这不一定是出于他的误导，但这个想象的确符合他作为运动健将和优秀骑手的声誉。事实上，罗林森确实曾在岩脊上攀爬，当然也有为他工作的当地小伙子协助。而为了编织一个好故事，他在登山上的成就被夸大了。而更不公平的是，由于罗林森本人的行为，以及他的兄弟为他炮制的有些盲目推崇的传记的鼓吹，[93] 他最终（至少在他死后）独揽了这次破解成就的全部荣耀，而这份荣耀本来至少应该由爱尔兰牧师爱德华·欣克斯（Edward Hincks）共同分享。欣克斯是个无论名气或者世俗权力都远逊于罗林森的人，但两人如同竞争者一样平行工作，并以类似的速度取得了类似的结论。今天的亚述学学者们普遍同意，尽管罗林森在古波斯语问题上理应享有优先权（他的现代波斯语知识对此确实是一大优势），但罗林森在巴比伦语的破解上的许多结论是欣克斯首先得到的，因此欣克斯应配得上更多的荣誉。[94] 当然，他们之间可以分享的荣誉足够多：用三种不同的楔形文字文本书写的三种不同的语言，其中两种涉及极为众多的音节，所有三种都不为世人所知——这次破解取得的成就极为重大。尽管如此，最后事实证明，对于一个更为宏伟的计划来说，三语铭文中巴比伦语言部分最为重要。古波斯语只局限于阿契美尼德皇家铭文，而巴比伦语是阿卡德语的一个主要分支，是美索不达米亚楔形文字的两大主要语言之一（另一种是苏美尔语，直到20世纪才得到破解）。阿卡德语作为一种闪米特语，与希伯来语、阿拉米语和阿拉伯语有联系，但它在书写时使用了音节文本，让它的破解远远难于古波斯语。然而，破解它得到的好处也相应巨大：欣克斯、罗林森和其他人破解了在美索不达米亚以楔形文字泥板形式保存下来的庞大文本集合。这些好处也包括一个很有用的资源，因为，为了破解阿卡德语，学者们取得了比古波斯语或者埃兰语更多的文本实例。

亨利·罗林森爵士

爱德华·欣克斯牧师

破解工作在整个19世纪四五十年代一直有所进展，不过人们普遍接受的分水岭是在1857年。在这一年，为回应公众越来越多的疑虑——特别是由于罗林森和欣克斯之间的不同意见造成的疑惑，威廉·亨利·福克斯·塔尔博特（William Henry Fox Talbot）采取了行动，要求英国皇家亚洲学会（Royal Asiatic Society）举办一次测试或者“竞赛”，用以证实已经取得的进展。人们向塔尔博特、罗林森、欣克斯和朱尔斯·奥波特送交了同一份阿卡德铭文，要求他们翻译。[95] 四位学者各自将自己的译文密封寄给英国皇家亚洲学会。人们发现，几份译文的内容极为相似。由此说明，破解工作确实已经完成。

比索通的铭文内容本身情况如何呢？人们证明，这座纪念碑记录了一个希罗多德认为是纯属幻想的事件。浮雕上最重要的人物是国王大流士一世（前550—前486年）。被他踩在脚下的人叫作高墨达（Gaumata）。

高墨达声称，他是在位国王冈比西斯二世的兄弟。但是根据大流士的说法，真正的高墨达已经被国王杀死了。后来，高墨达趁冈比西斯不在的时候挑起了一场反对他的叛乱，并借巴尔迪亚（Bardiya）之名以谋夺王位。大流士宣称，一直到国王临死前，他一直都是国王的持枪卫士；而在国王死后，他和他的同盟军袭击并击败了高墨达。这份铭文纪念了这一事件，而在比索通浮雕上站在大流士面前的那些较小的人物，则是一批不明智地支持高墨达的总督，也都被锁链锁了起来。大流士自然获得了王位，他这样说当然很方便——难道说，他和他的盟友不可以为夺取王位而去攻击真正的巴尔迪亚并把他杀掉吗？——但是也确实与希罗多德的说法符合得很好。在铭文的叙述中，巴尔迪亚和高墨达都被叫作士马特斯；而希罗多德区分了两个人，称后者为假国王，即伪士马特斯。在对埃及的战斗中，冈比西斯也杀害了他的兄弟，但这次与他在自己不在时留下统治的官员帕提载铁斯（Patizeithes）有关。后者叛变了，并让他的兄弟扮作与他同名的士马特斯，因为他的相貌与士马特斯非常接近。[96] 大流士便再次击败篡位者，然后自己称王。这个故事出现在希罗多德的叙述中，这一点不能说明大流士完全有资格称王。但确实也说明希罗多德对此事的复述并非幻想或者民间传说，而是复述了阿契美尼德的官方说法。

比索通的铭文描述的内容极其惊人，但事实证明，这只是对楔形文字包含信息的一系列持续发现中的第一个发现而已。其他发现则披露出更多与《圣经》和古典著作直接矛盾的事件。在此前，《圣经》曾是欧洲人一段时间以来掌握的仅有的信息来源。这一变化的影响极大，我们可以用其中最著名的一项说明其影响：所谓“洪水泥板”（Flood Tablet）的发现，它也是乔治·史密斯（George Smith）辉煌的亚述学职业生涯巅峰。

史密斯年轻的时候接受过纸币雕刻师的训练并以此为职业。然而，他逐渐被莱亚德和罗林森的成就迷住了，于是他尽可能地把业余时间花在大英博物馆里。正因为此，古物馆的馆长塞缪尔·伯奇（Samuel Birch）于 1861 年时注意到了他，[97] 在以后两年，伯奇又为他谋到了古物馆的一个低级职位。他的天分很快得以展现，这位自学成才的亚述学学者（这一点本身就是一项了不起的成就）迅速崭露头角。1870 年，他甚至已经成了伯奇本人的高级助手。然而，他真正的成功是在 1872 年到来的，当时，他翻译了一份文本，其与《圣经·创世记》中关于洪水的描述非常接近，让人无法等闲视之，这让他自己也非常吃惊。这块泥板 [98] 描述了一个名叫尤塔－

纳比斯汀（Uta-Napishtim）的人物，他是大洪水中的幸存者。和《圣经》中的诺亚一样，尤塔－纳比斯汀得到了神关于即将到来的大灾难的警告，于是建造了一条船，带上了自己和家人，还有动物和工匠。史密斯的发现在维多利亚时代的英国造成了轰动，吸引了众多目光。1872 年 12 月，他在圣经文献学会（Society of Biblical Literature）发表演讲，连时任英国首相威廉·格莱斯顿（William Gladstone）也到场聆听。《每日电讯报》（*Daily Telegraph*）甚至做到了这种程度：他们于次年出资，让史密斯前往美索不达米亚旅行（他职业生涯中的第一次），以寻找故事的其他部分，因为洪水泥板显然只是这个故事的冰山一角。最终，史密斯成功了。而且他发现洪水泥板只是《吉尔伽美什史诗》（*Epic of Gilgamesh*）的一部分。在《吉尔伽美什史诗》中，为了追求永生，乌鲁克的英雄国王吉尔伽美什来到了大地的尽头，并在那里遇到了尤塔－纳比斯汀——有史以来第一位被神明赐予永生的人类。纳比斯汀尽了最大的能力，说服吉尔伽美什认识到，他的希望无法成功。直至今日，《吉尔伽美什》仍然是巴比伦文学中首屈一指、远超同侪的名篇。[99]

后来，乔治·史密斯又于 1873—1876 年两次前往美索不达米亚，当然这两次已经是由大英博物馆出资了。不过，史密斯的最后一次旅行以悲剧告终：当他在摩苏尔和阿勒颇之间旅行时，于伊吉斯基村（Ikisji）病倒。随后，他被带到了阿勒颇，但未能恢复健康。最后，他于 1876 年 8 月 19 日在该城去世。幸运的是，年仅 36 岁的他亲眼见到了因他的发现，而在学术界出现的惊人转变。在他出生之前，除了《圣经》和古典著作，旅行者们收集的几块碎砖和未能破解的泥板仍然是这个世界所知道的古代美索不达米亚的全部。但在他生命的终点，人们已经可以在卢浮宫和大英博物馆观赏亚述宫殿的浮雕雕塑，楔形文字也已得到破解。而史密斯本人贡献的发现，则是令学者们拥有了比《圣经》的最古老部分还要早的文献。在此后的 25 年间，如拉萨姆等发掘者将继续为来自美索不达米亚的陶土泥板收藏增加内容，发掘出一个即使到了今天还在不断产生新发现的源泉。

从中世纪的进香者和商人，到 19 世纪的发掘者，随着时间的推移，这些旅行者游记出现了一个重要的趋势，即向特定的实证主义做法进行逐步的、有限的、确定的转变。这种做法尊崇的是以现场观察者的角度来解析问题。这种实证主义做法对于当今的研究态度具有非常重要的支撑作用，因此该做法的缺失（或者只是在与认识论的竞争上受到了削弱）

所造成的影响，也是我们难以想象的。这是一种启蒙观点，同样存在于由笛卡尔和维克（Vico）提出的由竞争而诠释人类的议题中。为了理解早期旅行者有关巴比伦的叙述，尝试评价其观点正确与否是其核心，而向我们更为熟悉的人文经验主义的转变，则对我们理解更多外围新知识有更好帮助。

18 至 19 世纪的历史、艺术和文学

研究过去的新途径

从哲学的角度，我们能知晓是什么支撑了以克劳狄亚斯・里奇为标杆的学者以及他们与中世纪人的思想和行为之间有什么不同？这个问题与知识有关，与如何收集古物及其代表什么有关。当研究历史知识时，真理的标准并不一定是严格唯一的。恰恰相反：作为巴比伦研究所使用的资料来源的作者们认为，历史的任何角落之间都有很紧密的关系，因此任何新成果都必须能将历史的一切完全容纳进去。

人们可以寻求按照不同的方式，来区分类别根本不同的知识。我们可以以不同的方式这样做，比如将它们分门别类为科学知识、伦理知识和宗教知识，[100] 但进行这种区分的做法很早就出现了。如柏拉图在《理想国》（*Republic*）中就这么干过，他在其中提出思想的理性与感性：

> 它们是两种互不相通的东西，即在灵魂方面，通过感性可以承认与推导理性，通过感性还能感到爱、饥饿、口渴，并且感觉得到其他欲望的飘荡与欢愉，以及非理性的向往——各种排斥与欢欣的陪伴。[101]

由此可见，柏拉图把这种区分视作解释的工具。在这里，分开讨论思想的理性与感性在强调与孤立不同的逻辑模式、组合与信仰方面极为有用。因此，这种区分法不应该放在找到唯一的、完美的区别上，因为这种东西很可能并不存在，而是应该去寻找能让人理解的工具。因此，我在这

里大致描绘的区别，只是那些我认为与巴比伦的资料来源之间关系的编年史处理联系最密切的部分。

对于巴比伦来说，除了《圣经》的记载，最重要的莫过于各种人文知识。这些人文知识涵盖了真理陈述的几个不同基点，它们的共同出发点是人类的知识基础，无论是感性还是理性知识都是如此。对于这种在人类知识上的锚定，最有影响的出发点是笛卡尔的“我思故我在”和维克的“我们只能知道自己做了什么”。[102] 至少从 18 世纪以来，一些被我们确认正确的人文知识正支撑着我们现在称之为人文学科和社会科学的庞大大厦。实证主义知识的基础是我们身处的物质宇宙，其性质可以通过绝对的、客观的方式测量。而且，作为纯粹的实证主义，它虽把人类作为研究对象，但绝不会涉及今天的人类生活。如同许多其他领域一样，在考古学上，今天的大部分研究都是通过混合方法展开，即一方面在实践方面的知识采取实证主义方式，另一方面用感官意识确定它是否正确。但从哲学角度来看，基于主观局限性是被人们广泛接受的。之所以采取混合方式，其原因至少有一部分是无神论的兴起，以及人文知识领域的扩张。也就是说，神明不再是人类思维的锚定点。在上帝不存在的情况下，人文主义者不再在“天启”的帮助下研究世界，更无法通过上帝的意愿，信赖感官意识的准确性。因此，人们必须将知识锚定在其他地方，无论是在人类的经验上，或者是在物质的绝对意义上皆是如此。

以上通过经验方式，再用观察与实验获得的知识可以是人文知识也可以是实证知识，因为这两种知识形式都可以对假说进行某种测试，而这一点神话知识不仅无法做到，而且还与之对立。这种应对测试的能力，是权威学术研究中最普遍有效的基础：在原则上，权威来自研究者根据推理和理性思考测试假说后得到的结果。[103] 这些原则具有的高度价值来自启蒙运动，最重要的是弗朗西斯·培根的经验主义方式和笛卡尔的理性主义思维。然而，尽管两人有交叉点，但培根和笛卡尔的立场无法共同存在：培根深信感官数据，[104] 而笛卡尔对此唯恐避之不及。笛卡尔认为，只有思维和推理的能力才是可靠的，因此他特别看重来自抽象几何、数学和逻辑对于知识的归纳发展，而不是具体实验和对于性质的物理测量。[105] 他对于理性思维是知识的理想基础的信念非常强烈，足以形成它自己的实证主义形式。因而他遵从的是一种内向元物理学观点，与试图通过物质世界得到同样结果的后现代理论的对应：

几何学家习惯于通过一系列简单、容易的推理得到他们想要

> 证明的结论。这让我想到，就人类可以获得的知识来说，一切事物都是以同样的方式相互联系的。而且，只要我们避免接受错误概念，并且总是让我们的思想保持有序状态，即能够根据一项真理推导另一项真理，则不会存在任何与我们相距极为遥远、超出了我们能够理解范围的事物，或者隐藏得如此之深，让我们无法发现的事物。[106]

尽管维克同意笛卡尔将人类的思维置于与最终极思维接近等同的地位这一观点（并用直观的方式，将这种知识关系表达在《新科学》（*New Science*）卷首的插画上），[107] 但他在这方面的观点与培根更为接近。书中讨论的新科学是历史哲学的科学，是对我们已经做完的工作的研究总结。维克认为新科学已定义了可能的人类知识极限，因此是能够从中得到基础科学的最终结论。[108] 本书出于研究的目的，需要指出，这只是一个经验主义的基础，带有明显的人文主义基础。

随着时间的推移，理性 – 经验模型的影响之一是大大提高了位于观察者位置的人的地位，克劳狄亚斯•里奇能够在细节上与希罗多德隔空辩论，这只是这种现象的一种表现形式。然而，我们不需要想象这样的模型会将其他形式的知识推到一边。在 18 世纪，一些相信神话也是历史的人登上了历史舞台。

伏尔泰

说起来，阿塔那修 • 基尔舍生活的年代，是人们对语言发展和巴别塔古物研究正处于一个有趣的时期。基尔舍在艾萨克 • 拉 • 佩艾乐（Isaac La Peyrere）的《亚当之前的男人》（*Preadamitaei*）这部作品发表之后不久，便开始完成他的考古笔记，或许更可能是在拉 • 佩艾乐在特鲁莱姆堡（Treuremberg）被捕之后写作。[109] 此时，一个人文学科的新编年史系统即将建立，但被打成异端的危险仍无处不在。18 世纪的人们，即将见证地质学、博物学和古物研究学在影响范围方面的迅速变化。今天人们认为启蒙运动在人文学科和科学上的成就斐然。然而在当时，并不是每个人都对此感到高兴。只是到了 19 世纪中叶，伏尔泰才感到，他对于经验主义和对有关古代近东历史准确性所投入的关切已经变成了一个巨大的烦恼。他的话剧《塞弥勒弥斯》（1748 年完成）、[110] 小说《扎迪格，你的命运》（*Zadig, ou la destinee*）[111] 和《巴比伦公主》（*La Princesse de Babylone*）[112] 都基于纯粹的幻想。它们的故事情节都是原创的，或者至少与有关巴比伦的、希腊的或者《圣经》的来源相比，更多地来自《一千零一夜》（*Arabian Nights*）。其实《一千零一夜》的来源也是出于灵感，而非出于历史可信性而写出的。《扎迪格》（通过佛提乌斯）在杨布里科斯已经充满幻想的《巴比伦王国纪事》和16世纪威尼斯人米歇尔·特拉梅齐诺（Michele Tramezzino）的《锡兰三王子》（*The Three Princes of Serendip*）（本身据说基于一个波斯民间故事）的基础上编织了情节，而且通篇还隐喻着当时的法国政治。伏尔泰笔下的扎迪格是一位巴比伦哲学家，但他的主要影响可能是对现代侦探小说的：人们认为，他非凡的推理能力启发了埃德加·爱伦·坡创造出C.奥古斯特·杜宾。当然，亚瑟·柯南道尔创造夏洛克·福尔摩斯也可能来源于此。[113]《塞弥勒弥斯》更多地使用了古典作者描述的巴比伦，特别是克特西亚斯，但其中也使用了亚美尼亚的传统说法。这部剧以尼努斯被塞弥勒弥斯和她的情人阿舒尔谋杀开始，然后以尼努斯的鬼魂组织复仇，并指引他的儿子尼亚斯谋杀了塞弥勒弥斯为结束。这部剧后来由罗西尼（Rossini）于1822年改编为歌剧《塞弥勒弥德》（*Semiramide*），其中的故事是伏尔泰原来写就的，但其中几个元素，如尼亚斯开始疏远、后来谋杀塞弥勒弥斯，这些都是从摩西·克莱纳第有关塞弥勒弥斯的叙述中借用的。

美索不达米亚有时似乎只是作为异国名字和巴比伦的迷人之处的来源。对此，伏尔泰在《巴比伦公主》的开始之处做了一个美丽但完全是想象中的描述。在这个浪漫故事结束时，作者煞有介事地加入了他的故事，即借用摩西发出了一个相当异乎寻常的呼吁，进而反对索邦大学教授的观点。当然，

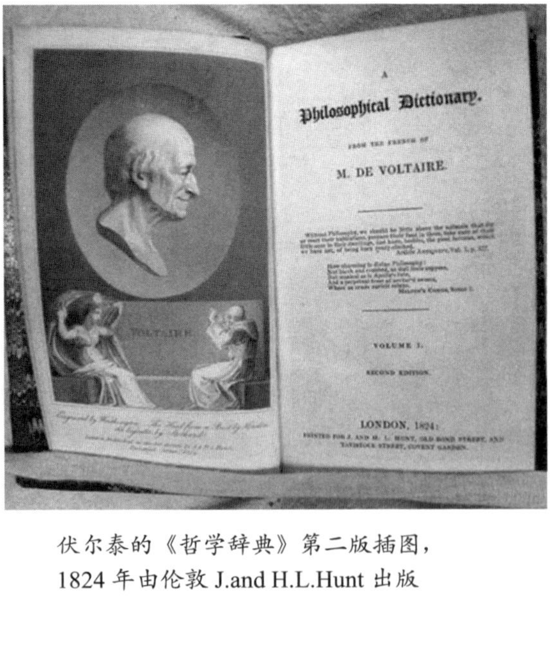

伏尔泰的《哲学辞典》第二版插图，1824年由伦敦J.and H.L.Hunt出版

他也赞赏了他们的有用之处：

> 我建议你对我的巴比伦公主（原文如此）：说任何你能说的反对话语，这样就可能会让《奋进》（*Enveavour*）压倒《里巴利尔先生》(*Sieur Riballier*)，让巴比伦公主遭到索邦教授们的谴责：通过这样做，你将给我的出版商许多欢乐。对于他们，我愿送上这本小小的历史书作为新年礼物。[114]

与故事的迷人之处相左的是这样一个事实，即伏尔泰的作品其实只是赞同欧洲利用中东——无论古代或者现代——作为一个可以任意修改异国事物的无穷来源，而并非要基于真实历史。他尽其所能地把对于第一次认真学习美索不达米亚历史的厌恶，表达为对于这个主题和研究它的学者们的蔑视。这种蔑视是伏尔泰心中一直拥有的矛盾情绪的一个方面，这种矛盾情绪交替地表现为苛求法国历史学家和对于历史实践的坚定的怀疑论者：

> 因此，他通过从事广泛的历史研究来寻找事实。与此同时，虽然明知资料来源不准确，但它既没有让伏尔泰不去书写历史，也没有对他做一些限制……确实，他的系统怀疑论让他总是过分自信。承认全知全能实际上不可能吻合于历史哲学的绝对怀疑主义。这说明，历史学家伏尔泰何等傲慢！他竟然毫不顾及当代历史学家的发现，而在选择历史主题时充满随意性。[115]

在提出这些有关准确性的问题时，伏尔泰的回答与萨莫塞特（Samosata）写的《真实故事》（*True Stories*）中的卢西安（Lucian）如出一辙，[116] 其中作者便对历史的真实性提出了挑战。其做法是：高高兴兴地给自己贴上“说谎者”的标签，接着再发表一系列短篇小说，尽管它们都有关幻想与魔法，但显然与历史学家描述的事件类似。[117] 在 19 世纪中叶，伴随着考古发掘和古文破译“知识革命”最终到来，人们终于能理解这种在古代近东历史研究中出现的悲观主义与怀疑主义是多么不靠谱。在 18 世纪，人们根本不会知道，关于巴比伦的知识，历史学家居然会有一天能够超越他们对于《圣经》和古典著作的完全依赖。而且，伏尔泰也为《哲学辞典》（*Dictionnaire philosophique*）写了一篇有关巴别塔的文章，其中诙谐地否定了巴别塔这个名字本身在词源学上来源于《圣经》中“扰乱”这个词的可能性，指出一个伟大帝国的首都会出现这样一座建筑是说不通的。因此伏尔泰认为它的名字应该具有“神明之城，神圣之城”这类含义。这虽是一种猜测，但这一猜测可以把伏尔泰带到接近于理解古语 *bâb-ilu* 的意思是“神明的大门”的边缘，当然这在词源学上或许仍然不准确。[118]

与伏尔泰大相径庭，有两位伟大的英国浪漫主义（尽管他们都没有使用这个词）大师创作了著名而且有影响的巴比伦代表作，他们就是威廉·布莱克（William Blake）和乔治·戈登（George Gordon），乔治·戈登即拜伦勋爵（Lord Byron）。

拜伦

19 世纪初期最为公众喜爱的文学作品一定是出于拜伦。他的《希伯来歌曲》（*Hebrew Melodies*）与巴比伦囚虏有关，该作品到处都在引用《旧约圣经》。今天，这些歌词中最出名的当推《西拿基立的毁灭》（*The Destruction of Sennacherib*），或者不如说就是它的开篇：

亚述人来了，像狼扑羊群，
盔甲迸射着紫焰金光；
枪矛闪烁，
似点点银星，
俯照着加利利波光浪影。[119]

这首诗描绘了一支似乎将无可避免地洗劫耶路撒冷的亚述军队。但就在事件发生之前，这支军队却奇迹般地覆灭了。和《希伯来歌曲》中其他诗歌一样，这首诗也洋溢着民族主义情怀。其中传达出这样的信息：一个献身于上帝并受到上帝宠爱的民族，必定能够在任何敌人面前坚持下去。这是对于《旧约圣经》的一种经典解析，在 19 世纪前曾十分流行。布莱克的“古代人的足迹曾经到过这里”，后来变成了流行于英国的抒情爱国歌曲《耶路撒冷》的歌词，这首诗可以追溯到同一年代。[120] 对于拜伦，亚述的压迫和巴比伦的压迫并无太大差别；在这方面，他与许多古代作者见解相同。他的“我们曾在巴比伦的河边坐下，一追想锡安就哭了”基本上是以《圣经·诗篇 137》为基础写成的，其中强调了对那些压迫者的反抗：

当我们忧郁地坐在河边，
看着脚下的河水自由地奔流，
他们命令我们歌唱，呵，绝不！
我们绝不在这事情上低头！
宁可让这只右手永远枯瘦，
但我们的圣琴绝不为异族弹奏！[121]

拜伦显然也有悲剧的一面。虽然说他的睿智在其他方面闪光，但在这里，他与轻薄的伏尔泰之间的差别几乎是最大的。在他们的时代，这两位作家都极受读者欢迎，而且人们经常说是他们引领那个时代伟大文化运动的潮流。然而，拜伦的作品显然能够拨动广泛读者层的心弦。因此，其中的情感无法完全作为错误表达而一带而过。浪漫主义携带着强有力的感情元素，会在文化生活中时而让人感动，时而让人生厌；从那时起，近代学者们对于浪漫主义的偏爱便时有时无，但它在 19 世纪文化生活各个领域内的影响无疑极为深刻。

在关于美索不达米亚的题材上，拜伦最优秀的作品无疑是 1821 年完成、1834 年首次公演的话剧《萨丹纳帕卢斯》。它的主题和处理方法与《希伯来歌曲》的共同之处极少。拜伦在这里集中关注有瑕疵的统治者的垮台，但他的处理方式并非全无同情。而且，其内容主要来源不是《圣经》而是古希腊的资料：即在狄奥多罗斯·西库路斯的作品中保留的克特西亚斯的叙述。拜伦的话剧写于亚述城市被发现和楔形文字被破解的 20 年前，因此克特西亚斯的说法仍然是当时最重要的资料来源。[122] 另外，还有其他几件重要作品是以拜伦的《萨丹纳帕勒斯》为基础的，包括《萨丹纳帕勒斯：历史闹剧》（*Sardanapal*，*Historische Pantomime*），[123] 它们为德国文化接受拜伦起了重大作用。最著名的是，拜伦的话剧启发了德拉克洛瓦（Delacroix）的《萨丹纳帕勒斯之死》（*Death of Sardanapalus*）的出现，这是东方主义最著名的画作之一。

威尔第

朱塞佩·威尔第（Giuseppe Verdi）的《纳布科》（*Nabucco*），

原名《纳布科多诺索》（*Nabucodonosor*），即尼布甲尼撒，是基于古代巴比伦主题的最宏大、最著名的音乐剧，而且远远超过其他任何作品。1856 年于米兰首次公演的这部歌剧的底本，以 1838 年的同名话剧和 1842 年的同名芭蕾舞剧为基础。[124] 正如从歌剧的名字可以看出的，剧名来自《圣经》而非古典著作，但其中很大一部分更是来自近代的发现。[125] 巴比伦之囚是这部歌剧的背景和中心主题，而且得到了其他元素的补充，如一个尼布甲尼撒二世发疯的原本，和一个非《圣经》人物阿比盖尔（Abigaille）试图篡夺巴比伦王位的故事。这部歌剧最出名的地方是它的希伯来奴隶合唱。在《纳布科》中，威尔第以前所未有的惯例将合唱设置在显著地位上，这是音乐作品中的伟大创新。其中也包含着，或者可以更准确地说，发展了政治意义。其中最著名的合唱是《希伯来奴隶之歌》（Va pensiero），刚好与文艺复兴时代追求祖国统一和政治自由的激情结合。1901 年，在威尔第的葬礼上，斯卡拉大剧院（La Scala）的合唱队曾引领庞大的群众高唱《希伯来奴隶之歌》。可见，巴比伦之囚这一历史特定事件又一次在近代具有普遍的重要意义，且远远超越了它的原有背景。

《尼布甲尼撒》，威廉·布莱克绘，1805 年，现藏于美国波士顿美术馆

从此，为威尔第带来声誉的《纳布科》一直是他最受人欢迎的作品，因而经常公演。[126] 第二次世界大战之后，这部歌剧第一次于 1948 年在重

新开放的斯卡拉大剧院公演。剧目的布景由赞皮尼（Zampini）设计，服装由著名的卡拉巴（Caramba）设计，现在斯卡拉大剧院的服装制作设施便以卡拉巴的名字命名。当时流传下来的照片现存伦敦皇家歌剧院（Royal Opera House，London），我们在其中可以看到，这部舞剧的布景融合了当时已知的所有巴比伦元素，甚至包括伊什塔尔门上的公牛与龙的彩釉砖。

"亚述元素"：19 世纪中叶的欧洲对它的接受与欣赏

19 世纪 40 年代发现亚述的事件对欧洲具有实质性的冲击，而且显然在巴比伦本身被发掘之前很久便影响了人们对这座城市的表达方式。莱亚德发现的大多数文物最终都进了大英博物馆，当然也有很少一批在其他地方安家。[127] 下面便是两件著名的例子：其一为一套首饰（现藏大英博物馆），由真正的亚述圆柱印章制成。它是为伊妮德·盖斯特（Enid Guest）于 1869 年与莱亚德的婚礼特意打造。1873 年，两人与维多利亚女王共进晚餐时该首饰再次显露了风采。[128] 另一件是在坎福德庄园（Canford Manor）的尼尼微门廊（Nineveh Porch），该庄园是夏洛特·盖斯特爵士夫人（Lady Charlotte Guest）的家，她是莱亚德的表姐、赞助人以及 1869 年以后的岳母。她还是一位翻译家——最著名的作品是《威尔士民间故事集》（*Mabinogion*）、收藏家和商人。对于亚述发现的这两种使用雄辩地证明了它们的社会意义和价值。如果大英博物馆的收藏象征着国家的伟大，私人保留着的那些收藏则对发现者本人和他的圈子具有莫大的意义。约翰·马尔科姆·拉塞尔（John Malcolm Russell）详细研究了尼尼微门廊的历史和夏洛特·格斯特的文件，他对于这座门廊上的浮雕对于它们的拥有者的含义有如下看法：

> 夏洛特爵士夫人对于尼尼微大理石雕刻物品的研究，既与英国公众的相近又与他们的相反。她欣赏它们的《圣经》与美学价值，但它们也给了她一个与英国和法国的国家博物馆竞争的独特机遇。[129]

当然，这也在很大程度上说明了夏洛特爵士夫人和她作为著名实业家的丈夫——约翰·格斯特爵士的财富和社会地位。[130] 拉塞尔可以引用主人自己有关使用尼尼微门廊的评论：

> 在夏洛特爵士夫人眼里，这是一个“美丽且有趣”的物品，而且“这个门廊是和英国任何其他地方一样有趣的一个小地方”。如此有趣的东西应该与人分享，而夏洛特爵士夫人显然乐意这样做，这可以通过她在1853年和1854年的日记中大量提及参观门廊的访客得到证明。[131]

我们可以说，莱亚德夫人的首饰也扮演了同样的角色：它将人们聚焦于亨利·莱亚德的地位和成功，并将之变为一项话题。这是“亚述元素”崛起的巅峰时刻。这些元素有一些也保留在大英博物馆的收藏之中。其中当然有时尚元素。法国艺术家古斯塔夫·库尔贝（Gustave Courbet）在说到他自己的胡子时指出，他拥有一张“亚述人的脸”，[132]这是来自博塔的霍尔萨巴德浮雕造型与他自己在非美索不达米亚主体上的结合。

东方与西方的诱惑

> 乔卡南（IOKANAAN）：回来吧！巴比伦的女儿！不要靠近神之选择。你的母亲曾以邪恶的美酒玷污了大地，她罪恶的喊叫甚至上达神明的天听。
>
> 莎乐美（SALOME）：再接着说啊，乔卡南。你的声音对于我如同音乐。[133]

巴比伦充满了罪恶与不道德，恶名由来已久。无论是《圣经》还是希罗多德等历史学家的记述皆是如此。但公平而论，它们与希腊人对于阿契美尼德王朝的表达偶然契合，这也与人们后来对整个中东的态度有很大的关系。前文中，威尔第提到了巴比伦，简单且清晰，其中也有多于寓意的真实。由于莎乐美和她的母亲希罗底（Herodias）确实是《圣经》中的卑贱人物。因此威尔第的《莎乐美》也是如此沿袭。剧中威尔第明显地让莎乐美之诱惑成为全剧的核心，其强调程度远远超过了对于先知美德的赞颂。威尔第甚至把故事的结尾性感化：当她亲吻施洗约翰被砍掉了的头颅时，他对莎乐美的抵抗变成了她的一场可怕的胜利：“他们说爱情有着苦涩的滋味，但那又如何？我已经亲吻了你的嘴，乔卡南，我已经亲吻了你的嘴。”[134]这里虽然说的是莎乐美，但也可以替换成莉莉斯、伊斯塔或者塞弥勒弥斯。对这个问题，扎伊纳布•巴哈尼在她的研究报告《巴比伦妇女》（*Women of Babylon*）中是这样说的：

> 在刚开始对巴比伦王国和亚述王国进行考古发现的日子里，古代女神便成为学术界和公众迷恋的主题。与宗教崇拜有关的不正当性行为的异国情调幻想，交织在学术文献证实了的历史女神周围，这些描述最终成了东方古物更富于想象力的广阔图景的一部分。[135]

这种情况在半神话化了的希腊－罗马历史中也有所表现。如奥古斯丁的妻子利维亚（Livia），或者亚历山大的母亲奥林匹亚丝（Olympias）。她们的奢华程度在荷马时代并非如此清晰，或者至少没有如此物质化，但她们的所作所为在后世一直被人记得。但这种情况没有在海伦身上出现，她像一切《伊利亚特》的主角一样，只是神祇手中的马前卒，不过在海妖或者卡吕普索（Calypso）身上奢华体现得淋漓尽致。当巴比伦在艺术和文学中被人性化的时候，就是这种现象在其中得到了一致性的理解。

与古代一样，在现代社会中，萨丹纳帕卢斯和塞弥勒弥斯的艺术形象所表现出的都是消极的。塞弥勒弥斯在其军事生涯中富于勇气与机智，但

《巴比伦婚姻市场》，埃德温•隆绘，1875 年，现藏于伦敦皇家霍洛维学院

她滥用权力。而正是她的成功，让美索不达米亚的男性国王们处于危险之中。因为在古典希腊文学中，女性对战争的干预或者是神祇的专利，或者被写成令人厌恶的，如在亚马逊女战士的情况下便是如此。只要这些人物在现代绘画和戏剧中具有明显的教育意义，那么她们便都是危险的。

美索不达米亚的出土文物到达欧洲与楔形文字的破解，本身并没有做出任何影响艺术倾向的事情。确实，人们很容易把它们拉过来与原有的知识互补。如埃德温·隆于 1875 年绘制的《巴比伦婚姻市场》是对于考古学家和亚述学学家的特定兴趣的一种表达，其中便结合了来自大英博物馆亚述藏品中的大量细节。可以明显地看到，作者在各处谨慎地使用亚述浮雕中的细节，给人一种印象，即它代表着一种与过去不同的重大突破，而且，在对巴比伦的表达的准确与真实方面，埃德温·隆的油画远远超越前人。首当其冲的是其在装饰性细节方面的正确使用，因为埃德温·隆使用了与亚述紧密联系的艺术手法，而不是例如像佛兰德艺术家的巴别塔图画那样的经典来源。不过，埃德温·隆不是从古代美索不达米亚，而是从希罗多德那里获得他的绘画素材的，特别是从他的那个牵强的故事中提取的。即在一年一度的市场上，不那么吸引人的女人的嫁妆，是由富有的男人购买美女新娘付出的费用提供的。如下陈述是真实的："新的考古方法表明了比以往任何时候都更直接地与过去相连并重现过去的渴望"[136]，但这一渴望实际上是通过对幻想认证而实现的。正如赛义德（Said）在论及更普遍的东方学术和艺术时提出的那样，在历史题材的绘画中，小心翼翼地注重细节，可能会掩盖整体主题及其在道德方面的主观处理时缺乏事实基础的问题。[137]

这一细节来源带来的合法性中的很大一部分来源于一种信念，即事物能够以某种方式表达自己深层含义。莱亚德本人感到，有些时候，甚至与维多利亚时代的公众极为不同的亚述艺术也能以如此清晰的方式表达。他在描述今天已成为亚述艺术，杰作的大走廊雕塑时写道：

> 人们无法找到比那个男子的头颅更有智慧与知识的人了；在力量方面，没有比狮子的身体更好的了；在活动方面，没有比鸟类的翅膀更优秀的了。这些带有翅膀的人头狮身形象不是无所事事的造物，不是空洞的幻想的后代，它们的意义就写在它们自己身上。[138]

还有人提出，在这些特定雕像的形式和接受它们的现代文化的美学之间有某种幸运的巧合，即“这些庞大且沉重的亚述公牛与维多利亚时代中期沉闷的保守哲学之间有某种非常一致的地方”。[139]这种思想具有局限性。对此的证据是，这些雕像究竟是不是艺术？人们对此莫衷一是。至少，莱亚德认为亚述艺术很重要、值得研究，但大英博物馆的受托人或者当时的其他艺术专家根本不赞同他的观点。在评价美索不达米亚的浮雕和雕像时，他们参考的是希腊－罗马标准，即非希腊－罗马的都不可能达标。

《巴比伦婚姻市场》在细节上达到的真实程度遭到质疑有两个原因。第一，一旦研究亚述的艺术家之权威得到观者的确认，不合情理的细节便成了让人困惑的部分原因：油画的一些方面比其他方面的根据更充分，这一点很容易被人遗忘。在这种情况下，那种自认为的“正确”不仅掩盖了希罗多德婚姻市场故事的真实样貌，而且也将维多利亚时代的肤色与美貌之间的习俗堂而皇之地表现出来。在拍卖时首先出现的女孩（即希罗多德故事中更美丽的那些女孩）都是白皮肤的，而随着画布从左向右，排队等候的那些女孩的皮肤越来越黑。第二，细节的层次，以及在描述人与物体的那种如同照相的真实感，能够隐瞒这幅画作的无力之处，即没有画出或者无法画出如同来自真实世界的效果。考虑到这幅作品的古代主题，这一点似乎是显而易见的。但如果不考虑这幅作品的复合性质，我们可见发现更多瑕疵。即它的创作者出于某种特殊目的，要将真实的历史从已知的文化与知识中有选择性地进行剥离，并加上 19 世纪人们所谓的正确。

巴比伦被“堕落”的思考

我们知道，在做出一种表达的时候，刻意加强一种知识体系和一套文献的细节，绝不会妨碍另一种知识体系和文献的有效性。之前正确的系统能够在理论上被推翻，但其影响仍然会继续在现实中产生。如斯蒂芬妮•莫泽便以《祖先的形象》（*Ancestral Images*）为题，研究追溯了人类之源的面相学发展，揭示了令人吃惊的面部主要范例变迁的持续性，包括进化论的被人承认过程。[140]而巴比伦不可能走这样一条循序渐进之路，这是因为

《圣经》、古典和中世纪时期知识的来源相互交织，在关于这座古代城市和文明的历史上早已将人们的思想填满。如果想加入一个用新的想法和理解，代替过去已根深蒂固的思想，几乎是不可能的。

具有变化与持续性，才应该是理解历史事实的关键。出自古典来源的神话，在19世纪后往往是由中世纪的编造和现代的重新发现而共同表现出来的：即坚信古代历史上的知识是未经筛分的、毫无伪造的，但它们逐渐被忘却，直到今天才被现代学术界重新发现与重新确立。这是一种以理想为基础的学术重新发现模型，尤其是以某种现代科学实证主义为基础的模型，而不是用实际上已经观察到的历史模型来了解历史。为了证明这一点，我们可以重新观察古希腊人对巴比伦的叙述。我们看到，希罗多德、克特西亚斯和贝罗索斯的故事未能很好地结合在一起，进而形成一个对于巴比伦王国与亚述王国的清晰描述。它们在历史事件、国王名单、伟大工程项目的详情或者不同的统治者的角色上面很少有一致之处。而且它们中间经常出现无法弥合的矛盾，甚至都没有为阅读史料的古代读者留下足够的空间来证实某个给出的说法。而且，看起来最有可能的是，贝罗苏斯失传的内容，尤其是当它们是以巴比伦的初始来源为基础时，将会给出比我们已知历史更多的矛盾。后世的作者与艺术家们只得调和与同化三种不同的描述，或者偏向于选取某一种而放弃其他。在其最早期阶段，对于巴比伦的文献接受已经是多种并存、相互不一致的了。即使对于信息更为充分的贝罗索斯的叙述，也从来看不到一份有关巴比伦的正确叙述。即使我们进一步分析，观察巴比伦的来源本身，或者甚至考察一套假定“完美”的来源，其中由巴比伦的居民来深入、详细地描述他们的城市，情况也会同样如此。我们当然不可能有这样的来源，而且一切描述在本质上都是根据某种状况得出的，是片面的、带有某种观点的、经过缩减的。永远不可能完整或者绝对正确。20世纪上半期，曾经出现过一段不和谐音。当时的考古学实证主义在短时间内形成了一种想法，认为可以描绘古代历史的单一正确的学术图像，或者至少可以将此作为一个合适的目标。如果确有这种情况的话，它是一个例外，是在承认主观性和不确定性的同时，否定历史学家们不可避免的操作失误。尽管我们难以聪明地、建设性地将其应用于流传至今的残存片段，但我们在当代关键理论和人类学中常见的多元主义和多重观点也许能够更好地解释这一切。

第6章 “3B”计划与争夺巴比伦的归属

时间随后进入了20世纪，另一个后起之秀——德国突然崛起。德国在当时一直希望找个机会赶上英、法两国，而去巴比伦发掘正是他们能得到的一张最好的牌。对巴比伦的发掘刚一提出，立即被德国政府同意，而这一行动标志着从古代巴比伦到现代巴比伦之间的重要飞跃。罗伯特·科尔德威主持的发掘，解释了在这座古城核心地带的纪念碑式的建筑风格；而在柏林，亚述学学者弗里德里希·德里慈（Friedrich Delitzsch）也因此一举成名，成为巴比伦的学术权威和主要宣传者。本章将考察这些个人和机构在德意志帝国的巴比伦考古过程中扮演的角色，以及这种经验和知识与表达古老文明遗迹真实性之间的关系。

来自德国的后起之秀

另一个莱亚德：罗伯特·科尔德威

科尔德威在德国发掘巴比伦遗址上扮演了重要角色；就如同50年前，莱亚德在亚述和英国扮演的重要角色一般。但如果我们在这两个角色之间画出平行线的做法也并不正确。关键是，莱亚德本人主持了他的考古事业与对英国公众的宣讲，[1] 而且也写出了内容极为丰富的著作——《尼尼微纪念碑》。[2] 虽然他在学术界受到的尊重未必高于其他考古学家，但他比其他人更有名，而且他乐意与公众对话，这使他成了在亚述发掘和英国公众接受这一成果两方面的代表性人物。与此相反，科尔德威对自己在柏林的名声没什么兴趣，而且他并非考古出身，而是学艺术出身。在这样一个系统中，无论他在美索不达米亚取得了什么成就，都不会让他在柏林博得名声。因为他的学术背景是艺术和建筑学，且担任过这两门课程的教师。另外在开展巴比伦考古发掘之前，他还曾在意大利半岛、西西里、爱琴海地区以及地中海东岸有过发掘经验。[3] 他的学术地位不算特别高，在这方面人们甚至认为他的资历完全不能胜任被交予的任务。不过，不管怎么样我们都可以将他视为这个项目的发起人。在发掘之前，他曾两次前往巴比伦考查，收集了一些露出地面的彩釉砖的样本。特别值得一提的是，他第二次前往是于 1897—1898 年，与柏林大学东方学家爱德华·沙宙一起去的。[4] 事实证明，在科尔德威为发掘取得支持方面，这些彩釉砖很重要。但，那些让德国在美索不达米亚开展大规模考古项目的过程确实与他无关。

在这个时候，刚统一的德国优先考虑的选择林林总总，简单来说就是希望通过扩张来强化共和国，即“帝国主义政治”（*Weltmachtpolitik*），或者说是愿意下大赌注成为帝国主义列强之一。[5] 无论这种优先考虑是得到能够与英国和法国并驾齐驱的经济实力还是文化认同，一个统一了的德国想要体现自己的实力就必须找到实质性的表达方式，即需要在文化界得到其他国家的承认。不过，德国的政治中心只与德国文化界有限相关，这是因为这个国家与英国和法国的情况不同，它的文学与艺术创作没有大规模集中在政治首都之内：即柏林与伦敦或者巴黎并不对等。然而，学术研究和科学很可能是例外。[6] 甚至在统一之前，普鲁士便曾通过皇家赞助和个人主动行为发展成为一个学者云集的主要中心。洪堡大学（Humboldt

罗伯特·科尔德威在巴比伦探险屋。格特鲁德·贝尔摄，1914 年 3—4 月，现藏于格特鲁德·贝尔档案馆，纽卡斯尔大学，编号 Y 392

University）创办于 1810 年，它的人文学科目标和教学科研结合逐步影响了全世界大学的教学方式，而洪堡（Humboldt）本人也保证了传统教学科目的扩张。普鲁士皇家长期支持学术界——汉诺威的索菲·夏洛特（Sophie-Charlotte of Hanover，从 1688 年起为勃兰登堡选帝侯夫人，并从 1701 年成为第一位普鲁士王后，直至 1705 年去世）甚至是莱布尼茨的门徒。所以说，柏林作为文化中心的程度尽管远远不如法国和英国的首都，但它仍然是著名的现代科学研究中心。

不过，与研究科学不一样，东方研究和近东考古学属于另一个范畴，这件事本身就能说明不少问题。德国的学者数量或许可以与英法媲美，但他们没有一个是扎根于纯文学的学者文化。在德国，参与巴比伦研究的都是为机构工作的人。这批人基本上由中产阶级人士、开明人士和新教徒组成。更重要的是，这批人具有为德国民族与帝国文化做出贡献的强烈愿望，因为他们的阶级在工业中蓬勃发展，社会地位有所提高。俾斯麦小心地保留了贵族的权力[7]，特别是普鲁士的贵族地主容克（Junker）的权力，但这些权力受到地位迅速提高的中产阶级之冲击。德国有一批对发展国际政治有兴趣的人，其中最关键的人物是 1900—1909 年担任总理的伯恩哈德·冯·比洛（Bernhard von Bülow），他们将国际政治视为唯一的国家意志，是令国家稳定的手段。有一点玩世不恭的是，冯·比洛完全明白帝国主义繁华在国内的价值。[8]

德意志东方学会（The Deutsche Orient-Gesellschaft）成立的目的，是为德国通过在中东，特别是在遭到削弱的奥斯曼帝国领土上进行重大考古发掘提供一切可能的协助。在大多数人心目中，当时的奥斯曼帝国似乎是这样一个地区：初登帝国舞台的后来者（特指德国）似乎可以专注于在那里尝试取得立足点。随着在帕加马（Pergamon）和奥林匹亚（Olympia）取得巨大成功，德国对小亚细亚的古代遗址发掘力度和范围已经比 19 世纪 90 年代增长了好几倍，其中很大一部分新资金都是来自德国政府。[9] 在某种意义上，德意志东方学会的成立似乎是德国在奥斯曼帝国已有考古成果上的一种扩大化。这可能与领土扩张完全不同，即这一学会代表的是另一种扩张：进入近东的过去，过去德国人对它的研究几乎只能局限于语言学和基于《圣经》的研究。19 世纪后期，德国的楔形文字研究者（包括年轻的弗里德里希·德里慈）的许多工作只能在国外开展。如伦敦就是其中之一，因为那里的大英博物馆中有迅速增加的楔形文字收藏。[10] 不过，由于当年大英博物馆的态度，令整个 19 世纪，德国的关注只能放在古代希腊 - 罗马身上。而现在，古代美索不达米亚甚至近东的考古学都将被关注进来。

应该强调的是，这个学会成立的一个明显目的是为国家获取文物。它是以弗里德里希皇帝博物馆学会（Kaiser-Friedrich-Museum Society）为蓝本的，该学会是一个由收藏家建立，目的是为国家获取美术品的学会，而设想中的东方学会的确也具有基本上相同的功能。[11] 在每期《德意志东方学会通报》（*Mitteilungen der Deutschen Orient Gesellschaft*）上罗列的主要捐赠者名单上，我们经常能看到德国皇帝威廉二世（Kaiser Wilhelm II）和其他重要商界人士，而这些人的捐赠是学会内部最重要的经济来源。学者、牧师和其他热心者的捐赠也成了这个学会经济来源的一部分，同他们一起的还有大实业家。后者极为重要。而且值得注意的是，许多人在伊斯坦布尔有商业利益，尤其是在一个叫做“巴格达 - 巴恩”（Babel und Bibel）的铁路项目中有商业利益。[12]

巴格达 - 巴恩是德国在美索不达米亚利益的经济核心。[13] 为了与英国竞争建造一条在欧洲与波斯湾之间具有战略意义的新陆地通道，按照德国的设想，这条铁路将一直通到伊斯坦布尔。这就是我们熟悉的“3B”（柏林—拜占庭—巴比伦）计划中的一个组成部分，按照德国一贯的帝国风格，这个战略性的商业与军事目标很快获得了利他主义文明使者的粉饰，就好像这条新铁路真的能够为落后的奥斯曼帝国的经济与技术发展做出贡献一样。德国在文化领域内的活动立刻得到了概念化，他们自称德国人的各种行为都是在为双方谋取利益，带来了进步、友谊甚至一条“精神纽带”。[14] 就这样，经济和文化项目紧密地联系起来，无论在理论上或者是在不那么利他主义的事实上，这两种努力都是极力为以扩张为立国之本的统一新德国利益服务的。

尽管学会的成员组成具有多样性，但不那么神秘的一点是，它的早期驱动力和目的显然是统一的。学者的利益、实业家的利益、皇帝的利益，全都可以通过在近东的一次地位显赫的德国发掘项目得到收益。正是在这个时刻，罗伯特 · 科尔德威为巴比伦的一个项目寻找支持。科尔德威的彩釉砖头自然对寻找支持是有帮助的。对此他是这样说的：

> 这些奇特的美丽碎片和它们对艺术史的重要性得到了尊敬的 R. 舍尼（R. Schoene）先生的充分承认，他是当时柏林皇家博物

馆的馆长，这进一步坚定了我们发掘古代帝国巴比伦王国首都的决定。[15]

这是用一种客气的方式声称：他们认为，这次发掘能够发生某些引人注目的事情，得到了一些名人的资助。的确，那时德意志东方学会追求的就是那些能够让人看上去眼前一亮的文物。这一立场或许不像今天的读者初看起来的那么唯利是图。许多学者认为，古典美学的质量与一个社会的历史意义或者文化发展状态具有直接联系。[16] 这一信念可以直接追溯到温克尔曼（Winckelmann），也可以追溯到经典希腊艺术在美学领域内作为完美标准的地位。因此，德国人认为无论从获得知识还是服务国家来讲，他们都应该取得古老文明的最佳艺术品。当然，巴比伦的名字无疑是一个重大诱惑，而且是无论在声望与公众兴趣方面都足以与尼尼微的发现媲美的唯一选项。另外，它也需要在两个方面承担的风险。第一，尽管古代巴比伦的大致位置是清楚的，但在科尔德威的发掘之前，什么是巴比伦的、什么不是巴比伦的，并不是很清晰。例如，克劳狄亚斯·里奇就未能找到希罗多德描述的那座庞大的城墙，[17] 而无论莱亚德或者博塔都未能在这里复制他们在亚述的成功。第二，在发现古老建筑物方面，可以说美索不达米亚南部的任何发掘都不算成功。因此，只有当人们假定科尔德威能够成功的情况下，支持他才有道理。他的赞助人很可能是这样假定的。没错，诞生不久的德意志东方学会做的是一场豪赌。幸运的是，他们赌赢了，因为科尔德威的工作几乎从开始的那一刻就取得了成功。

发现伊什塔尔门：在巴比伦的科尔德威

罗伯特·科尔德威从 1899 到 1917 年在巴比伦所做的工作，令我们今天能看到这个遗址的真实样貌。而他，对美索不达米亚发掘方法的发展做出了重大贡献。[18] 这项工作以宏大的规模展开。发掘沿河流东岸以及城墙包围的部分多点分散进行，重点主要在大型宫殿、神庙和内城的防御堡垒。同样重要的是，他们在工作成果的发表方面也堪称楷模，远远超越了他们所处的时代，其中还包括绝佳的专业绘图和记录。[19] 具有重大意义的是，这也显示了自然科学写作的那种超然俗世的、不带人情味的风格。[20]

科尔德威曾用他发现的彩釉砖作为支持发掘的根据，毫无疑问的是，他首先关注它们的来源。无论如何，他把目标对准了城市的中心，并假定会在那里发现最重要的宫殿和神庙。与对其他大多数美索不达米亚城市的早期发掘一样，对巴比伦的发掘首先专注于大型建筑物，普通居住区并不在发掘意向之内。后者只是最近才得到了更多的注意，这是因为今天人们研究的优先级已经从精英政治历史转向了更广阔的社会与经济问题，而新的科学技术也已经让人们有可能更有效地考察和还原。另外，科尔德威和他的同事们对于建筑史有特别的兴趣，尤其是拥有巨型建筑的地方。尽管如此，他们还是在巴比伦发掘了一些私人民居。或许，在德意志东方学会的发掘计划之内有这些民居存在。这一行动比早期美索不达米亚发掘的活动中，通常不发掘民居更加引人注目。

伊什塔尔门挖掘现场照片，1932 年，现存于美国国会图书馆，编号 20540

比项目的总体成功更令人敬佩的，是科尔德威具有直接发掘到巴比伦建筑物的能力，这一点得益于他对巴比伦发掘的仔细研究，以及当时对泥砖建筑物保存的技术成就。这些技术的发展不但让科尔德威受益，也让后人受益。与亚述的其他城市不同，在巴比伦，即使最宏大的建筑物也都是用泥砖建筑的。甚至于现代建筑物也是以同样的方式建筑的，所以当地工人很可能对成功寻找与发掘泥砖墙做出了重大贡献。[21] 这一点很难确认，因为这些工人从来就没有留下名字，他们只出现在沃尔特·安德雷（Walter Andrae）的绘画 [22] 和一些现场照片中。这时科尔德威的考古工作得到了他在巴比伦的生活经验的好处，例如在巴比伦建筑布局这样的事情上，他指出：

在王庭中，最大的建筑物往往都位于南面。很显然，因为巴比伦的炎热气候，在为一所房屋布局时，人们更多会考虑到夏天和热度……我们在阴凉地方观察到的最高温度是 49.5℃，阳光下则是 66℃，高温会在白天持续好多个小时……很少下雨，我相信，如果把一年里所有勉强算是下过雨的时间加起来，总共也就七八天而已。[23]

对于巴比伦气候的关注，我们可以在科尔德威发表在《柏林德意志东方学会通报》上的报告中看到，这些报告经常以有关气候和环境状况的寥寥几笔作为全文结束。而且，基于他自己的经验，他也戳穿了一个人们普遍相信的神话，即巴比伦是发展天文学的一个明显的、特别容易的地方：

由于过分干燥，只要很短一段距离，空气就几乎不透明了。而在地平线与地平线之上一二十度的地方有一圈朦胧的尘土。透过它们看太阳和月亮，时常显示被割裂和扭曲的形象……因而，非常著名的巴比伦晴朗天空的说法基本上是欧洲旅行者虚构的，因为他们很少有人习惯于在不受城市灯光干扰的情况下观察欧洲的夜空。[24]

因为学术与职业背景，科尔德威的主要兴趣在于他心目中的古城巴比伦的建筑风格是一个当之无愧的富丽堂皇之地，至少纯粹从规模方面来看确实如此。这些宫殿包括数以百计的房间、庞大的院子和王座正殿。且可以分为三组，即南宫殿、北宫殿和夏宫。其中最大的是南宫殿，最长的一边几乎有 300 米；其中有 200 多个房间，分别围绕着 5 个主院落。然而，与它们的大小同样令人印象深刻的是，巴比伦废墟之宏伟令人难以想象，尽管来自德国发掘队的照片让我们能够一瞥这座城市的景观，但至今仍难窥全貌。这些照片比那些非考古学家的作品更容易理解，因为其中建筑群占据了主要地位，让我们可以看到其高耸的墙壁或者地基。这对于这些仍然耸立的建筑残骸的记录极佳。后来，阿舒尔的记录则更加仔细，安德烈在那里开展了地层调查。通常人们认为这是在美索不达米亚考古史上的第一次。[25] 尽管这一技术是从地质学家那里借用的，但从某种意义上来看，地层发掘是从建筑的角度进行发掘的必然产物。科尔德威对确定巴比伦建筑物的建筑阶段感兴趣，因此，对墙壁画出的剖面图实际上也是地层结构图。[26]

实际上，发掘的过程也是一个破除神秘的过程：这对于考古或者历史知识的还原是好事，对于传说中的浪漫史则未必。是的，随着科尔德威对里奇在将近100年前观察到的现象的证实，巴比伦真的收缩回到了其真正的大小：

> 事实上，早期旅行者见到这些废墟沿着道路向巴格达延伸，因此把整个废墟群视为这座古城的一部分是很自然的。而且令人感到惊讶的是，只要牵涉到从巴比尔到贝尔斯（指比尔斯尼姆鲁德）之间的这段路程，一些早期发掘者便一直会受到类似错觉的蒙蔽。其实，希罗多德以及其他古典作者，早已告诉了我们这座城市的大小，在发掘中我们也维持着这个论断。而且，尽管他们对巴比伦市中心的位置确定得大体正确，但人们极大地夸大了它的面积。可见，巴比伦对人类施用了咒语，而人们用了16年耐心、持续的发掘，才终于破解了它。[27]

L.W. 金（L.W.King）的这段话抓住了科尔德威在工作上最为重要的一点：人们用学究式的超然精神在这座史上最浪漫的古城身上打下了烙印。“但是，”金接着指出，“在收缩的过程当中，当准确的知识将猜想剔除之时，古老的咒语又重新出现，一成不变。”[28]他在这里说的是发掘留下来的那些未能解开的考古学问题，指的也是依然存在的巴比伦的神秘感，以及与之有关的《圣经》和古典文献记载。即使在有了全面的发掘、有了对于楔形文字文本和语言的破解、人们对巴比伦问题继续学术方式讨论可以依赖的文献不再仅仅局限于《圣经》的20世纪初，人们依然很少直接反驳但以理的历史、以赛亚和耶利米的预言。或者，他们甚至没有反驳在希罗多德、克特西亚斯、色诺芬、斯特拉波、拜占庭悖论学家斐洛（Philo）或者老普林尼等人对有关这座城市的部分的实质性描述。甚至，科尔德威还为巴别塔和空中花园提供了诸多大有希望的候选地点。第一个是金字塔形神庙埃特曼安吉：乔治·史密斯已经发现了一份楔形文字对此神庙进行过描述，[29]但它的实体遗址现在才得到了证实。这座塔曾经在古代遭到摧毁，残垣断壁大量用于其他建筑，因而残存下来的遗迹很少，这才让早期旅行者往往把阿夸库夫、比尔斯尼姆鲁德或者巴比尔土丘误以为就是巴别塔。[30]对于第二个，科尔德威认为是南宫殿东北角的“拱形建筑”。对此他这样写道：

关于它的身份确认遇到了诸多困难，这一点不会让任何一个把古代的事实陈述与今天的发现进行对照的人感到吃惊。只要主要的地方吻合，我们就总是感到很高兴。[31]

神庙复原图，科尔德威 1899 年发表于德意志东方学会通报

科尔德威所说的吻合之处是这座石头拱形建筑的出现异乎寻常，它与狄奥多罗斯的叙述特别吻合，也与贝罗索斯、斯特拉波和昆塔斯·库尔提乌斯·鲁弗斯（Quintus Curtius Rufus）的叙述相当吻合。[32] 前文提到的第一个候选地点，符合克特西亚斯有关塞弥勒弥斯在“波斯建筑”（Persian

Building）内容的叙述。科尔德威认为，在那里的巴比伦浮雕（作为狩猎场景的一部分）上仅有的人类形象便是尼努斯和塞弥勒弥斯。[33]而且，尽管希罗多德在有关巴比伦城墙的描述中把它说得太宽阔，但至少有关它的厚度的说法得到了德意志东方学会新发现的支持，而他对于砖之间散置着芦席层的说法也已经被欧洲旅行者们所证实。至于《圣经》中的描述，在这一点上仍然是正确的，即它们的内容对于考古研究的影响通常不大，因为它们实际上从没有实质性地描写这座城市。在20世纪初美索不达米亚考古学家的著作中，但以理与尼布甲尼撒二世一样是历史人物，让考古研究确认或者否定一个人如但以理是很困难的。令科尔德威感到惊奇的是，与马尔杜克有关的龙竟然真的跟大地之神贝尔和蛇神（Serpent）有关：

> 这头“巴比伦之龙”是大名鼎鼎的巴比伦动物，与“新约外传（次经）”中众所周知的贝尔和龙的故事吻合得天衣无缝。我们可以很容易地猜测，埃萨吉拉的祭司们豢养了一头动物，说不定就是一条阿尔瓦尔蛇（arval）。它是他们在这附近发现的，并在一个半黑暗的神庙房间里展出，看起来它就像一头活着的怪兽，即西鲁施（sirrush）。在这种情况下，我们很有理由认为，因为但以理用头发和沥青的混合物喂养它，结果这头生物没有活下来。[34]

人们现在经常把科尔德威写下的那个名词sirrush翻译成西鲁施（*mushhushshu*），这是一个拟声词，让人想起蛇的嘶嘶声，而且它字面上的意思是“暴怒的蛇”。这头龙与马尔杜克和他的儿子纳布有关，后者是主管写作与智慧的神，也是巴比伦神祇中的一个主神。在伊什塔尔门和入城大道的彩釉砖上有所表现的其他动物是公牛和狮子，与它们有关系的神明也同样丰富多彩。科尔德威或许也曾忍不住想把后者和但以理的狮子洞穴联系到一起，但他也表现出了考古学家的谨慎。对于出现在浮雕上的狮子，他只是简简单单地评价道：“狮子，伊什塔尔门上雕刻的动物，是巴比伦各个时期的艺术非常偏爱的主题，因此在作为巴比伦城主要大门的伊什塔尔门上得到了丰富、大量的使用。”[35]即使面对绝对不正常的玄武岩雕塑“巴比伦之狮”，而且在有人已经提出它是在但以理成为巴比伦总督之后建立的一座纪念碑的情况下，[36]科尔德威还是坚持没有采用这种释义：

古巴比伦花瓶上的西鲁施形象，约公元前 2000 年。
选自欧内斯特·德·萨尔茨《迦勒底的发现》，1886 年

有人认为，这里表现的是狮子巢穴中的但以理，也有人认为是将战败的埃及人踩在脚下的巴比伦人。但在这整个时期内，除了在浮雕上，从来没有用其他方式表达过具体的历史。而且，巴比伦艺术没有把抽象的想法作为表现基础的传统。[37]

巴比伦狮子雕像，1909 年摄。这个雕像最初是 1776 年在巴比伦遗址发现的，长约 2 米，它的旁边可能是空中花园，估计雕像是尼布甲尼撒二世时期建造的

另外，科尔德威又记录了一个与狮子有关的当地传说：

> （被狮子践踏的那个男人的左手）被迷信者动手砍掉了，而且他全身都成为石头和燧石球的打击目标，它们一直到现在都还在向他抛石头。因为人们认为他就是令人大为恐惧的“神灵”（Djin）。此前，阿拉伯人曾在他身体一侧挖了一个深深的洞，不过现在已经用水泥填上了。发生这种情况的原因是：有一位欧洲人到这里时，曾经问到过这头狮子，他或许在以前的旅行者游记中读过有关它的叙述。阿拉伯人领他去看了狮子，而在仔细地看过之后，他在玄武石的小孔中选择了右边的一个，并向孔里塞进了一把钥匙。转动之后，他的手上立即出现了金块。完成了这场探宝喜剧之后，他扬长而去。然后，那些阿拉伯人为了让宝藏出现，便用石头在狮子身上砸出了这个洞。这肯定让他们付出了长时间的劳动，因为那块石头确实非常坚硬。[38]

大家看得出来，这个故事只是一则传说。遗憾的是，讲述这个故事的人却未看到，1854 年，奥斯丁·亨利·莱亚德在接受“伦敦市自由勋章”时同时得到的一个具有亚述主题的银盒子。[39] 莱亚德是带着知识来的，他可以运用这些知识，把两河流域那些竖立着的、埋藏着的纪念碑变成资本。在很大程度上，德意志东方学会的工作是要继续这一过程，而科尔德威与他的前人也没有很大的不同之处，因此他的工作也同样会遭到许多的批评。简单来说，欧洲各国的考古工作是与“占有”密切相关的，无论是“占有”文物本身，还是积累知识。在这种形式的“占有”中，地图和平面图是很重要的。但这一过程还有更私人化的一面，其表面上可能没有那么帝国主义化，但事实上可能更甚。无论其目标如何，但学术研究经常让人产生嫉妒之感。而且最为重要的是，一个偏远的奥斯曼城镇几乎没有可能与来自德国的资金丰富的研究团队竞争。

除此之外，在巴比伦的发掘也创造了许多发掘方法方面的先例。发掘与记录的标准甚至超越了美索不达米亚考古的时间和地域：这项发掘“具有耐心和有条理的独创性，为在世界各地开展考古发掘设立了一种全新标准”[40]。这一点特别值得注意，因为这一行为不能视之为德意志东方学会协助的后果。从柏林给予他们的预期来看，德国考古学家在巴比伦和亚述被要求做的事情就是掘地寻宝，其他一概没有必要做。纪念碑艺术和铭文泥板是他们的赞助人（他们寻求国家的荣耀）关心的东西，也是在柏林的学术机构关心的东西。对于德意志东方学会来说，打着考古的旗号是得到这些物品的主要手段。相比之下，人们铭记着科尔德威，是因为他发展了考古技术，而他做的一切也是从考古学的角度而非掠夺文化的角度来实施的。看一看科尔德威在巴比伦的长期逗留，他显然与当地人之间有着良好关系。由于在德国的公众对他信心不足，所以我们会以非常相似的方式，忘记他是为了帝国的荣耀而奉派来到美索不达米亚的。他的传记作家们，包括安德烈，描述了一个古怪的人。他具有坚强的个性，以火一般的热情致力于他的研究——而且显然，对于他自己的事业之热爱远远超过为某个组织或者国家工作的热情。在与他接触之后，人们会有一种印象，即他本人与柏林远隔万里，德国政府的一切指挥到他这里都如一纸空文。然而，他与政治完全脱钩的全部后果要比这种状况更复杂，我们将在本章稍后予以考察。

正如科尔德威所想的那样，他在巴比伦的工作只完成了一半。他几乎持续地在现场工作，大部分时间是大规模发掘。他让遗址暴露的范围远远超过过去的任何一次发掘，但即便如此他未曾探索过的地方还多得多。他已经把这处遗址当作了他一生的工作地点，并非常乐意将余生贡献给巴比伦遗址的发掘。他在一份工作报告的前言中强调了完成这份工作的重要性，签署日期为 1912 年 5 月 16 日——这时的欧洲正笼罩在一团团战争威胁的阴云中。格特鲁德·贝尔以前曾访问过遗址，并对现场发掘者印象极为深刻。1914 年 4 月，“在战争将这样一个和平的温馨的世界结束之前，她对巴比伦做了一次短暂的访问，并向她的朋友，柏林的科尔德威教授的工作表达了敬意”。[41] 当然，战争也让发掘暂时停止了。然而，不可思议的是科尔德威用一己之力维持了发掘工作，尽管规模大为缩减，一直到英国美索不达米亚远征军（British Mesopotamia Expeditionary Force）于 1917 年到来才停止。之后，德意志东方学会的遗址发掘工作——说实在的，是整个欧洲的遗址发掘工作——再也没有恢复到同样的程度。[42]

解密苏美尔语与阿卡德语：弗里德里希·德里慈

尽管科尔德威对巴比伦的考古工作做出了许多贡献，但他并不是让巴比伦与德国公众结合的人物。反之，这一荣誉落到了新成立的柏林博物馆近东部主任弗里德里希·德里慈的身上。他是神学家弗朗茨·德里慈（Franz Delitzsch）的儿子，他在亚述学这一学术领域声名鹊起。他的工作至今仍然是这一主题的基础之一，而且我们可以把他视为一次研究运动的重要组成部分，这次运动为古代近东文字的破译做了很多工作，大致相当于巴比伦发掘在考古方法方面取得的成就。德里慈这一代德国语言学者贡献了字典、语法和符号表，它们已成为今天研究该学科的基础，而德里慈个人对于苏美尔语和阿卡德语的研究贡献尤其巨大。[43] 也正是从他这一代德国语言学者中，美国也得到了第一批伟大的亚述学德国教师。[44] 另外，从很早的时候起，德里慈便认识到他能向《圣经》研究工作提供资料并参与其中。[45] 他在《古代东方的豪华！支持德意志东方学会成立》（*Ex Oriente Lux! Ein Wort zur Foerderung der Deutschen Orient-Gesellschaft*）一书中发出了清晰且广受关注的民族主义声明，即呼吁支持新成立的德意志东方学会。[46]

尽管德里慈已经是一位受人尊重的学者与教授，但 1899 年接受了柏林博物馆东方部的职务和柏林大学教授职位时的他仍然只是初到柏林的新人。德里慈是古代近东研究声名鹊起的受益人，不过这一研究的各种成果与他自身的工作关系不大。在这层意义上，他的生活轨道又一次与科尔德威齐头并进。然而，与科尔德威不同的是，德里慈后来与这些成果关系重大。这是因为，他的地位尊崇，很有权力，这让他在大学和博物馆里都享有权威。凭借他与德意志东方学会的关系，他的影响遍及整个德国的近东研究，即从学术语言学到发掘资金的分配都能见到他的身影。考虑到威廉皇帝二世对古代近东的强烈个人兴趣，人们认为，德里慈所处的地位是最有影响力的地位之一。

德里慈所具有的权威，让他在将古代美索不达米亚介绍给公众时备受尊重，因此令他能满怀热情地接受了这个任务。在发布科尔德威早期成功的时候，德里慈选择的渠道是《画报》（*Illustrierte Zeitung*），[47] 该杂志是仿照《伦敦新闻画报》的样式设计的。莱亚德曾经依靠后者的宣传成名，而《尼尼微及其遗址》引人注目的商业成功从《伦敦新闻画报》对于亚述发掘的长期持续报道中获益良多。[48] 有人认为这种方式已经过时了，[49] 但很有可能，问题不在媒体本身。在英国，直到第一次世界大战以后，《伦敦新闻画报》还一直在发挥作用，不仅是将考古研究与公众联系的受人欢迎而又有效的读物，宣传了伦纳德·伍利和马克斯·马洛温在伊拉克的工作，

弗里德里希·德里慈

还让公众接受埃及的图坦卡门之墓这一发现时扮演了自己的角色。然而，新的、更轻型的出版物已经出现，而德里慈对这种媒体环境应对不力，这一点也是确实的。当然，报刊的评估失当只是德里慈丢脸与受制于媒体的因素之一。主要因素是后来人们称之为“巴别塔和《圣经》”（Babel-Bibel）的事件，以及人们秉持不同的观点，结果导致了规模不小的宗教争议。

《巴别塔和〈圣经〉》

从 1902 年起，德里慈发表了总共三次题为《巴别塔和〈圣经〉》（*Babel und Bibel*）的高调演讲，[50] 用以说明德意志东方学会的工作与德国现实政治的相关性。按照他的估计，这些演讲的内容并未别出心裁，而只是想让更广泛的公众理解学术界的研究。考虑到科尔德威最近的成功，德里慈没有专注于介绍巴比伦的发掘，而是更多地提到了他擅长的语言学和在巴比伦发掘之前的发现：是那些许多学者们熟知、但更广泛的德国公众不知道的、与《旧约圣经》有关的亚述学发现。

第一次演讲于1902年1月13日在柏林的歌唱学院举行，[51]他面对的是一群地位尊崇的听众，甚至皇帝本人也莅临聆听。在德里慈的演讲中，他概括说明已成为学术界主流的几个想法。其中最重要的是《圣经》并非世界上最早的文献，美索不达米亚泥板的一些部分与《旧约圣经》中的一些部分极为相似等。接着，他把人们过去认为是希伯来人首创的一些东西归于巴比伦王国，包括现有的宗教故事和仪式做法。尽管他并不是第一个表达这些观点的人，但他确实把它们带到了更广泛（也更顽固得多）的受众面前：

> 当时，韦尔豪森学派（The school of Wellhausen）统治着德国神学界。它对《旧约圣经》的分析更加强调严格的文学批评方法，而且几乎没有为新的重要历史证据留下空间。当时在神学教授和一般公众中流行的观点认为，犹太人的一神教是直接从游牧部落和原始世界发展而来的。[52]

德里慈在这些问题上的独特观点，是更广泛的知识界变革的一部分。在他之前其实已有一种“泛巴比伦”思想。这一思想由雨果·温克勒（Hugo Winckler）首创，他在20世纪之初曾发表“巴比伦文化是一切后来的宗教与神学的根源”的观点，继而又赢得了不少追随者。虽然第一次《巴别塔和〈圣经〉》演讲颇具争议，但确实为德里慈和近东研究赢得了极高知名度。至少它在表现这一学术领域与现代德国文化生活相关性上是成功的：当时人们假定存在着一种包罗万象的真理，值得人们不惜一切代价找到它。如今这种想法已在巴比伦考古中实现，因而美索不达米亚文献当时变成了一次全国神学辩论的中心。

为了能让大众冷静一些，第二次演讲被推迟了。“幸运的是，在那一年余下的大部分时间里，德里慈在柏林博物馆的上级理查德·舍尼把他派出柏林出差。”结果第二次演讲便推迟到1903年初才举行。[53]演讲又一次在歌唱学院举行，皇帝也同样到场。在这次演讲中，德里慈以美索不达米亚的许多实例早于《旧约圣经》中的材料作为论据，几乎否定了《旧约圣经》揭示了神明启示这一观点。为了加强自己的权威性，讲稿的前言几乎是由诸多头衔和诸多赞誉汇聚而成的：大神学家的儿子、辩论家、热情的科学思想家。而且，最重要的是，他是一个认为自己的亚述学工作与这个国家的未来精神与道德福祉紧密相连的人。值得在此引用稍长的一段。在首先从《以赛亚书》引用了与演讲相关的一段[54]以后，德里慈开始了：

> 我们能够肯定，无论从措辞、风格和精神上，贝都因（Bedouin）战歌和凯旋曲是真实的原创吗？不是！这一段，还有其他来自预言文献的100段，都充斥着对周围人民的憎恨，反对以东（Edom）和摩押（Moab）、亚述和巴比伦、推罗（Tyre）和埃及——而且其中的大部分都是希伯来人的杰作！

毫不奇怪的是，第二次演讲招致了来自多方的敌意，而德里慈的观点更是遭人辱骂，因为它显然影响到了皇帝。皇帝很快写了一封给德意志东方学会主席海军上将赫尔曼（Admiral Hollman）的公开信，[55]信中建议德里慈不要再染指神学问题，从而表明自己不再置身此事，继而也疏远了德里慈。

第三次也是最后一次《巴别塔和〈圣经〉》演讲在1904年10月举行。[56]从某种意义上说，这是一次忏悔。而且，这次没有在皇帝面前发表，而是在巴门和科隆的文学协会做的。他利用了不少在非闪米特的苏美尔语言上的新学术发现成果，证明古代美索不达米亚的文化、社会和宗教全都是苏美尔人的创作，很久之后才被后来在巴比伦王国和亚述定居的闪米特人采纳。[57]他热烈地主张，正是这个非闪米特的起源，解释了许多巴比伦王国的优点，例如当时由雅克·德·摩根（Jacques de Morgan）在苏萨发现，并在那时和现在都广为人知的《汉穆拉比法典》，它是对法律概念的最早表达。[58]他也提出，这就是古代美索不达米亚社会的道德事实上优于在《旧约圣经》中表达的以色列道德的原因。

《萨丹纳帕勒斯》

在《巴别塔与〈圣经〉》演讲的同时，似乎对德意志东方学会至关重要的，是以更为传统的方式解析美索不达米亚的过去。其结果是一出歌剧——《萨丹纳帕勒斯》的出现。[59]该歌剧是根据弗雷德里克·波尔做的详细研究而改编的。[60]这一混杂了古典与现代作品展现了来自一系列来源的影响，从圣经故事到19世纪的浪漫主义文化，一直到科尔德威在巴比伦以及沃尔特·安德烈在亚述的发掘，是一个对于过去的考古与非考古理解之间相互作用的特别有趣的例子。

作为对德意志东方学会成立10周年的献礼，[61] 人们本以为《萨丹纳帕勒斯》会展现出一种现代学术界认可的、准确的美索不达米亚之历史。然而，从歌剧的标题开始，看上去就不太对劲。一个更时髦的标题本来可以是《亚述巴尼拔》，而且当时学者们毫无疑问地认定，亚述巴尼拔就是传说中的亚述国王萨丹纳帕勒斯。[62] 也就是说，无论萨丹纳帕勒斯的名字或者他的故事都和现代亚述学毫无渊源。相反，该名字最早出现在克特西亚斯的《波斯史》中，后经希罗多德在《历史图书馆》中复述。[63] 克特西亚斯的叙述概括了一位强有力的异教徒皇帝的腐化，为浪漫的想象力提供了素材。有趣的是，萨丹纳帕卢斯在19世纪变成了一个人们特别喜爱的主题，其中最著名的代表作是拜伦1821年的话剧《萨丹纳帕勒斯》和德拉克洛瓦1827—1828年的画作《萨丹纳帕勒斯之死》。柏林的这个剧目使用了这些情节和名字，让人回忆这个趋势，并试图再现其成功，用意就是让人们远离对“巴别塔与《圣经》”问题上的争议。

与今天相比，1908年的人们会认为，克特西亚斯的这一来源更为可靠。吉尔摩（Gilmore）在其19世纪末的翻译中指出：“尽管古人通常采用克泰夏斯（Ktesias①）的编年史主题，但人们认为他的真实性不足。”[64] 一旦做出了跟踪萨丹纳帕勒斯的决定，考古学和亚述学中的美索不达米亚便没有什么太多意义了，即便真实的历史已经得到了确定。甚至对巴比伦的关注也要服从这个目标。尽管克特西亚斯的描述本身具有复杂的起源，[65] 萨丹纳帕勒斯毕竟也是一位“尼尼微”国王，不是巴比伦国王，更不是真正的亚述国王。然而，《萨丹纳帕勒斯》的布景意在表现一个也同样是巴比伦甚至是亚述的尼尼微，其中更是融入了来自各个遗址的细节。其主要目的是追求与德国的考古成就呼应，而不是与法国和英国在霍尔萨巴德、尼姆鲁德和尼尼微的成就呼应。如果要刻意找出一座与这件作品联系的亚述城市，估计就只有沃尔特·安德烈发掘的阿舒尔了。当他仍然在伊拉克的时候，安德烈应这部歌剧的委托画下的素描，是《萨丹纳帕勒斯》的主要视觉来源之一——它们宏伟的最后形式让安德烈本人震惊。[66]

---

① 怀疑这里的Ktesias指的是Ctesias，如果确实如此，译文中的“克泰夏斯”应该是克特西亚斯。——译者注

《萨丹纳帕勒斯》并没有为它的观众呈上一件真实发生在美索不达米亚的事件，而是让他们看到了美索不达米亚的历史缩影。萨丹纳帕勒斯就是那位亚述国王。一方面，这出剧显示了极大的真实性，因为它完全忠于希腊资料的叙述，其中的国王显然被描写成一种典型，即代表着从尼亚斯开始的所有亚述统治者共有的恶习。另一方面，尽管作者大量地注意到了这一切细节，以保证让这出歌剧具有对历史的准确叙述，但这些细节并没有用来表现有关过去的新设想，而是在让一个非常古老的设想合法化，特别是让一个萨丹纳帕勒斯的设想合法化，而他与 24 个世纪之前克特西亚斯描述的那位国王并没有实质性区别。《萨丹纳帕勒斯》与为它的布景提供信息的考古研究结论之间的关系是肤浅的。这就好像是一个地图绘制师在仔细地为一张地图设置了网格线、比例尺和使用说明之后竟然画出了一片想象中的大陆，然后声称，因为有了这些令人信服的装饰，所以它是真实的。如果在没有更多的信息的情况下，这样一幅神奇的地图似乎可以让人欣然接受。但今天学术界认可的美索不达米亚，早已超过《萨丹纳帕勒斯》的时代。[67] 正因如此，它获得的负面评价远远多于正面评价。[68]

柏林的重建

建筑学是德国考古界由来已久的强项，而在建筑学方面投入的关注也是德意志东方学会在美索不达米亚工作中最重要的特点。罗伯特·科尔德威和路德维格·博查特（Ludwig Borchardt）都曾与建筑师威廉·德普费尔德（Wilhelm Dörpfeld）一起工作过，[69] 而沃尔特·安德烈曾接受过建筑师训练。因此通过安德烈绘画重现遗迹原貌，令他的建筑学专业知识显露无遗。因此，他以一项有史以来最辉煌的建筑物重建作为自己的巅峰之作，完全是顺理成章的事情。这座建筑物就是于 1930 年 10 月在柏林展出的巴比伦伊什塔尔门和入城大道。[70] 该复制品的巨型规模（重建的大门高 14 米以上，重建的入城大道剖面两边各长 30 米）本身，与它背后的工作相比仍然不值一提。安德烈的团队使用了原有的砖石来重建狮子、龙、公牛和其他装饰。虽然这些砖的色彩保存得极好，但它们毕竟是碎片，在出土之后需要脱盐处理。团队将碎片与其原来的邻片拼到一起的工作几乎达到了工业化的水平（其实就是拼成它们原来的样子——动物是用同样的模具生产的，动物形式的重复有助于准确地重装它们，但经常也会造成困难，比如让人无法确定某只爪子属于许多同样的狮子中的哪一只）。除此之外，重建者们还用特殊的砖窑制造了一些现代的砖，用以替代已毁损的原有材料，使之看上去尽量真实。即便如此，人们还是能够清楚地分辨古代元素与现代元素之间的差别。[71] 表明安德烈对于浮雕复原的兴趣的第一个迹象，是他在《德意志东方学会通报》上发表的一篇有关彩釉砖的短篇报道。该报道写于 1901 年 12 月，发表于 1902 年 5 月。[72] 他在文章中放入了两幅等边分解图，显示了在砖的上下表面上的符号系统，以此保证它们能正确地拼在一起。

第一次世界大战前，安德烈曾在伊拉克工作。那时，他在巴比伦担任科尔德威的一号助手。1901—1902 年间，他又到比尔斯尼姆鲁德和法拉（Fara）工作。他在这三个地方都取得了指挥发掘的经验。此后，1903 到 1914 年间，他已能在古亚述遗址中的卡拉特·舍夸（Qalat Sherqat）主持发掘。从这个遗址出土的部分文物被运回了欧洲，其他的则根据奥斯曼帝国古物管理部门颁发发掘准许证时达成的协议，运到了伊斯坦布尔。[73] 另外，运回欧洲的那部分只运到了里斯本，而且当葡萄牙参战对抗德国的时候被没收了。从巴比伦出土的大部分文物在战争期间留在伊拉克，一直到 1917 年英国美索不达米亚远征军到来时才由英国接管。

J. 沃尔特 - 库拉乌（J.Walter-Kurau）于 1915 年创作了一幅肖像，表现了站在狮子雕像前的安德烈——该狮子雕像来自入城大道。经过仔细观察，可以发现图画右下角还有安德烈最喜欢的警句，该警句位于沃尔特 - 库拉乌的签名上方。看得出安德烈是在自己的画像前摆了姿势再照的。事实上，在 1915 拍照时，伊什塔尔门完成的只有很少几小块，而且是用 1903 年运到德国的几箱碎片重建的。第一次世界大战结束之后，德国又用了 8 年时间，寻找滞留在伊拉克和葡萄牙土地上的其他出土文物。这两方面的成果都出现在 1926—1927 年，那时葡萄牙政府同意用它们交换柏林博物馆其他文物，而格特鲁德·贝尔则于 1926 年接触了柏林博物馆中东部的主任，提出归还来自巴比伦的文物。[74] 贝尔将监督这些文物在德国和伊拉克之间的分割，但她在担任德方代表的安德烈来到巴比伦之前就去世了。安德烈的一系列重建草图上签署的年份是 1927 年。1928 年，安德烈成为中东部主任，[75] 并主持了两年的脱盐和重建巴比伦浮雕的过程。

完成该项目的重建是一项胜利。它们不仅具有强烈的视觉效果，而且能通过与较小的建筑模型对比，让博物馆的参观者感觉到伊什塔尔门和入城大道在它们原有背景下的地点与规模。然而，柏林在 1930 年以前完全没有公开展出过美索不达米亚的文物，即便在 1930 年与 1934 年之间，东方部也只有 3 个展厅，另外 13 个直到 1934 年才开放。[76] 这与 19 世纪中叶的英国和法国形成了鲜明对照，不仅因为时间滞后，还因为在这些国家中，公众兴趣的高峰与美索不达米亚古物到达欧洲博物馆并展出的时间重合，而不是它们的实际发掘时间。在证明德国理解与拥有一个古代帝国遗产上，安德烈的重建是伟大的、帝国式的，但从政治角度来看，它来得太迟了。运输、建设与解释来自另一个文化的最宏伟的纪念碑，伊什塔尔门和入城大道的重建标志着德意志帝国的重建，在这层意义上绝非独一无二。可是，到了它们重建完毕并开放的时候，德国已经被第一次世界大战和《凡尔赛条约》要求的战争赔款弄得虚弱不堪、穷困潦倒。在这种背景下，与 19 世纪曾经的欧洲帝国匹配的世界博物馆之威严和家长式自信似乎已成为一个时代的错误。而且，这句话对整个柏林博物馆也成立。它的建设计划是在第一次世界大战之前，在一个处于上升阶段且极为自信的帝国中制定的。不过，21 世纪的今天已大大改变，而且与伦敦和巴黎一较高下的最初目标已经实现，不仅因为今天世界级的美索不达米亚绚丽藏品，而且也因为像帕加马、卢浮宫和大英博物馆这样的博物馆能接纳的数以百万计的游客。对于一般的参观者来说，今天柏林的菩提树下大街和柏林博物馆岛就像一个 19 世纪的欧洲伟大帝国中心，它们像它们在英国与法国的对等博物馆一样，对一般参观者有同样的说服力。而在两德统一之后，它们的精心保存与重建就更有说服力了。然而，实际上，在这样一种背景下，它们扮演这样的角色的时间很短，从来无法与德国的领土野心相匹配。我们今天能够看到的整个图像，是一个真正的现代化文化都城，但也是一个从来没有真正形成的帝国的重建了的中心。

德国的经验及其后果

德国对于美索不达米亚的兴趣主要出自重构帝国的梦想，人们可以把德意志东方学会的工作视为远比其广阔得多的帝国野心的一部分。19 世纪末，作为欧洲与印度之间的一条陆运通道，这个地区似乎拥有更好的商业前景，因此德国人也曾认真考虑过向伊拉克派出德国殖民者的可能性。[77]在帝国野心与考古学抱负之间的联系如此清楚，让巴奇写下了这样一段话："在亚述和巴比伦王国的发掘，许多明眼人已经有了评论：只有当德国梦想建立德意志东方帝国时，德国政府才开始认真地在这些国家中进行发掘。"[78]这一断言大体上是正确的，但在英国仍然保有自己帝国地位的时刻竟然还出自一位大英博物馆馆长之口，实在有些厚颜无耻。不过，我们也值得花点时间考虑一下科尔德威、德里慈和其他人写下的文字，它们是在一个年轻国家的扩张主义野心的背景下写成的，尽管它们不一定是在有意识地为这种野心辩护。

德里慈清楚地知道自己工作的政治含义，但他远没有看到其中的深意和利益冲突，而只是看到了一个合法的理由和动机。尽管是一位学者，但他很容易地就有了政治家的措辞和野心。在《德意志远征巴比伦》（*Die deutsche Expedition nach Babylon*）[79]一书中，他清楚地陈述了他将德国与巴比伦联系起来的野心，其方式恰如当时的英国联系尼尼微的故事。尽管《巴别塔与〈圣经〉》演讲后来变成了一场宗教大辩论，但其本来的目的还是要庆祝德国在这方面取得的成功。不过，德里慈仍旧为德国的国家意识中为亚述学寻求地位，并提高了自己在公众心目中的威望。

与此相反，罗伯特·科尔德威写的几乎全都是遗址和发掘的记录。《在巴比伦的发掘》中没有任何与德国有扩张主义野心相关的内容。它的风格让人几乎无法想象这种相关性。就连科尔德威前言的主要部分，也只专注于发掘的编年史编写工作和一大堆致谢。分别是对于柏林博物馆的，对于德意志东方学会的，对于皇帝的，对于作为翻译的德里慈的，以及对于他在现场的最重要的员工的——最重要的肯定是沃尔特·安德烈。科尔德威对于政治的沉默与德里慈对帝国主义言论的直言不讳同样有趣。有几个问题需要考虑。其中之一便是科尔德威是否同意过德里慈对于他和他的同事对工作的定义？另外，科尔德威在写作中有意识地采取谦逊风格，这是他在寻求表现得更客观或是更有科学性吗？这似乎非常可能。他平铺直叙但文字叙述准确。他的关注点是对于遗址现场的彻底描述，使用了大量平面图和技术性插图。仅有的例外是几个零星的轶事，通常是有关外国访客的叙述和巴比伦狮子的当地传统说法。这样一来，尽管说科尔德威的工作具有极大的学术意义，但在魏玛共和国时期对美索不达米亚历史的公众表达方面的影响相对很小。

此后，科尔德威与德里慈担任的角色分别为被定位考古实践与写作，这一点是意味深长的。为了躲开当时政治方面的动荡而专注于遗址，科尔德威所做的事情逐渐变成考古学规范。实际上，他任由柏林当局控制，而且德里慈是他的学术上级，这些情况的重要之处只是让他处于正确的交叉点上，能够同时为柏林当局和古代近东研究发表言论。正是科尔德威辛勤的工作令其变成了良好的考古实践和工作发表的范例，而且这也变成了努力尝试让自己置身政治世界之外的范例。科尔德威将研究问题视为高于满足德意志东方学会在柏林的支持者的帝国野心，这应该是他非常值得赞扬的。或许，他也因此付出了一定的代价。正因如此，科尔德威从未能就他的工作的更广阔的当代含义发表见解，也失去了在国家层次上发言的权利。这也让我们得到了一个肤浅的印象，即他没有参与这些过程，特别是没有支持德国在美索不达米亚南部的权利诉求。而且，在《在巴比伦的发掘》一书中，他实际上也没有描述他在其中做过什么工作。这种谦虚的风格强调的是近距离描写和客观性，将最终取代德里慈和更早的英国与法国作者们对于古代近东的那种不那么详细、但更开放的描述风格。但伴随这种据认为更具客观性的说法的，是越来越多的怀疑倾向。[80]记录的细节与清晰大受赞扬，但这种格式和方法往往会让考古的社会基础无法得到新的信息。

谢幕时刻

20 世纪 20 年代，科尔德威对巴比伦的发掘终于开始谢幕，但文物保护工作未能跟上发掘成就的步伐。文物一旦暴露，太阳便会晒坏那些脆弱的砖建筑结构：

> 按照巴奇的说法，“建筑物一览无遗”。然而，对今天来到遗址的人来说，发掘的结果令人失望。这里没有像在希腊或者埃及那样整齐且可以理解的废墟；因为按照泥砖墙的性质，它们的遗骸一旦暴露就很难保存。于是，除了庞大的结构主体和一些最近做出的重建之外，遗址在现代访客面前呈现的是一片荒凉，几乎与当年欧洲旅行者第一次发现它的时候一模一样。[81]

西顿·劳埃德（Seton Lloyd）对于遗址的描述强调的那种破坏和消失

的感觉与真实情况大体符合。这种情况让今天的巴比伦持续保持了早期欧洲旅行者到访时的情形，而这并非我们愿意看到的。在劳埃德写下这段文字的时候，他知道："一片荒凉"的景象已成为巴比伦的一部分，而且也是它应该有的一部分。毕竟，对许许多多遗址来说，逐渐消失是共同点，但很少有人以这种方式加以强调。被破坏是巴比伦的一部分，几乎在城市里每一个前现代来源都清楚地暗示其存在。科特雷尔（Cottrell）以非常相似的方式结束了他对巴比伦发掘的通俗描述。在文字中，他带着些许苦涩补充说："自从德国人离开以后，希拉城的阿拉伯建筑工人几乎抠走了埃特曼安吉金字塔形神庙的每一块砖。"[82] 废墟美学是对巴比伦的一种表述，而且是种巴比伦在其中扮演着双重角色的表达。一方面，在古代城市中，它可以算那些能够以自己悠远的戏剧性历史给人带来启迪的少数城市之一；它们本身的废墟也是城市令人肃然起敬的一部分。[83] 另一方面，对于巴比伦来说，这并不是在其中起作用的唯一因素。它对于旅行者、艺术家和作家的吸引力主要来自异国风情，而这种吸引力是从这座城市受到神明惩罚的外延生长的结果。

科尔德威的德文著作《巴比伦重新崛起》，也强调了他对讨论它令人忧郁的衰落不感兴趣，这肯定也是他曾考虑过不放入作品的一件事情。他通常避免使用权威性的故事形式，避免对巴比伦使用夸张的修辞，这也是他远离神话，走向经验主义甚至实证主义的条理化彻底性本身的一部分。

科尔德威的书虽然影响了后世考古学书写方式，但公众交流方面却不尽然。让我们再次引用赛顿·劳埃德的话：

> 如果在赞扬（在巴比伦和亚述发掘上）德国人方面需要做出任何保留的话，这就是他们对待发掘结果的公开。他们举出了科学上的一切细节，让他们的文章里除了专业以外的一切都荡然无存，而他们在工作中的潜在的教育意义也因此受到了损害。[84]

劳埃德在这里批评的显然是德国考古学，因为它与历史学的观点刚好相左。科尔德威的"科学细节"和它们平铺直叙的表达方式是一个从 19 世纪开始经营的成果，当时的考古学（或者说，至少是进化和起源问题）刚刚开始从人文学科分出，并在方法与风格上越来越自然科学化。[85] 这种风格强调作者对于自然科学的尊重和从中受到的启发，同时模仿自然科学研究的成功之处，说明这种模仿在它的学科内是可行的。这并不是认为这种变化纯粹是风格上的：考古学的发展确实依赖于科学，其内容更接近于科学。它就如同地质学中的自然科学和人类学中的人文科学。[86] 在当时德国大环境的背景下尤其值得注意的，这种趋势让德意志东方学会的发掘者与他们在德意志考古研究所的经典同行在多大程度上有所不同。前者通常更年轻些，曾经有过技术领域如建筑学或者工程学背景的人多于有过古典文学或者语言学背景的人。[87]

相当有讽刺意味的是，让人记住科尔德威有关巴比伦的著作，反而是其与较老的、更具有深意的故事之间的联系，特别是希罗多德描述的城墙之发现，和科尔德威有关空中花园地点的讨论之间的联系。这是一个极好的例子，因为它能够让我们看到，历史学家们关心的东西会在何等程度上影响现代的一切。确实，他们的兴趣对于我们自己的兴趣之间的相关性，可以通过当代有关空中花园遗址所在地的持续辩论得到证明。[88] 事实证明，德里慈认为犹太教对基督教毫无贡献的想法很受欢迎、很有影响，但这是一种与巴比伦毫无关系的意识形态的一部分。[89]

在向德国公众成功展现巴比伦的是《萨丹纳帕勒斯》。实际上，它是最不准确、最不进步的考古学表达方式。不过，正是保守主义和屈从于萨丹纳帕卢斯故事的考古细节，保证了它能得到公众的好评。通过讲述一个故事，《萨丹纳帕勒斯》达到了预期。最为可笑的是德国人还对此宣称，它是在可能情况下对古代美索不达米亚最先进、最准确的重现。与德里慈争论楔形文字铭文的准确性是可笑的——如果今天的亚述学家能够批评它们，这只不过是因为他们的学科是建立在德里慈工作的基础上的。[90] 而且，该剧作中亚述王国的很大一部分是以巴比伦王国为模型构造的，这点很重要，因为能够做出这种不同本身，就在很大程度上要归功于德国的发掘。重要的是，细节的丰富，有选择但需要尽力做到的准确性，只不过是为了构造东方神秘主义的框架手段。而东方神秘主义本身则是一方面从古代希腊趸来的材料，另一方面是 20 世纪有关帝国命运的严厉的道德说教，而二者都没有通过发掘取得任何养料。在这里，考古学的角色完全不是在更新美索不达米亚的形象，而只是让已有的先入之见生效。[91] 因此，这根本不是什么成功。无论在学术交流或者作为艺术成就来说，它都非常空洞。

与此相比，科尔德威和安德烈的工作对考古的贡献却非常之重要。对于巴比伦的系统发掘和在柏林的辉煌重建需要非凡的能力和顽强坚守的信念。他们的发掘为我们拓展了古代巴比伦的真实新视野，这既是考古学的新视野，也是建筑学的新视野，它以前所未有的方式，进入了学术界和公众眼中。另外，它们是一个宏大的欧洲帝国项目的产物，这个欧洲帝国项目是这类项目的末代产品之一。甚至当科尔德威还在发掘之时，世界已在急剧变化，考古的政治背景也在随之变化。

第7章 巴别塔再现：犹太复国主义与伊拉克的诞生

巴比伦外围的考古

20世纪是一个激动人心的世纪，特别是电影的出现和发展，更令其与众不同。早期的电影，为迎合观者，特别包含了《圣经》和近东主题。有一些非常早的意大利和法国影片曾描写巴比伦和其他近东主题，包括伯沙撒、塞弥勒弥斯和萨丹纳帕卢斯的故事，它们虽然简短，但经常是从非常原始的故事改编而来的。[1] 后来，随着这些电影变得越来越长，故事情节也越来越复杂。塞西尔·B. 德米尔（Cecil B. Demille）1919年的《男与女》（*Male and Female*）便是改编于 J. M. 巴里（J. M. Barrie）的《孤岛历险记》（*The Admirable Crichton*）。其中那一系列引人注目的巴比伦梦境，都是受到 W. E. 亨利（W. E. Henley）的诗《给 W. A.》启发而来的：

> 或者说，那侠义的岁月一去不再
> 带着旧世界进入了坟墓，
> 我是一位巴比伦王
> 而你是基督教的囚徒。

在这一系列梦境中，管家克赖顿和他的前女主人以及一伙人遭受海难，继而与文明世界隔绝。结果他的社会地位逐渐超过了女主人，继而成为巴比伦王，穿着从亚述王国考古成果复制来的宽松服装，嘴角上带着夸张的残酷冷笑。他的宝座的两边各站着一头带翅膀的公牛，至少在侧面看起来很像。从正面看，它们像是挪威人英雄，但手里握着的像剑一样的东西其实是蛇。这一场景的其他部分包括与巴比伦和苏萨类似的砖，而国王的宝座上带着亚述的花环和一个莲花装饰。另外——一如既往地，巴比伦王的仆人是非洲人。但剧中对但以理的描述很真实：他拥有一个具有多和复杂功能的狮子巢穴，其中住着的是"伊什塔尔门的神圣狮子"。这个梦境系列很有趣、很奢侈，且与剧情相关，因为在一个聚焦于阶级与权力的故事中，巴比伦是为表现专制的残酷、奢侈和绝对权力的极致而选择的地点。出于类似的原因，戈尔·维达尔（Gore Vidal）1974年的小说《迈伦》

（*Myron*）选择“巴比伦的塞壬”作为合适的虚构影片，把小说的主角带进了一个以性侵为主题的巴比伦故事中。

关于巴比伦的影视形象，最值得注意的是在 D. W. 格里菲斯（D. W. Griffith）1916 年的史诗影片《党同伐异》（*Intolerance*：*Love's Struggle Through the Ages*）中。格里菲斯塑造的巴比伦形象回到了埃德温·隆和希罗多德那里寻找灵感，然而在某些方面，《党同伐异》脱离了为它提供视觉启发的 19 世纪考古文献。[2]

任何看过影片《党同伐异》的人，都能明显地看出格里菲斯的极大抱负。这部影片在许多方面都是非常卓越的。它是一部有意识地追求创新和超越的作品，具有开创新领域、扩展年轻的电影行业视野的明显意图。无论在技术方面或者主题方面，它都同样展现出导演的勃勃雄心。而对于这样一个原创的冒险来说，其制作成本同样令人咋舌。《党同伐异》是世界上第一部多本电影，3 个小时的片长让人们之前观赏过的一切影片自叹弗如。其高生产价值同样令人咋舌，尤其在美国电影行业中是如此，因为当时美国电影不像意大利和法国那样投入资金做大场面。格里菲斯此前已经推出过几百部更为传统的默片，[3] 更曾因 1915 年的《一个国家的诞生》（*Birth of a Nation*）而获得了巨大的成功。现在，他想用《党同伐异》超越他之前的一切成就。《一个国家的诞生》是一部具有浓厚的种族主义色彩的影片，甚至包括对三 K 党（Ku Klux Klan）的正面描述。[4] 当时，便有一些人试图阻止影片上映，而美国电影评议会也对它施加了有限的审查。不过，这一审查只限于白人种族主义和种族暴力，也就是说，美国人要造出一种白人更为正面的形象。[5] 即使如此，《一个国家的诞生》还是收获了美国电影史上最大的商业与艺术成功，格里菲斯在影片中表现了他对于电影制片技术的全

美国电影《党同伐异》剧照，1916 年

新驾驭，让评论员都做出了错误的评价，认为他实际上发明了特写镜头和淡出这类技术。[6]这是一部解读相对困难的、规模宏大的学术作品，但因为各种种族问题，颇被人们诟病。《党同伐异》在规模、美学优点和知识抱负上标志着电影史上的重要时刻。肯尼思·安格尔（Kenneth Anger）的《好莱坞巴比伦》（*Hollywood Babylon*）之标题鲜明地表达了好莱坞无节制的行为，让巴比伦这一主题进入另一个时空，唤起了人们对于格里菲斯的布景为什么会让他自己毁灭的回忆，而它现在正在好莱坞上空盘旋：

> 1915年，一个虚构的、美索不达米亚式的海市蜃楼从天而降。它在柑橘小果园围绕着的好莱坞登陆，打破了好莱坞似的教堂与平房构成的景色，预示着一系列事件的来临……它在那里矗立了好多年，像一艘庞大的战舰在日落大道（Sunset Boulevard）旁搁浅。格里菲斯向未知领域大步迈进，他那“划时代的阳光演出”之地在《党同伐异》被人们遗忘后很久还矗立在那里。我们能看到伯沙撒的王庭早已杂草丛生，它的城墙脱落、扭曲。即便洛杉矶消防局以火警危险物的罪名谴责它之后，它仍然在那里。格里菲斯的巴比伦，是这座新兴电影城的耻辱，也是对它的挑战——是人们必须超越的东西，是人们必须克服的困难。[7]

这部影片的主题是爱与无法容忍之间的永恒冲突，对如下4段历史研究进行了表述：古代巴比伦、基督时代的朱迪亚地区（Judea）、16世纪巴黎对于胡格诺教派（Huguenots）的迫害以及20世纪初美国的工业发展。当然，第一段和最后一段受到的关注最大。人们对影片记忆最深的是其巴比伦王国部分，[8]特别是其中的布景，或许到今天仍然是电影史上最大的，而且还是考虑了通货膨胀影响后最昂贵的。巴比伦王国的故事受到了埃德温·隆1875年的《巴比伦婚姻市场》的启发。[9]这里又一次使用了希腊历史学术希罗多德的叙述，但没有使用新近出现的美索不达米亚主题，而在对美索不达米亚的研究方面，当时正是美国学术界迅速与欧洲机构持平的时刻。[10]更不要说，这些研究已经被放弃的事情了。当然了，就像埃德温·隆作那幅画时一样，他们对素材的收集非常挑剔，使用之前还经过了选择：即对于真实性的努力完全集中在物体的细节上。不寻常的是，一个保存下来的资料来源生动地告诉我们这一点是如何达到的：格里菲斯和他的研究人员使用过一本剪贴簿（现存纽约现代艺术博物馆），其中结合了来自考古学和欧洲艺术的资料参考，这一点也反映在影片之中。服装方面是古代近东最具异国风情、最让人感兴趣的地方，与当时大布景影片魅力的结合过程。正如麦考尔（McCall）所指出的，其结果可能恰好偏向了性别歧视的方向：

> 男人穿着有大量刺绣的毛线长袍，看上去极为逼真，且无论是在士兵、祭司或者国王身上都是如此。但女人则惨遭埃德温·隆笔下少女的相同命运：她们每人都进行粉饰，使之符合现代品味。然后身穿纤薄的长袍，腰间扎着珠宝镶嵌的腰带，让服装贴身或者显示出身段。需要让人们能够用西方的眼睛认识到她们是“巴比伦人”，也就是说，让她们具有异国情调、神秘、美丽动人，并喜欢躺在虎皮上。[11]

与埃德温·隆的绘画一样，这种对于细节的选择性得到了学术界的肯定。在他未曾发表的一封信中，A. H. 塞斯热情赞扬格里菲斯对于细节的描绘，他对于《党同伐异》中向考古学术致敬的内容也有同样的褒扬。[12]格里菲斯的作品与埃德温·隆不同的地方，在于《党同伐异》中是用希罗多德的记载设置了初始故事；故事是格拉菲斯原创的，而且是绝对现代的。一个没有受过教育的山区女孩是埃德温·隆的油画中不那么吸引人的妇女，她试图逃脱婚姻市场中捉摸不定的命运，自己决定前途。在故事中，她的愿望代表着爱，而她受到的压迫则代表无法容忍。即使希罗多德对作为制度的婚姻市场的赞扬并非全然发自真心（见第 3 章），其中也完全没有以任何方式为《党同伐异》中的那个独立、不肯随波逐流的女孩指出一条明路的意思。在埃德温·隆 1875 年创作的图画中，右下角女孩行列中的同一个人物，看上去就和食人魔的形象相差无几。在格里菲斯的作品中，她庸俗的姿态和粗野的表情代表着最关键的一条：对于自由的积极渴望。而在埃德温·隆的图画中出现的是受到惊吓的怪物形象，其证据就是在那个女孩上面的那副被吓坏了的男性的样子，他的青春和精致得体的特征，显然是拿来与她的粗糙形象做对照的。在《党同伐异》中，那位粗野的山区女孩是由好莱坞美女康斯坦丝·塔尔梅奇（Constance Talmadge）扮演的，她是一个浪漫故事中的女英雄。虽然表面上看可能仍然是同一个故事，但在这里的内涵有了根本改变。

然而，在20世纪对于巴比伦的内涵有了巨大变化，其中最重要的就是巴别塔内涵的改变。[13] 格里菲斯以东方神秘主义油画作为出发点，但这种做法已为时过晚。与19世纪末充满性色彩的异国情调相反，在20世纪文化中，表现巴比伦的最突出特征，莫过于对巴别塔的流行用法，即将它作为表现整个世界的身份、知识和复杂性哲学研究的一个主题。20世纪，变乱语言这个非常古老的题材重新回到了前台。然而，从核心中剔除了上帝之后，《圣经》中的巴别塔就变成了一个非常不同的主题。它是与20世纪的全球化一起出现的，而且在某种形式上具有全新的内容和深度。一篇写于1950年的文章分析了5部近当代虚构作品，其中巴别塔的主题特别出现在一个清楚地与当前忧虑相关的背景下，其作者指出："通过追溯语言的变迁，可以发现人类道德真的是每况愈下。如发表于1934至1948年间的这5部作品都描写了魔鬼与我们这个世界的交易，这一点很可能不仅仅是巧合。"[14] 在电影业界，弗利茨·隆1927年的《大都市》（*Metropolis*）中，我们也可以看到对巴别塔的类似运用，其中"新巴别塔"是未来主义反乌托邦的象征，那里的工人与技术官僚已不再有接触与交流。一部电影中关于古代巴比伦的镜头显示出一支奴隶大军，他们正在皮鞭驱赶下拖曳着大块建筑材料，为他们的祭司奴隶主建塔。这两座塔，无论是古代的或者是未来主义的，都从勃鲁盖尔和他的后来人的想象中得到了素材。到了这部影片摄制的时候，人们已经很有可能可以添加一个类似金字塔形神庙的重建图像了，但以千百年来的欧洲文化所知的形象画出这座塔，这种方法有它自己的有效性，在这里似乎是恰当的。

对于巴别塔故事的意义与共鸣的现代变化表现得最清楚的作品，当数乔尔赫·路易斯·博尔赫斯（Jorge Luis Borges）的短篇小说。他的作品是20世纪对巴别塔的一些不同看法之缩影。作为现代短篇小说名家之一，博尔赫斯的幽默情趣让我们想起刘易斯·卡罗尔（Lewis Carroll），这两位作家都曾在他们的作品中有使用数学概念的倾向。与迷宫（不是像我们通常说的那种迷阵，更严格地说是一条单一的折叠道路，一直通向中心）一样，无限这个概念也是在博尔赫斯的作品中不断出现的主题。博尔赫斯将迷宫视作一种思维或者冥想形式的象征，也许这就是它的积极组成形式。[15] 他的两部以巴比伦王国为背景的短篇小说中都被收入了一个名为《交叉小径的花园》（*The Garden of Forking Paths*）的系列中，且二者都与无限和迷宫有关。与第一印象不同，二者与巴比伦之间的关系并不单单只有名字。

《巴别塔图书馆》（*The Library of Babel*）[16]是以语言变乱的故事为主题的。故事中描绘了一座由六边形密室组成的图书馆，有一本包含着25个印刷字符的全部可能组合的书，厚达410页。这篇文字的叙述者坚称，图书馆内的时间是无限的，空间也是无限的。但因为人们理解组合的有限数量，无法想象一个有限的宇宙。博尔赫斯用这个结构逗弄着出版业、语言和知识的主题。特别地，他从图书馆中提取了一切书面知识的最基本单位，正是这最基本单位组成了每样事物：

> 极为详尽的未来历史、大天使自传、图书馆毫无差错的目录、成百万成亿万错误的目录、对于那些错误目录的显示、无错目录的错误显示、巴希里德的诺斯替教派福音书、对于那部福音书的评论、对于那部福音书的评论的评论、有关你的死亡的真实故事、每一本书的一切语言的译本、对所有一切书中每一本的篡改……[17]

让这样一座图书馆有存在意义的是，要从这样一个自参照系统向外转移知识，就相当于德里达（Derrida）的无限意义之网：如词语能指代一切事物的断言并不对应它所指代的东西，即世界上的所有事物和概念，而是其他的“指代”，而其他指代接着又同样这样做，因此不可能给出一个物体的完美描述，或者让一条信息成为不连续的。反之，任何一条信息都必定会最终指向语言本身。[18]有些人认为，德里达的网络系统地破坏了人类极限反应的速度，而博尔赫斯给予读者的也应该是一个类似问题。尽管故事的第一句话以“宇宙（其他人称之为图书馆）……”开始，但逐步变得清楚的是，无限意义之网已经超越了文本意义。在《巴比伦图书馆》中，无限最终被变成了物质型的、能感知的问题。被限制在作为他们的参照物的图书馆员转变成了读者自己。这是一种彻底失望的感觉：毫无希望地寻找我们所知道的一切，而从结构上看是无法找到的。

博尔赫斯想象中的巴别塔和巴比伦有许多视觉等价物，其中包括一些明显以他的作品为基础的绘画。20世纪，有关巴别塔的表达很多，它们的重点经常放在这样一个世界上：它变得太大、太复杂，不适于人类居住。它们经常用来反映20世纪摩天大楼的非为人类居住而存在，例如弗利茨·隆的《大都市》。这在某种程度上反映了另一个现代比喻：巴比伦是反乌托邦的城市。巴别塔的语言混乱，在古代希腊文献和《旧约圣经》与《创世记》中的毁灭预言中描述得奢侈与反动，所有这些理念都灌输进世界毁灭的图景之内。然而，流放与回归的修辞，是对这种反乌托邦观念的最强有力的召唤。

巴比伦与流放：犹太复国主义与拉斯特法里派

19与20世纪，人们见证了前所未有的各种遣送、流放、奴役、强制迁徙和疏远之事。对某些群体而言，这与尼布甲尼撒二世时期犹太人的斗争极为相似，而回归锡安便成了流离失所者的现代号召点，极为明显的是现代犹太复国主义的出现。建立现代以色列国家的要求，总是隐藏在对于长期受迫害与压迫的历史的深切的认知下面，应着《圣经》中《出埃及记》和《启示录》的审判，令犹太复国主义成为使用最广泛的含义。

在犹太复国主义中使用的巴比伦和锡安，正是涉及对这两座城市的双关义。对于一些人，即使回归耶路撒冷本身也远远超过字面上的意义：

> 在这方面，（在评价犹太复国主义过去的结果和当代的关联）的重要差别存在于赫茨尔（Herzl）的“政治犹太复国主义”流派和阿哈德·哈阿姆（Ahad Haám）的“精神犹太复国主义”流派之间……阿哈德·哈阿姆认为，犹太复国主义的首要目标是战胜对犹太民族的生存威胁，这种威胁来自犹太人解放与世俗化这类历史过程，它们让许多犹太人被异族同化。阿哈德·哈阿姆寻求在以色列（Israel）建立一个“精神中心”，它以扶持犹太人的民族文化为使命，它将团结犹太人民，保持他们的历史持续性。[19]

犹太复国主义将巴比伦作为一种修辞方式予以保留，原因就是它来自《启示录》和圣奥古斯丁的书。实际上，在现代伊拉克（巴比伦）出现的犹太人强制迁徙行为逆转了《圣经》上的形势：在20世纪前，整个犹太民族都被从这个国家中强行驱逐。拉科维茨（Rakowitz）罗列的因素包括“阿拉伯民族主义、亲德派和英国殖民主义”。[20]这些都是20世纪30年代在伊拉克的反犹主义以及1941年发生的法赫德（farhud）骚乱的原因，[21]但最重要的是以色列国的建立。1948年之后，在伊拉克的犹太人的离去很快变得无法控制，而在1950—1951年间，伊拉克有超过10万的犹太人通过空运迁徙到了以色列。伊拉克的犹太人在这个国家的起源可以追溯到2500年前的巴比伦放逐，现在他们不仅丧失了家园，还丧失了对伊拉克国家身份的认同，这很难被视为解放。

巴比伦的另一种政治化用法是由拉斯特法里派的修辞创造的。巴比伦的犹太复国主义和拉斯特法里派用法有很多共同点，这是因为巴比伦的象征意义与二者在政治和宗教方面最为相像。首先，它们都是具有鲜明宗教基础的政治运动。其次，它们都非常认真地与地点、流放和故乡有关。最后，它们都受到通过“同化”分别进入白人和非犹太人权力结构和社会而丧失身份的恐惧的影响。[22]然而，拉斯特法里派对于巴比伦的使用与犹太复国主义者不同，尤其是他们对巴比伦和锡安的重新定位。巴比伦引申为美国和黑人遭受压迫的其他地点，锡安引申为非洲，具体地说就是海尔·塞拉西（Hailie Selassie）统治下的埃塞俄比亚（Ethiopia）。在这种情况下，对于与巴比伦囚徒的平行方式的使用起到了强调《圣经》比喻的情感力量的作用。毕竟，与它所比喻的大西洋奴隶贸易的影响相比，作为比喻的巴比伦囚徒并没有那么可怕，而且在规模上也小得多。然而，那种象征性仍然有着至高无上的重要意义。

在埃塞俄比亚，海尔·塞拉西皇帝对自己进行了救世主式的形象建设。这种方式后来被牙买加（Jamaica）学习了过去，在那里，一个已存在的政治化了的非洲中心论（Afrocentrism）组织受到了全体黑人进步协会（Universal Negro Improvement Association）创始人马库斯·加维[23]（Marcus Garvey）的影响，他似乎预言了海尔·塞拉西的统治，[24]并能够与强有力的基督教传统融合。在其成立之初，拉斯塔法里派已有了一个政治基础和与所有基督教类似的核心神学。我们可以认为，这一强有力的、共享的、著名的核心神学，是超越在修辞上清楚地使用更近期的历史寓意的一大优势，或者也可能是对于后者的促进。与巴比伦之囚的相似性也有助于让海尔·塞拉西作为新救世主的想法合法化。因为当历史与典籍的对应越明显，这些联系就越有信心，越能有继续加强他的地位的说服力。这一比喻将宗教叙述的力量赋予到无数非洲人被卖到美洲这一事件，即将压迫转变为通往解放的预定之路的步骤，为过去的苦难赋予意义，并作出了未来的救赎与回复的承诺。建立历史上的神圣计划，这是基督教神学对于历史学术界总体影响的一个重要方面，[25] 而巴比伦在这里扮演的美洲诸国的角色与它在《启示录》中作为罗马的角色完全一样。由此可见，这里已然转移了《圣经》的叙述，进而将神选人民的历史从"应许之地"转移出去，并加入当代政治。确实，海尔·塞拉西自己使用了《圣经》的修饰词，表明他对于强调在这一更伟大的宗教历史中的意义的关切：他的头衔是从《圣经·以赛亚书》（犹太国的征服之狮）和《圣经·启示录》（万王之王、众主之主）那里借用的。[26] 有些提到罗马的地方也在拉斯塔法里派有关巴比伦的使用中保留了下来，指的是它作为罗马天主教的中心地位，即被视为各国政府和殖民主义者的勾结。[27] 甚至还不止这些，巴比伦被拉斯塔法里派的转移与重新定位变得更加复杂了。事实证明，拉斯塔法里派的社会政治诉求远超出了它原有的牙买加背景，同时也获得了超越非洲流散犹太人社会的支持，包括了受到殖民主义者边缘化的团体（新西兰的毛利人）和越来越多的非洲人本身。

现代伊拉克的建立：文化遗产与身份认同

伊拉克是一个年轻的国家，是由欧洲列强在没有充分考虑较早的文化亲缘关系和边界，同时也漠视了1918年后中东新边界的情况下建立的。因此它经常被视为一个"人为的"国家。如有一些殖民者说它是人们将巴什拉、巴格达和摩苏尔三个原奥斯曼帝国省份任意拼凑到一起组成的，那就是胡说八道了。其实奥斯曼帝国统治下的这几个省份过去就有非正式的组合以及更悠久的亲密关系史，借助伊拉克这个现代国家的成立，它们更加密切地融合了。[28] 这个地区以伊拉

《克劳狄亚斯·里奇》，托马斯·菲利普斯绘，1821年

克为名称的历史肯定超过了1000年，人们可以在伊本·豪夸尔、穆夸达西和雅库特－哈马维（Yakut al-Hamawi）的地理著作中找到记录。[29] 而且，巴格达的影响力是附近整个地区都能感受到的，而绝不仅仅局限于以它的名字命名的那个省。作为这种模糊关系我们有个例子，即我们从欧洲旅行者将这个城市作为所有3个省的中心的做法中便可见一斑。约瑟夫·德比彻姆和克劳狄亚斯·里奇都曾在这里长期居住。

泛美索不达米亚地区和伊拉克中部地区有拥戴都城的传统，这一传统可以一直追溯到古代巴比伦，只是在蒙古人（Mongol）于1258年对巴格达的洗劫及此后1256—1335年的伊利汗国（Il-Khanate）时期才被中断。这一时期缺乏强有力的中央权力机构，巴格达作为首都的角色才让位于伊朗西北部的大不里士。[30] 后来，第一次世界大战后的英国托管统治并非建立了一个全新的国家，而更可能是一项极为重大的举措，即改变国际关系，加强一个已经存在但已经被削弱了的中央集权模式，重新调整国家，改善它在奥斯曼帝国中的地位以及它与土耳其和叙利亚的联系，走向一个得到了加强的、以巴格达为中心的国家。[31]

一个很有意义的特例是科威特，它在1914年以前便受到英国的控制。也就是说，尽管它仍旧是奥斯曼巴士拉省的一部分，但已拥有相当程度的自治。[32] 它成为一个独立国家是1914年7月的英国－奥斯曼协议中的决定，其中具体规定了科威特的边界，并让英国在这个地区（仍旧是奥斯曼的领土）的特殊权力合法化。所以，尽管科威特的分离确实是英国为加强化利益的产物，但它并不是在民族国家及其边界建立之前就存在，而是突然被英国以出人意料的方式切割下来的。所以，现代伊拉克的国土面积之大小实质上取决于多变的欧洲政治，这一点尽管意义重大，但不应该被强调到能够不顾及伊拉克的想法的程度。当时的伊拉克已经有了与现在类似的边境，并以巴格达作为它的经济与管理中心。确实，宣称伊拉克的边界是由英国硬性规定的，这样的做法对于伊拉克本身也有更大的潜在性危害。因为它会有损害这个现代国家的合法性和看轻各个国家和平共处可能性的作用。[33] 萨达姆·侯赛因曾希望建立一个“强有力”的中央政府，他感觉到这样做需要合法性，而他也经常使用上述断言作为论据之一。政治自由、独立、相互依存和代表性是所有有关各方关注的后萨达姆时代特征。尽管伊拉克经历了萨达姆·侯赛因的统治，但我们仍然能够听到召唤一位专制“强权人物”的呼声。所以，这一论点仍然有意义，而且影响重大、直接。出于同样原因，有关人为性的说法是过去的暴政[34]与现在的外国强权经济剥削[35]的借口。所谓人为性的说法没有历史上的说服力，而且在政治上是危险的。然而，在这一层次上的连续性，完全无法说明稳定或者统一。反而因为有这么多利益牵涉者，让伊拉克过去在、现在仍在发生激烈冲突。过去这里极为重要，人们为塑造支持今日政治目标的代表性付出了巨大的努力，这都不应该让我们吃惊。

对于这一主题，一个恰当的起点是奥斯曼帝国于1831年对伊拉克的“重新征服”。实际上，这更多的是一种奥斯曼帝国权威的重新确认，而不是对已经失去的领土的重新获得。巴格达和巴士拉的总督都是马穆鲁克人（mamluk），而摩苏尔的加利利（al-Jalili）家族是半自治的。当巴格达总督达乌德•帕夏（Da'ud Pasha）拒绝服从所谓新秩序（*Nizam-i Cedid*）并交出权力时，一支由阿勒颇总督阿里•莱达帕夏（Ali Rida Pasha）率领的军队俘虏了达乌德•帕夏，并把这三个省直接置于伊斯坦布尔的统治之下。[36]结果，在奥斯曼推行以教育为关键、并以欧洲政府系统为基础的改革时，这三个省受到的影响非常大。这些改革未能阻止陈旧的等级制度持续，加之引入了对政治思想与行为造成了冲击的欧洲风格教育，结果最终导致青年土耳其党人（Young Turks）上台，此后整个奥斯曼帝国的政治环境迅速变化。

> 青年土耳其党人于1908年发动的革命迫使苏丹重新引入欧洲的制度，并目睹了联合与进步委员会的出现与公开化，从而让美索不达米亚三省得到了与帝国其他地区一样独立的机会。于是，许多一直受到压制的政治意见如洪流般得到了公开表达。1908年之后，俱乐部、团体和社团的增加，以及期刊与报纸数目出现井喷式爆发（据估计，在1908年的革命以后的一些年间，三省内有60种出版物在不同时间出现），从而证明了在摩苏尔、巴格达和巴士拉的政治参与者人数的增加。[37]

就这样，一个千疮百孔的奥斯曼帝国被拖进了第一次世界大战。此前，人们已广泛预期，这个帝国将会被非常不同的地区政治版图替代。短时间内，伊拉克各省便受到了另一个帝国的统治。1914年，英国军队占领了巴士拉，然后，巴格达和摩苏尔也分别于 1917 与 1918 年落入英国之手。从 1920 年起，伊拉克正式接受英国托管统治。可是，这一安排立即激起了以独立为目标的民族主义运动。英国的解决办法是，于 1921 年扶持哈桑王族的埃米尔费萨尔（Faisal）上台称王，史称费萨尔一世（King Faisal I）。[38] 这一举措同时包含了实际操作与象征性考虑，其中后者特别与文化遗产捆绑相关。费萨尔是哈桑王族的传人，这是他的优势。因为通过这一点，他可以声称自己是先知的后人，[39] 这多少弥补了新王实际上是外国人的缺陷。他是麦加的谢里夫的儿子，他的新地位实际上是英国人的恩赐。他的上台是在大叙利亚王在 1920 年的短暂统治之后，后者在 1920—1921 年的法国-叙利亚战争中被赶走。[40]

T.E. 劳伦斯，1918 年摄，藏于英国陆军档案文件

戎装的伊拉克国王费萨尔一世，1931 年前由卡尔·范迪克在伦敦摄，现藏于英国皇室藏品馆，编号 2915365

在英国托管和哈桑王朝统治时期，英国对在伊拉克进行考古的兴趣也开始逐渐增加。在这个时期，伦纳德·伍利在乌尔的发现盛极一时。[41] 开始时，伍利和 T.E. 劳伦斯（T.E.Lawrence）一起工作，他们拥有考古学家与间谍的双重身份，结果在为英国政府提供详细的地理资料的同时，也取得了备受赞誉的考古调查工作成果。[42] 此后，T.E. 劳伦斯更深入地卷入了

政治，成了麦加的谢利夫·侯赛因和他的儿子们（更重要的是费萨尔）领导的阿拉伯起义的顾问；而伍利则继续考古研究，并通过他在乌尔的工作，成为最著名的考古学家之一。

格特鲁德·贝尔在巴比伦，1909年，现藏于格特鲁德·贝尔档案馆，纽卡斯尔大学，编号K218

格特鲁德·贝尔是伊拉克政治史上最重要的英国人之一，她也深深地卷入了这个国家的文化遗产和考古工作。她的正式职务是最初于1920年就任的英国托管管理机构行政长官阿诺德·威尔逊（Arnold Wilson）的秘书，但其真正角色是独特而又牵涉很广的。在政治方面，她被人注意的是她对伊拉克自治的观点之影响，对此她最初是反对的，但后来成了热烈的推动者，尽管她认为英国应该在管理这个国家的事务中发挥重大的、甚至是家长式的作用。[43]她在扶持费萨尔王上台的事情上发挥了重要作用，[44]也有人认为正是她加速了英国托管的结束。在考古学方面，也是她，作为文物部部长，主持建立了在巴格达的伊拉克博物馆（Iraq Museum in Baghdad，这座博物馆于1926年6月对公众开放，贝尔则于同年7月12日去世），并引入了限制伊拉克古物出口的新法，即规定一切出土文物都是伊拉克的国家财产。这一举措保证了它在外国考古学家发掘的文物中享有一定的比例。[45]贝尔也负责规范发掘方法之质量，例如要求每个在伊拉克从事考古发掘的团队都必须有一位碑铭研究家、一位建筑师和一位摄影师。[46]对于德意志东方学会考古队来说，所有这些都是标配，正是这一举动让曾在1914年战争爆发前的贝尔感触良深。而且很可能的是，正是贝尔在巴比伦和阿舒尔看到的一切，才让她推行了这些新规定。在格特鲁德·贝尔的支持下，英国在伊拉克的考古逐渐兴盛，而我们到今天仍然能够感觉到她支持这一领域的遗产：如她的纪念基金会是1936年在伊拉克成立的英国考古学校（British School of Archaeology）的核心基金来源。[47]

贝尔富于探险精神，她曾在伊拉克境内广泛旅行，随行的只有由她的仆人组成的护卫队。[48]她的阿拉伯语说得很好，曾在一战期间接受英国秘密安全局（British Secret Service）的任命，负责促进反对奥斯曼政府的阿拉伯起义。她于1909年4月第一次访问了巴比伦发掘现场，[49]后来她做出决定，把战前德国考古队发现的文物归还柏林，而且在战后立即首先送还了萨马拉的文物，[50]然后便是巴比伦的文物（见第6章）。然而，总体来说，人们铭记她是因为她从新的考古发掘中为伊拉克保存了文物，保证了这个年轻的国家从出土文物中得到了最佳分配，并为新的伊拉克博物馆提供了藏品。她在君主制初期保留了自己的地位，阿玛吉亚•巴拉姆（Amatzia Baram）指出，费萨尔对于欧洲人继续控制伊拉克的考古无动于衷：

> 费萨尔一世对由谁管理他的教育部非常挑剔（即萨提·胡斯里），因为他想要保证由一位激进的泛阿拉伯主义者来塑造伊拉克年轻一代的头脑。即便如此，他还是非常乐于任命一位英国殖民官员担任文物部（Department of Antiquities）部长。确实，直到13年后的1934年10月，才有第一位非欧洲人的文物部部长走马上任……而且正是胡斯里。第二，很明显，他们都知道这一事实，即人们发掘的目的是希望发现前阿拉伯和前伊斯兰文明，所以，无论费萨尔或者他的任何一位部长……都不觉得需要设立文物法（Law of Antiquities），最后居然还是在贝尔的督促下才这样做了。[51]

我们需要在这里说明几点。在温斯顿（Winstone）的描述中，费萨尔“对于保护这个国家的考古遗产十分关注”，[52]而伊拉克政府决定任命格特鲁德•贝尔为文物部荣誉部长，便是一个保证这种保护能够实现的有效方式。贝尔与许多考古学家保持着深厚的友情，但同时仍然证明，自己是维护伊拉克国家利益的有力支持者。在回忆录中，有英国考古学家马克斯・马洛温的辩护词，他回忆道：

> 我在乌尔的前两个考古季中，格特鲁德·贝尔本人正担任文物部部长。她与伍利就文物分配问题进行了好几天的激烈争论。最终，分配按照五五开的基础进行，没有哪一头母老虎能够更好为维护伊拉克的权益而战。[53]

至于巴拉姆的第二点，设立《文物法》的责任应属于英国托管当局，因为如同巴拉姆承认的那样，这一立法是托管宪章本身规定的一项要求。事实确实如此，即在托管结束之后，英国在考古方面的影响，尤其是格特鲁德·贝尔的影响，已然十分正式而显著。

在格特鲁德·贝尔之后，又有几位英国人担任过文物部部长，但任期都不长，其中最著名的是来自大英博物馆的悉尼·史密斯（Sidney Smith），还有一位是德国人朱利叶斯·乔丹（Julius Jordan）。[54]1934年，发生了重大变化，这时一位阿拉伯民族主义知识分子、政治家萨提·胡斯里被任命为该部部长。[55]胡斯里刚一上任便立即引入了一项更加严厉的文物法。可想而知的是，在这一变化"损失"最大的外国（特别是英国）考古学家提出了抗议，而且非常强烈。[56]其实他们应该预期到这些变化的：已经有了伊拉克人的抗议，说原来的法律太软弱，让外国考古学家带走的文物太多；而且新法也不比其他国家采取的法律对外国发掘者更严厉。除此外，萨提·胡斯里也一改前伊斯兰专注于外国探险者的作风，在14世纪的商队旅馆原址，巴格达的穆尔詹可汗市集（Khan Murjan）建立了伊斯兰博物馆（Islamic Museum），[57]进而鼓励发掘伊斯兰遗址，其中也包括中世纪城市瓦西特（Wasit）和库法（Kufa）大清真寺。

胡斯里的背景是国际的。他1882年生于也门，父母是叙利亚人，接受的是奥斯曼精英教育，甚至还有一段在巴黎的留学经历。在成为费萨尔的伊拉克教育部部长之前，他也曾在费萨尔于叙利亚的短命政权中入阁。胡斯里反对1916年的赛克斯－皮科协定（Sykes-Picot agreement）强加给中东各国的国家边境线，尽管这一结构与协约国让费萨尔、T. E. 劳伦斯和其他人在战争中相信的胜利会带来的完全一样，也是阿拉伯革命起义为之斗争的主要目的，即胡斯里强烈支持一个庞大的、政治上趋于统一的阿拉伯国家。他信奉的德国浪漫民族主义认为国家是有机的、是自然生成的实体这种想法，[58]即认为阿拉伯世界从语言和文化基础上应当组成一个单一国家，而这个国家的政治统一是阿拉伯领袖们最重要的目标。这种观点对于他在教育界和担任文物部部长的工作具有直接意义。因而，他将强调的重点从前伊斯兰遗产（它们既是独具伊拉克特点的，也是因为传统上西方历史学家的兴趣高于阿拉伯历史学家）转向伊斯兰的过去都是有道理的。在那里，可以最有效地扶植共享遗产与阿拉伯身份的感觉。然而，这种优点只不过是一种政治追求。对那些具有伊拉克民族主义思想而不是泛阿拉伯思想的人来说，这种做法在政治上同样是不可行的。伊拉克人口中很大一部分不是阿拉伯人，而是库尔德人（Kurds）。尽管阿拉伯世界的其他地方逊尼派（Sunni）占绝大多数，伊拉克却是什叶派居多，这让以伊斯兰历史为基础的统一极为困难。卡尔巴拉（Karbala）和纳贾夫（Najaf）的圣城，以及阿里和侯赛因的殉难是逊尼派与什叶派宗教差别的根源。苏美尔、巴比伦王国和亚述王国的古代过去，与它和伊拉克的特异性一样，是从阿拉伯民族主义角度看的一个不利因素，这给了伊拉克民族主义者很大的潜在优势。尤其在伊拉克，那些声称自己与过去历史之间的联系比其他团体更为紧密的团体（例如亚述的基督徒）是少数派，而不是任何主要民族或者宗教团体。按照一个前伊斯兰民族的过去的想法，它可以让所有人，包括阿拉伯人和库尔德人，逊尼派人士与什叶派人士，全都感到共同的利害关系，它将成为伊拉克政治家的一个重要的文化工具。

然而，说"所有人"都会在新伊拉克民族遗产中具有共同的利害关系，这一点忽视了这个国家人口中很重要的一部分人的命运。20 世纪初期的另一个悲剧性的发展，是在伊拉克存在了数千年的犹太教的终结。以巴比伦之囚为开始而成为伊拉克的重要少数民族的犹太人具有他们自己的文化和传统，但也在伊拉克的民族生活中有着强烈的利益。在 20 世纪初，成为一个阿拉伯犹太人伊拉克民族主义者，这并非一种不寻常的立场。随着 1948 年以色列国的成立，越来越高涨的反犹情绪达到顶点。伊拉克的犹太人暴发了。从 1950 年开始，成千上万的犹太家庭别无选择，只能利用允许他们离开伊拉克的新法律而离开，而在这样做的同时也放弃了他们的伊拉克国籍。他们去了以色列，许多人又从那里去了英国和美国。1947 年的伊拉克犹太人口为 11.7 万人，而到了 1952 年，实际上所有犹太人都离开了这个国家。[59] 持续的迫害让留下的少数人无法生活，最终让剩下的家庭离开，将伊拉克的犹太人人口下降为零。[60]

伊拉克复兴党对文化遗产的利用

阿玛吉亚•巴拉姆探讨了文化遗产在伊拉克社会复兴党中扮演的角色，

研究了他们对文化节日的选择性保留，以及对于古代文物和图画的使用。[61]更晚一些的扎伊纳布·巴哈尼则讨论了萨达姆·侯赛因与《旧约圣经》中叙述的亚述王国和巴比伦王国的好战国王们的关系，以及他以这些暴虐君主所代表的在国外的名声。[62]巴拉姆用图表显示了20世纪30至50年代前期美索不达米亚的各部分向伊拉克民族认同的逐步渗透，但在阿卜杜勒－卡里姆·卡西姆（Abd al-Karim Qasim）成功政变后，这种渗透于1958年出现了一个重大改变，然后在1968年复兴党巩固了权力之后出现了另一次更大的改变。[63]该党的理想是泛阿拉伯主义，但政治环境，包括已有的国家和它们的边境之间存在着一个具体现实，即叙利亚和伊拉克的两个复兴党之间的长期分裂，产生了一种在实践中利用伊拉克特有的古代遗产证明自己是否合法的方法。

萨达姆·侯赛因大力投资考古发掘，而且特别在巴比伦开展了大规模重建工作。这一项目始于1978年，但从20世纪80年代中期开始更加雄心勃勃。考古学工作受到了国家的大力支持。文物预算在复兴党掌权的头四年里几乎翻了一番，1979年后增加得更多。而过去几十年的投资取得了回报，表现为越来越多的伊拉克考古学家的出现，他们中许多由文物部雇用，并得到了广泛的遗址调查员与现场保安网络补充。[64]伊拉克和外国的发掘与研究项目在整个两伊战争期间持续进行，在这场战争结束后到1990—1991年海湾战争开始之前，大规模外国研究项目短期回归，其中许多具有长期意向，[65]此后外国项目停止，伊拉克的项目资金也被大幅度削减。

1979年的革命之后，伊朗新政府开始有意识地去掉许多与旧时代伊朗国王沙阿（Shah）有关的前伊斯兰遗产的归属问题，继而开始转向强调伊朗的伊斯兰遗产的重大转变。伊拉克的复兴党政府表面上信奉社会主义但明显掺杂了世俗化，因此它刚好处于能够强调它与伊朗的神权政体之间差别的位置上。德黑兰（Tehran）的新政府咄咄逼人的措辞，再加上伊斯兰革命向伊拉克蔓延的倾向，让伊拉克政府有了特别动力，开始大力宣扬本国的古代文明。萨达姆·侯赛因对于亚述王国和巴比伦王国国王的身份认同，集中在他们通过武力得到的力量与权力上面，他认为他正在扮演古代国王的角色。[66]这些主题也包含在可能是巴格达最著名的现代纪念碑中，即于1989年建成的“胜利拱门”（Victory Arches）。这座拱门又叫“胜利之手”或者卡迪西亚（Qadisiyya）之剑，是为纪念伊拉克在两伊战争中对于伊朗的胜利（这件事本身极富争议：这场战争实际上是在耗费巨大的僵局中落下帷幕的）而建。[67]纪念碑中提到的卡迪西亚之战是7世纪阿拉伯人对萨珊波斯军队取得的一次大胜，是阿拉伯帝国征服波斯的关键战役，因此萨达姆·侯赛因特意用它来比喻两伊战争，同时也表现了反波斯的种族主义。而自从萨提·胡斯里以来，这一直是伊拉克政府的历史措辞的一部分。[68]

巴比伦的遗址是采取行动的一个重要焦点。从1978年开始，国家文物与遗产委员会（State Organization of Antiquities and Heritage）便开始实行了一个雄心勃勃的重建计划。[69]尼布甲尼撒二世的南宫殿、伊什塔尔门和入城大道、宁马克神庙（Ninmakh temple）和希腊剧院（Greek theatre，正如这个名字让人想到的那样，这是一座希腊时代而不是新巴比伦时代的建筑物）全部得到了重建，尽管两伊战争消耗了大批资源，但重建工作一直持续。1987年，伊拉克举办了第一次巴比伦国际节（Babylon International Festival），为了赶在节前完工，重建工作大大加速（以损失质量为代价）。[70]这些大规模事件是为了纪念昔日的辉煌，庆祝萨达姆·侯赛因的统治。以后是一年一度的活动，直至2002年才结束，中间

《巴比伦城墙与巴别通天塔》，选自《东方的神圣书籍与早期文学》，C.F. 霍恩著，威廉·辛普森绘，1917年版

只在1990—1991年的海湾战争时有所中断。[71] 遗憾的是，在许多方面，直接在真正的古建筑墙壁上开展的重建远远没有达到理想的效果。人尽皆知的是，萨达姆·侯赛因曾把他的名字镌刻在重建用的砖上，以此与尼布甲尼撒二世遥相呼应。铭文上写的是："这是伊拉克总统萨达姆·侯赛因的时代，他是大伊拉克的保护者、觉醒时代的重建者和文明的缔造者。"还有："这是伊拉克的保护者萨达姆·侯赛因的时代，他重建了皇宫。"[72] 现代的黄色砖本身就受到了批评，认为这种材料不适于重建。另外，在遗址上建了3座人工湖，还有3座极大的人工土丘，而且在其中一座上面为萨达姆·侯赛因建造了一座宫殿。这座土丘可能也是3座土丘中对考古工作损害最大的，因为它的所在地现在位于幼发拉底河东岸，刚好在这条河的古河道上，即它的修建侵占了这座城市的新巴比伦时期中心的一些极为重要的遗迹。现代的奎里什村（Qweirish）也曾在这里，科尔德威的团队曾经使用了这里的一所房子作为总部，许多参与巴比伦考古的工人来自这里，从那时起一直如此。这座村庄在建土丘的时候被铲平了，村民被安置到别处居住。[73]

萨达姆·侯赛因治下的其他举措则是有意的破坏。或许最富戏剧性的例子是为伊拉克南部的沼泽地排水，那里长期以来都是政治异见者和政府反对者的避难所。几千年来，那里的环境条件让这些地方偏僻、不宜进入，比这个国家的其他地区更加不容易管理。情况自从20世纪90年代才有了变化，因为那时萨达姆·侯赛开始有系统地摧毁这个环境。什叶派在海湾战争的余波中起义，但因为未能得到起事之前有人让他们觉得能够得到的外国军事支持而失败，[74] 此后，政府便展开了大屠杀以示惩罚：

> 有些逃脱了俘虏与死亡的人逃进了伊拉克南部的沼泽地带，那里有一个大约20万人的什叶派群体，叫作沼地阿拉伯人（marsh Arabs），他们的文化可以追溯到古老的苏美尔人时期。他们允许逃亡者在那里避难。政府的报复性行动包括排光了沼泽地中三分之二的水，以及灭绝了几个沼地阿拉伯人部落。政府也阻断了为沼泽地供水的几条支流，堵塞了食物和药品进入的通道，炮轰人们居住的芦苇房屋。1993年9月，政府发起的战役迫使数以万计的沼地阿拉伯人逃入伊朗。根据联合国难民事务高级专员（United Nations High Commissioner for Refugees）的报告，从1993年6

> 月至 1994 年 6 月的一年内，大约 7000 名伊拉克难民进入伊朗。另据伊拉克伊斯兰革命最高会议（SAIRI，Supreme Assembly for the Islamic Revolution in Iraq）报告，还有 6000 名严重营养不良的什叶派人士于 1994 年后期进入伊朗。[75]

有关“他们的文化可以追溯到古老的苏美尔人时期”这句短语的不同解释，几乎出现在所有经常被人引用的关于这次对沼地阿拉伯人迫害资料中。即使当人道主义危机达到了威利（Wiley）描述的那种程度，文化遗产问题也是这次排干沼泽地行为遭到口诛笔伐的其中一部分，记者罗伯特•费斯克（Robert Fisk）仍描述道：“在自己的想象中重建了巴比伦的那家伙摧毁了苏美尔。”[76] 就这样，对于文化暴行的谴责在言辞中与更为严重得多的罪行联系了起来。

我们也必须考虑到，萨达姆 • 侯赛因的统治对于“非物质”文化遗产有哪些影响。但这个术语可能带来误导，因为在当时的伊拉克，它的文物情况是很容易评估的。这个术语指的是有些方面的文化遗产，它们不一定以物质的形式或者可以清楚地界定的物体形式出现，因此在这种情况下难以通过立法来保护。[77] 人们最普遍地用它表示活着的人们对文化活动、记忆和身份认同。因此，认为保护这种形式的文化遗产的立法现在不存在，或者直到不久前还不存在的说法是不正确的——我们现在称之为非物质文化遗产的保护，正含蓄地存在于最基本的人权立法中。在原则上，对于这种形式的文化遗产的保护由一个人有生存权，以及他有表达的自由组成。但这并不是说这种保护很简单，或者说对于文化遗产的关切不会引起其他重大问题。如果这样想，那么人们对自己基本自由的关切——如享受饮水和食物、住处、人身安全、法律地位、民主权利和教育等——便不会被包括其中。这里说的只是，非物质文化遗产已经是这个一揽子事务的一部分，而在这一领域内，最有效的立法永远是保护人类的生命和表达自由的那些部分，因为对于非物质文化遗产的保护正是体现在这些法律中。

只要没有遭到彻底的压制，文化作品就有它们的存活机制：历史、记忆、文化认同和自由之间存在着相互依存关系。暴露于多样化的文化来源面前，并能在理想的情况下对这些来源进行批判，将让人们能够获得一个超越当今现实的世界，了解这个世界中的变化与不同的可能性和必然性。所有这些能力，都是对政治独裁的诅咒，是对否定人权的诅咒，是因为认为对方生来低贱而对他人的压迫的诅咒。出于这个原因，我们可以更准确地将被标以“非物质”标签的文化遗产中的大多数描绘为文化权利或者文化自由。这种看法带有一种含义，即应该以这种关系对待与它们有关的政策，这或许有助于解释为什么这些遗产没有在文化遗产立法中得到足够关注。后者本来是用于保存文物的，这些文物的静止状态就是它们最重要的特点。与此不同，权利和自由表现得非常活跃，需要持续更新。没有文化表达的能力，对抗宣传或者国家意志的能力会遭到严重削弱。

那么，如何叙述伊拉克在文化权利和文化自由方面遭受的损害呢？在萨达姆·侯赛因治下的20多年间，他通过阻止言论与禁止表达自由维持了统治。嘉南·马基亚（Kanan Makiya）在《恐惧共和国：现代伊拉克政治》（*Republic of Fear*：*The Politics of Modern Iraq*）一书中描述了萨达姆·侯赛因通过绝对权力如此彻底地实施控制的手段。[78]尽管有这样一个主题，但作者对于伊拉克总统的秘密警察机构穆卡巴拉（Mukhabarat）的兴起与巩固，家常便饭式的刑讯折磨以及弥漫全国的恐惧与不信任文化的建立的描述手法是清醒的、准确的。马基亚只是非常偶然地让自己概括性地发出对这些改变的哀叹：

> 过去，当局是流行笑话、轶事和讽刺诗中的笑料，是为在国家传统压制下的人们提供解脱的文化安全阀。但这一切都不复存在了。在伊拉克，再也没有人敢于嘲笑当局，因为人人都感到害怕。政治文化的腔调变得如同噩梦一般。在感觉中，毫无人情味的险恶和令人费解的力量似乎在空中饱和，作用在绝望的人们身上，而他们则通过直觉知道，他们正在遭到一种离奇的、几乎是超自然的捶打。[79]

这样一种恐怖和压迫的气氛摧毁了文化生活，特别是在伊拉克南方的沼泽地区，那里的经济和环境变化与文化行为的变化绝对是不可分割的。[80]在任何情况下，人权都应该优先于其他，但我们也应该指出一点：就一个国家对过去的研究的长远影响来说，任何国家资助的发掘或者研究都无法对严酷的政治与文化压迫发生影响。同样，在2003年之后的岁月中，通过无法律状态产生的恐怖气氛让种族和宗教分裂达到了如此地步，以至于巴格达一度状态各异的邻国现在与它坚决地分离，而且很可能会在可以预见的将来一直如此，而这又会在社会与文化上让伊拉克陷入贫穷。

今日巴比伦

2003 年，以美国为首的多国部队入侵伊拉克，废黜并最终逮捕了萨达姆·侯赛因与其他许多复兴党高级人物。萨达姆·侯赛因本人于 2006 年 12 月被处决。其他人，包括他的儿子乌代（Uday）和库赛（Qasay）在内的许多人死于战火。

在伊拉克政府垮台与这个国家被多国部队占领后，几天的抢劫令大多数政府建筑物变得空空如也。这是完全可以预料的，而且不仅是有关安全和文化遗址方面的专家预料到了这一点，[81] 就连已经预先列出了在城市中应该保护的建筑物清单的多国部队也同样如此。在这份清单中，伊拉克博物馆名列第三。[82] 然而，这份清单显然没有传达到负责策划与实施巴格达占领行动的指挥员们手中。2004 年 6 月 15 日，在大英博物馆举行的公众论坛上，前美国驻克罗地亚大使彼得·加尔布雷思（Peter Galbraith）声称：他相信，这份由美国国防部部长唐纳德·拉姆斯菲尔德（Donald Rumsfeld）批准的清单在"即将传达到部队之前"消失了。[83] 结果，伊拉克博物馆没有受到保护。这一解释与负责调查博物馆洗劫事件的美国调查员马修·博格达诺斯（Matthew Bogdanos）上校的说法不同。他断言：在很长一段时间内，这种保护是不可能的。而且，博格达诺斯还声称，未能及时对保护要求作出反应，这是因为战场混乱的发生不可避免。另外，向巴格达的挺进速度超过了军事策划人员的预期和他们的能力的结果。[84] 更重要的原因是，博物馆本身早已陷入战火之中。[85] 博格达诺斯的说法与另一位关键目击者的叙述也有差别。伊拉克博物馆的多尼·乔治博士（Dr Donny George）认为，美国陆军是可以安全地保护博物馆、防止洗劫的。[86] 但无论真实情况如何，在批评者的眼中，未能保护这座博物馆免遭洗劫，是对历史与文化的漠视，其中尤以美国政府为甚。与此同时，伊拉克的许多其他博物馆和图书馆，包括伊拉克国家图书馆，也成为抢劫与附带损害的牺牲品。但在全球媒体的报道中，只有伊拉克博物馆被报道了。在战争酝酿期间，一些有关伊拉克文化与历史重要性的信息得到了媒体的传播。因此，当洗劫真正发生时，公众对此的认知至少达到了发生全球抗议的程度。[87]

最初集中于这一危机的高度关注不可避免地逐渐消失了，而后对伊拉克各个遗址的劫掠的报道也少得多。然而，考古学家对这些劫掠感到更为痛心，甚至超过了对伊拉克博物馆这类文化机构的损害，因为对于遗址的劫掠意味着更多古迹的丧失。正如人们面对伊拉克南部各个矮土丘遗址的系列照片时能够看出的那样，现在它们上面遍布着数以百计的小型非法发掘点；[88]这些损害不仅仅因为那些已经被人从遗址偷走的文物失去了背景，而且还有在大得多的范围内受到干扰的文物。人类只能逐步地感受对于自己过去的知识的丧失所蕴含的意义，因为在异常重要的遗址工作的研究人员以后会发现，他们分析与解释文物的能力永远受到了这次干扰的限制。总之，对于伊拉克的博物馆、图书馆和考古遗址的劫掠，是对文化遗产的灾难性破坏和损毁。

巴比伦遗址本身没有遭受这样的劫掠，但遗址所在地的两个博物馆和办公室遭到了洗劫。被从博物馆偷走或者损坏的是复制的人工物品，严重得多的损失是遗址办公室的图书馆和档案馆遭受了火灾。[89]然而，令人痛心的是，巴比伦遭受了另一种巨大的损害。在攻占了伊拉克之后，建造在遗址上的一座盟国陆军兵营无可挽回地破坏了遗址。开始时兵营不大，但不久便扩大到150公顷，几乎占据了这座古城中心区，在其高峰期有2000名士兵驻扎在这里。[90]当考古学家们能够评定遗址遭受的损失时，他们发现的主要问题包括：重型车辆的通道穿过巴比伦中心区，其中包括入城大道的古代铺砌路面；用遗址中的材料填充沙袋、用来自其他考古遗址的材料填充沙袋。结果，当这些口袋被生物降解之后，这些外来材料与巴比伦的原始材料混合了。之后便是，经过化学处理的沙砾大面积覆盖了遗址、用遗址的一部分建造了飞机场和厕所，除此外还有一座大型兵营能对承担它的压力的表面造成其他破坏。我们现在已经有了关于这种破坏的一切细节之报告。[91]

至于现在，对于巴比伦遗址本身，大部分人有可能看到的仅仅是它在柏林得到重建的那部分。有关巴比伦对于公众的考古表达，安德烈的话语仍然起着最关键的作用。在一个时间点上，情况看上去似乎会变：就它们的几个目的来说，人们认为，在巴比伦遗址上的重建会成为潜在的国际旅游热点。在本书开始撰写的时候，这种旅游业的前景，或者说就连伊拉克生活完全回归常态的前景都还十分遥远。修复遗址的工作才刚刚开始，保存遗址方面要求极高。向联合国教育、科学和文化组织（United Nations Education，Scientific and Cultural Organization）申遗的准备工作正在进行，遗址现在已被列入预备名单。对于未来的研究和旅游业的计划正处于刚刚起步的早期预备阶段。另外，这座遗址在伊拉克国家文物与遗产委员会的工作中享有优先地位，他们一直在自主工作，并与世界文化遗产基金会（World Monuments Fund）就遗址管理、文物记录和文物保存等方面合作。[92] 人人都希望，现在正在巴比伦开展的工作，将能最终令它作为一个科研、教育、文化事件和旅游业的中心而恢复生机。无论有多少不确定之处，可以肯定的是，这座遗址将继续在伊拉克的国家文化生活中扮演举足轻重的角色。

第8章 走出巴比伦：图书馆和博物馆中的巴比伦

从传统意义上来说，有关巴比伦的讨论会加强对它衰落的思考。的确，这座城市一直都在衰落，同样衰落的还有与这种衰落相应的历史及其他组成部分。在经过中世纪仔细调和后的《圣经》与古典文献中，巴比伦具有确定的、无人可以匹敌的地位，它在历经真实多种改变后，支撑起人类进步的现代故事。今天，学术思想的潮流已经开始远离直接复述流传下来的故事，转向对真实历史的解析。

今天，考古学家们往往更多地思考古物及历史之间的相互关系，而非强行将古物放入已知历史中。巴比伦的伟大在于它的复杂性，它的一切必须通过研究与其他文明之间互动的关系加以解析。然而，这种新的解析方法与旧的解析方法有两点不同。第一，尽管一切事物在其大背景下都可以解释，但我们也应允许事物拥有不调和与不和谐之感，因为这是对构成人类经验的观点和认知的多重性反映。[1] 例如，在殖民地文学中当地居民的声音越来越被重视，其目的不是为了抹去殖民地文学，而是要补齐它，扩大它的范围，并平衡它与生俱来的偏颇。[2] 第二，越来越没有明显的线性焦点。过去曾经有这样的两个焦点：中世纪与文艺复兴时代理念中的神之意愿为中心；启蒙时代、浪漫主义时代和现代的人类命运为中心。尽管通过神明意愿界定人类命运的概念极为古老，但作为结构的线性历史的神明概念却是中世纪才出现的，那时犹太教的天启论，被基督教与伊斯兰教同时采纳。根据这个理念，世界的历史不是周期性的，而是有终点的，历史哲学家让这一理念进入历史编辑学的原因归结于奥古斯丁和《上帝之城》。[3] 这种历史学"认为，人性是人类尚未达到但终将在'时间尽头'达到的最终状况"。[4] 更为重要的是，这些历史学家为研究原始资料制定了一项统一且和谐的计划——用埃里克·奥尔巴克（Erich Auerbach）的话来说，就是为调和神性、人性和历史而工作。[5]

这类带有宗教概念和理解的方式，后来逐渐被人类进步的模型所替代，其中人类的主观能动性越来越成为创造历史的主要因素。直到现代思想中，进步已变成了人类的目标与责任，是一种可以为之努力并得到的东西。那种认为可以控制历史的想法显然与《上帝之城》格格不入，不过其线性结构是相同的。[6] 相对于奥古斯丁的历史模型牢固地扎根于神创造了世界这个观点上，现代线性的观点则是受到人类自认为的完美性的、现代化的想法驱动，在追求作为未来乌托邦潜在关键的哲学模型。[7]这样的思考必然促生出一个产物，那就是反乌托邦小说，正是它见证了现代繁荣的幻灭。其最伟大的代表作是《美丽新世界》（*Brave New World*）和《1984》，它们都写于20世纪中叶。[8]正是它们，将人类历史视为一种计划和使命，而与之相连的危险也在20世纪的真实历史中得到了充分的证明。在《历史决定论的贫穷》（*The Poverty of Historicism*）一书中，卡尔·波珀（Karl Popper）把反对将历史预言视为智力目的的论点，献给“无数男男女女有关一切信条或者国家或者种族的记忆，他们是信仰法西斯主义不可抗拒的历史命运法则（Inexorable Laws of Historical Destiny）的牺牲品”[9]。

第二次世界大战后人们的乌托邦想法几乎绝迹，人们通常喜欢避免包罗万象的结构。其模式不需要逐步发展或者退化，既不会导向乌托邦，也不会导向“最后的审判”，这是有道理的。这种思想的主要目的，是从根本上减少过去的批判性历史思维，诸如尼布甲尼撒二世的巴比伦、古典时代的雅典或者罗马帝国，它们的故事已经不像以前那样，被认为是恶的，今天它们已成为构成整个人类历史的主要方式了。它们的社会历史只是一种典型而已。然而，在历史上，文化典籍不会很快地变化，而单单作为表达的偶像，人们将预期，这些宏大故事的组成部分会在实践中被证明是经得住考验的。[10]关于巴比伦，已经存在一个从《圣经》到现代考古学的位移，而这一现象的持续是肯定无疑的。如果我们回到对巴比伦更为早期的古典叙述和作为道德标准的《圣经》叙述之比较上面，我们将会看到，在这两组叙述经过了两三千年的融合与调和之后，已重建起一个新的巴比伦。对于一个意义抽象上的巴比伦，与历史无关的、基本上有关道德的《圣经》来源要更多，因而也被人更广泛地引用。这是真实的：因为这一原因，20世纪的巴别塔图画极少使用伊拉克历史上真实的考古证据，也不再与金字塔形神庙有关，而只是与《创世记》的寓言式解读甚至无神论和比喻式解读有关。而受到德意志东方学会发掘的直接影响最大的则是古典文献。它们的描述的权威性确实变小了，而且被科尔德威与他的同事们，以及他们在考古学与亚述学的后来人的著述取代，这些著述变成了有关地理上的巴比伦的最具权威的文献。

知识与混杂

在这本书中，我们看到了许多关于巴比伦在历史和神话主题上的例子，说明了它在认识论和知识层次上可能经历的几乎每一种转变。尤其有趣的是，神话成分竟然能持久存在和影响，另有一种几乎无所不在的混合理解，而这种理解是将来源相当不同的多种不同知识结合之后形成的。神话元素会在我们直觉地认为知识会整齐划一地采取绝对神权形式的地方出现。如在《启示录》中，使用的巴比伦寓言其实都是神话，即便是在奥古斯丁《上帝之城》中所说的世俗城市原型也是如此。另外，我们也发现，在说到巴比伦时，寓言与神话知识往往成为我们最先想到的。当探险家、古物研究者和考古学家们寻找巴别塔时，我们又可以把这种寻找定义为《圣经》的话语，当然也有定义为人文主义的。定义为人文主义的前提是把《圣经·创世记》视为对一座实际存在的建筑的可靠信息，而不在乎它是否真的有神之惩罚和变乱语言等事件发生。阿塔那修·基尔舍的《巴别塔》，是其作者用近代的访客叙述调和《圣经》与古典文献的尝试，其中不同认识论基础之间的摩擦尤为明显。伏尔泰也使用过巴别塔，支持把过去作为一种故事叙述背景，有效地让它脱离时间与地点的羁绊。也就是说，巴别塔只是一个神话与幻想中的场所，想让它成为什么样子完全取决于经验主义的决定方式。我们往往更加看重中世纪旅游者对巴比伦的游记记录，因为他们做了实地观察，他们的说法经常被证明主要是宗教性质的，表现了一种用已有的文本证明他们观察到的世界的倾向，而不是与之相反。从广义上说，中世纪的百科全书编辑和对于文字来源的解析当然是以基督教教义为准的，偶尔也含有亚里士多德的观点。而笛卡尔崇尚理性思考，高度评价逻辑，它对于中世纪的欧洲教育特别关注，特别是在评价、解决等的主张方面更是如此。一个拒绝宏大叙事、对客观主张持怀疑态度的后现代社会所产生的可以想象的百科全书式结果，对人的主体和主观知识的重要性是完全人文主义的。

尽管在不同的世界观中，20 世纪初的德国发掘和德国对于巴比伦的接受与基尔舍的工作有共同之处：它们都努力地把类别不同的知识融会贯通到一种绝对知识之中。结果证明，解决问题的尝试是对抗性的，因此才出现了巴别塔与《圣经》的危机。对于发掘的过程和结果可以想见其价值显然是奠基在经验上的，但民族主义或者帝国主义对于声称发现了《圣经》中提到的地点的渴望则是另一回事。至于这是有关知识程度的问题，还是一个宗教问题，就不得而知了。总之，人们想用学术研究来满足他们关于巴比伦神话的理解，这一尝试失败了。我们可以把《萨丹纳帕勒斯》视为对此的承认与补偿。进而把这一成分从考古学工作中剔除。这样一种分割不应该被视为理所当然的——知识的某些特殊形式的价值是可变的，是与历史状态相关的。或许现在，我们已能分辨出某种让考古学解释走向更广阔范围的运动，其中也包括学术界对通过虚构作品传播考古学的认真思考。[11]类似的，普赖斯（Price）分析了文学虚构作品在历史论述中的性质和含义，[12]而在文学与历史之间的相互影响则是由考尔迪科特（Caldicott）和富克斯（Fuchs）共同编辑的一本书之主题。[13]这是对旧有想法的新探索：在某些意义上，它与亚里士多德关于诗歌对于历史拥有一定价值的观点遥相呼应。[14]与此同时，迈克尔·尚克斯（Michael Shanks）的工作对考古学所表达的实践中应引入创造性元素的方式也特别有影响。[15]一部最近出版的著作便专注于考察考古与创造性艺术表达之间是否能共通的可能性，[16]其实这种做法不是创新，说成复活也许更为合适。而另一部著作则只考虑考古写作的本身，并将其作为解释过程的一个有机部分。[17]斯蒂芬妮·莫泽的工作在表达与图解方面的重要意义在于，她证明了这些创造性元素本身就对过去世界历史的解释和构成论据有作用。[18]我们可以将所有这些最近的工作视为复活的一部分，这种复活与更广泛地承认学术考古写作和实践的位置性、偶然性和主观性密切相关。[19]

这一发展趋势，是将古代和现代对遗址的叙述结合，并让其成为学者研究的组成部分。当然也是在引入自然科学在记录与写作时共有的惯例，罗伯特·科尔德威在这一趋势中占有重要的地位。科尔德威的作品说明，他的著作与从前有关美索不达米亚历史的英国与法国著作非常不同，这一点已经在第6章中讨论过。然而，有关巴比伦，或者说有关考古学，一些故事方面的角色的复活可以视为更近期的事件。马克·范·德米鲁普很专注于巴比伦纪念碑建筑学的意识形态信息，[20]而扎伊纳布·巴哈尼的《不可磨灭的形象》（*The Graven Image*）则更广泛地分析了在巴比伦和亚述文化中表现的角色。[21]他们对于抓住人们对巴比伦的兴趣与主观性视角方面具有很大的进步。另外，更传统的方式仍然扮演着中心性的、根本性的角色。正如我们对于古代城市巴比伦的理解仍然依赖于德意志东方学会的发掘与著述一样。对于实际的目的，我们也仍然与20世纪初期的发掘者们同样具有经验主义的、多少带有实证主义的观点。而他们的工作与当前工作的许多不同，则必定归因于后来的技术革新和更广泛的兴趣，而不是对他们的方法的基础的挑战。当然，收集考古数据方面，我们仍然以与罗伯特·科尔德威大致相同的方式来进行。

知识的所有形式和表现方式都有价值。当然，其中许多新知识的生成则起源于与旧知识的融合。我们要考虑的一个重要因素是知识的偶然创造，它是通过在一个领域内思索另一个领域的问题而得到的。安伯托·艾柯曾就这个题材做出了辉煌的论述，他在其中选择的例子包括在托勒密宇宙中的学术积累以及哥伦布发现美洲大陆，[22] 当然还有许多其他例子。例如，围绕着巴比伦的意外发现范围之大、种类之多，已经让所有其他发掘都相形见绌了。回归本源问题：《创世记》中的巴别塔对学术界启发不小。因而，对元初语言的寻找便成为人们关心的话题，进而产生了许多有关语言之间关系的有价值、有用处的知识，最终形成了今天的比较语言学的一部分基础。另外，对于巴别塔的真实地点之寻找，更不必说寻找它的空中花园、城墙、无法计量的财富和它被上帝严厉惩罚的证据，导致了美索不达米亚楔形文字文本、苏美尔与阿卡德语言的发现和破解。伊拉克的文献是保存得最完整的古代文献，同时恰巧也处于一种最佳位置，让一个复杂的、地域范围分布广阔的语言学历史得以建立。而《旧约圣经》的希伯来语更是其中的一个组成部分，而不是像包括奥古斯丁在内的许多基督教和犹太教学者不时争辩的那样，是神或者亚当的语言。[23] 正如我们所见，巴比伦在《圣经》中令人望而生畏的名声是让德意志东方学会决定资助那里的发掘的一个重要因素，因此在很大程度上也促成了这座城市的“考古”身份。但这一考古身份可能会与德国人的其他身份在合法性方面发生影响，这种想法并不是帝国主义计划的一部分。德国人假定，它将确定并补充人们已经知道并且相信的那些东西。与此同时，与考古学一样，对于语言的研究最初是在人们相信它将让人类更加接近神之真理的信念下发展的，结果却严重动摇了德里达、巴特斯（Barthes）和后来的鲍德里亚（Baudrillard）等后结构主义者的经文权威。而且，并于巴比伦的知识也在博尔赫斯的《巴别塔图书馆》中重获生机。所有这些发展都可以全部或者部分地被视为意外发现。尽管如此，它们形成了巴比伦知识历史的一部分，这是非计划的结果之一，更是立足于宏大世界观的结果之一。

事实上，在认识论和事实上建立联系是困难的。如威廉·布莱克[24]曾就牛顿和尼布甲尼撒二世进行配对和并存研究。布莱克的兴趣在于道德和神学方面，因此他从但以理的故事出发，建立了一个理性的、惩罚和救赎上的对比。为了衡量其价值，他把尼布甲尼撒二世（或者是那波尼德斯——见第3章）作为一个疯狂而又可怜的人——将错误的历史解释作为某种关于美德的衡量尺度是不合适的，因为寓言艺术和真实历史是按照不同的价值观和真理标准创造意义的。这并不意味着让科学与艺术彻底绝缘。布莱克的情感图像尽管只是对《圣经》中尼布甲尼撒二世形象的进一步神话化，但直接影响了对这位国王的观念，而且不仅仅对那些相信他曾像一头野兽一样生活了多年是绝对真实的人。厘清有关一个历史人物不同来源的说法，这既不容易，也不能放之四海而皆准。我们习惯于把它们放到一起，让我们“知道”的东西相互调和。在许多情况下，尤其是德意志东方学会出产的《萨丹纳帕勒斯》和埃德温·隆的油画《巴比伦婚姻市场》，其目的便是模糊这样的差别，并让套用在经验研究上的神话框架自然消失。在这样的模糊处理中，如不加批判地复制没有经验基础的原型，只会令这种融合造成十分严重的问题。尽管如此，在考古学中研究表达的目的仍在于确认与驳斥经验的不准确（“失误”隐含了一种意思，即这些问题总是偶然的，而且是在不知道的情况下造成的）和刻板印象。

不同形式知识之间的不同在解释问题方面是有一定作用的。然而，人们如何理解事实真相，这在很大程度上取决于他们认为考古学应该是什么。例如，当前人对于口头历史在考古学上占有的角色的兴趣表明，一场公开的辩论即将出现。考古学家们考察理解过去的其他途径的尝试是值得赞扬的，且其具有非常积极的力量。在未来的辩论中，考古学家有一切权利，甚至职业责任，表达他们对于真理与谬误的观点，而且通常无疑会通过这样做，在其他人有关过去的知识上添加新见解。这并不意味着，考古学家应该自动地敌视人们用自己知道的知识对过去的其他思考。从学术上说，人文考古学和历史已经赢得了公众的赞誉，下一步则是更多其他专业人士的认同。[25]考古学家具有一个信念，即在研究过去方面，他们的学科是一个特别严格而且在认识论上有效的方式。因此，以这一信念为基础，他们的责任是分化理解和传播他们的专门知识，而不是破坏。[26]

后记　巴比伦展览

2008—2009 年，卢浮宫博物馆、法国国家博物馆、柏林国家博物馆及大英博物馆之间进行了一次独一无二的合作，促成了有关巴比伦的 3 次展览会。[1] 我有幸参与了大英博物馆的筹展工作。尽管这 3 次展览有很大的差别（这不是巡回展出，而是共享文物、专业经验和资源的展出），但展览都是针对古城巴比伦本身以及后世对它的艺术与文化表达。

在伦敦的展览中，我们尝试讲述关于这座古城的故事，特别是那些仍存在于当代通俗文化中的片段，如空中花园、巴别塔、巴比伦作为罪恶之城的名声和“写在墙上”的短语等。我们想要告诉参观者：历史是如何发展成传说的，以及它们与这座古城有什么联系。为了做到这一点，我们展出的文物数量相对较少（只有 100 多件），并使用了一个基于单一的、强有力的线性故事的展览结构。在我们的设想中，这个展览是在叙述一个特定的故事，聚焦于这座城市的身份与后来的名声的一些特定方面。对于古代文物，我们完全集中于公元前 612—前 539 年的新巴比伦王国时期，正是这个非常短暂的时期，却塑造了大部分后世关于巴比伦的记忆。

巴黎的展览采取了不同的方式。它由两部分组成，其一为以巴比伦的历史和考古的时间顺序回顾，其二为以人们对该城的感受与表达的时间顺序回顾。于是，这一布展方式及其目录便尽可能地向参观者提供了一份具有广泛代表性的样本，同时涵盖了巴比伦的古代物质文化和对于这座城市的艺术表达。[2] 本书涉及的材料只是古代巴比伦在艺术与文学方面的庞大表现财富的一些小样本而已，而巴黎的目录或许更清楚地说明了巴比伦拥有的物品数量与质量。

柏林的展览是 3 个展览中规模最大的，实际上这次展览由两个本质不同的展览组成，它们的名字分别是 *Mythos*（神话）和 *Wahrheit*（真实）。两个展览都位于柏林佩加蒙博物馆（Pergamonmuseum，Berlin）内，该博物馆还特意为这次展览做了改造。也就是说，对于这座城市的考古可以沿着宏大的伊什塔尔门和入城大道重建而展出。由于将两个主题分开，这一展览的结构与巴黎和伦敦的都不同。它们的表现形式都主题鲜明，但这些主题却相当不同。从考古方面来说，展览的真实一面侧重于日常生活、工作与宗教等主题，而神话部分则以塞弥勒弥斯、巴别塔和语言混淆等为主题。这一展览也选用了比其他两个展览更多的现代艺术品，尽管伦敦的展览确实也包括了以巴别塔为基础的作品。

这些展览的参观者多于有关美索不达米亚考古展览的数量。这 3 个展览都极受欢迎，总计吸引了大约 100 万参观者。这种受欢迎的程度反映了巴比伦这个名字具有持续吸引力，但它或许也是人们在意识上的割裂造成的，人们对它既熟悉又陌生、更无法确定这座城市的历史地位。在准备展览期间，我们最初的公众调查确定了我们已经有所猜测的东西，即每个接受提问的人都曾听说过巴比伦，但知道它是古代伊拉克的一座城市的人非常少。而且确实，大部分接受调查的人无法确定巴比伦是不是一个真实的地方。[3] 这就意味着，我们可以向参观者提供一个不寻常的组合：一个著名而又熟悉的名字，但包含的是新的、不熟悉的内容。这种情况也很有趣，因为我相信，对参观者调查的结果反映了巴比伦在文化中的特定历史。我们可以毫不费力地做出的第一个明显的结论是，一般公众对于古代历史不甚了了。虽然人人都听说过巴比伦，可是需要解释的是这座城市的名声与有关它哪怕最基本的具体知识之间的巨大鸿沟。为什么人们无法确定巴比伦的所在地，或者它是不是一个真实的地方？

具体地说，巴比伦的名气与卑微的矛盾结合应该实实在在地归咎于耶稣十二门徒之一约翰的身上。毕竟是《启示录》，第一个吹响了谴责巴比伦的强有力号角，并将其应用于广阔得多的范围内。尤其是在 1 世纪的罗马，之后则更为普遍地进入了人类社会的各个方面。在这样做的时候，它创立了一个强有力的比喻和修辞工具，并从那时起一直被人沿用。于是，巴比伦故事（或者至少是关于它的衰落的特定故事）的道德意义便脱离了具体的地域和历史。与此同时，它也按照天启的意义而被神话了。这就是人们今天最熟悉的巴比伦：一个特地为谈论罪恶和破坏创立的构想。真正的城市反而被它的神话遮掩了，这一点绝非偶然：《启示录》普遍性地使用了巴比伦，目的是鼓励人们把这个故事用于当代。我们已经在前面的章节中提到了试图让过去“生活在现在”的例子，特别是勃鲁盖尔和伦勃朗的例子。从这些情况看，《启示录》可能是一个终极例子：它如此成功地让过去生活在现实当中，以至于模糊了它的预言中的真实古代历史。

在展览开始的时候，我们还无法与伊拉克博物馆密切合作，更无法从巴格达借用文物。被入侵多年后，伊拉克仍然不稳定、不安全，而在这个国家中的文化遗产遭到的破坏仍然是一个具有头等重要性的主题。在大英博物馆展览的最后一部分中，我们集中关注了巴比伦近年来的命运，包括在萨达姆·侯赛因统治下和2003年作为一座兵营的地点造成的命运。这是通过幻灯片放映展示的，在参观者此前经历了一次令人欣喜的参观（我们希望如此）之后，它让他们变得冷静的作用清晰可见。这次展览让我们得到了一次表现古代美索不达米亚文化遗产本身的机会，同时也表现了它的历史遗产，从而一针见血地展现了近几十年来巴比伦遗址遭受的破坏的意义。

让这种损失具有意义的另一种方式是艺术。在伦敦，与巴比伦展览同时推出了一个小一点的展览，也在大英博物馆举办，题为《伊拉克的过去对它现在的致辞》（*Iraq's Past Speaks to the Present*），其由威尼蒂娅·波特（Venetia Porter）担任策展人。[4]这个展览由当代伊拉克艺术家的作品组成，它们与这个国家的古代历史有关系，因此能与来自大英博物馆藏品的文物同时展出。作品的种类极多，但其中一些与伊拉克文化遗产最近受到的破坏和这个国家近年来遭受的摧残有关。本书着重描写了欧洲文化对伊拉克的表达，但我愿意用对这些伊拉克艺术家的作品的描述作为它的结束。正是它们组成了巴比伦表达历史上的新转折，而且是其绘画方式基本上不是来自欧洲传统，而是来自古代美索不达米亚文物本身的转折。从理论上说，大约150年来这都是可能的。但只有现在，只是因为艺术家们以伊拉克的当代身份和文化遗产表现这个主题，考古学和古代美索不达米亚本身的视觉文化才开始回馈艺术，其形式要比作为东方主义绘画的物质细节来源更有意义、更加充实。汉娜·马拉拉的《马尔杜克神》[5]虽使用了一个考古学家们在伊什塔尔门彩釉砖浮雕上发现的巴比伦的西鲁什的形象，但她把这个形象融入了一本书中，书中带有一系列断续的书页、拼贴图和火烧过的痕迹，从而创造了一幅反映了文化遗产的脆弱与损失的作品，其方式可能是考古学无法企及的，其形式当然要比考古报告更加令人瞩目。穆斯塔法·亚法（Mustafa Ja' far）用优美的书法抄录了《吉尔伽美什史诗》的一段，这段是第一份阿拉伯文翻译中的一段，它将伊拉克的古代文化与现代文化融合了起来。[6]在《美索不达米亚的呼喊》（*Cry of Mesopotamia*）中，[7]萨阿德·阿塔尔（Suad al-Attar）则将今日伊拉克的苦难放置于这个国家漫长的历史背景之下。这类作品表现了艺术与古代历史结合的持续重要性。它们在联系过去和现在中扮演的角色能够与历史方面的学术领域和考古学很好地共生，而后者永远无法真正取代它们的这一位置。

马尔杜克与混乱巨兽西鲁什战斗，选自奥斯丁·亨利·莱亚德著《尼尼微纪念碑：第二辑》，1853版

注释

第 1 章　伟大之城：一座城市及其“灵魂”

1　见 Matthews 2003a：10 为 Telloh 所举的例子。

2　Koldewey 1914：v.

3　Klengel-Brandt 1995：19.

第 2 章　古代巴比伦：一路凯歌的开创时代

1　最早提到这座城市的可能是一份文件。其作者为一个名叫巴基巴［*Ba7-ba7*（BAR.KI.BAR）］的城市总督，其中说到一座叫作“马尔杜克神庙”的建筑物，其年代为乌尔第一王朝，约公元前 2500 年（Sollberger 1985）。André-Salvini（*Babylone*：28）解释了与巴比伦的名字相关联的可能词源（阿卡德语的 *Baˆbilu* 或者 *Baˆbilim*）。零星的早期参考文献提到这座城市的守护神祇马尔杜克，说他是太阳神沙玛什的儿子，说明巴比伦最初是太阳神所在的城市西巴尔政治势力范围内的一颗卫星城。（Lambert 2011）

2　尼普尔的至高神恩利尔的神庙，得到美索不达米亚各城市的共同关注，因此从它们那里得到了大量供奉。乌尔第三王朝的文件将巴比伦列为每年进献绵羊、山羊、牛、红柳木和啤酒（后者数量特别大）以及在收获季节为神庙田地提供强迫劳役（*corvée*）的城市。（Renger 1979; Sollberger 1985）

3　公元前四千纪时许多定居点不断扩大，乌鲁克这座城市的扩张尤为显著。然而，越来越清楚的是，大型定居点也开始在大约同一时间的美索不达米亚北部出现。

4　Charles 1988.

5　举例，可见 Rothman 2001 中各章。

6　*Histories* 1.193。枣椰树仍然是今天两河流域的风景和特色经济作物。

7　Wittfogel（1957）提出的合作灌溉项目刺激了有组织的国家出现的说法尽管很有影响，但后来越来越站不住脚。因为有证据表明在最早的城市和国家中使用的灌溉系统的规模要小得多（Adams 1966，1970）。今天，越来越多的证据支持早期城市是在叙利亚的布拉克（Tell Brak）发展起来的，其基础是靠雨水的农业，这也削弱了将灌溉归结于城市化主因的说服力（Oates et al. 2007；Ur et al. 2011）。至于

·注释· ZHU SHI ·

在公元前三千纪中晚期和第二千纪早期发展的系统，见 Adams 1981：1–11；Charles 1988；Pemberton et al. 1988；Steinkeller 1988；Renger 1990；Pollock 1999：28–34；Postgate 1994：173–90。

8 例如，见希罗多德有关传说中的尼托克丽丝（Nitocris）女王改变幼发拉底河河道的叙述："通过切断上游高地的渠道，她让河流绕了这么多弯，结果令它实际上 3 次穿过了某个叫作阿尔代利卡（Ardericca）的亚述村庄。除此之外，她还在河流两岸建筑了相当坚固、相当高的堤坝，而且在上游离城市很远的地方，紧靠河边的地方挖了大坑，让它变成了一个周长大约 47 英里的湖。"（*Histories* 1.185）

9 尼布甲尼撒一世（前 1125—前 1104 年在位）对苏萨的洗劫发生在前 1110 年。

10 或者像《汉穆拉比法典》说明的那样。

11 有关它们，我们所知甚少。Lambert（1974）认为，它们的首都尤鲁库［E'uruku(g)］或者乌鲁库［Uruku(g)］可能就是西巴（al-Hiba）［即拉格什（Lagash）］。

12 在提到法令或判例时，专家们通常称之为合集而不是法典，因为法典往往指的是一个完整、系统的处理方法，而不是收集在一起的特例。（VerSteeg 2000：13）

13 例如，伊辛第一王朝的一位国王利皮特－伊施塔（Lipit-Eshtar）约于公元前 1930 年制定的法律（Roth 1997：23–35；*Babylone* no. 15），或者在人们的描述中由乌尔－纳姆（Ur-Nammu，前 2115—前 2095 年在位）或其子舒尔基（Shulgi，前 2094—前 2047 年在位）制定的法律。（Kramer 1954；Roth 1997：13–22，36–59；Canby 2001）

14 对于这一纪念碑的当前看法，见 André-Salvini 2003。

15 Brinkman 1974：396，no. 7.

16 Adams 1981；Richardson 2007：17.

17 Clayden 1996.

18 尤其见 Collins 2008；Aruz et al. 2008，2013。

19 有关巴比伦参与阿玛纳通信，见 Westbrook 2000.

20 Grayson 1975：175–6.

21 Kravitz 2010：125–6.

22 Grayson 1987：245.

23 因为这一行为，舒特鲁克·纳－洪特的儿子库杜尔·纳－洪特（Kudur-Nahhunte）永远遭受巴比伦文学的诅咒。（Oates 1986：97）

24 Foster 2005：350–401。成书年代不详。尽管这部史诗只是通过后来的文本才为人们知晓，然而无论内容（巴比伦和马尔杜克的中心地位）或者语言，都说明其年份应为前两千纪晚期（Lambert 1984）。见 Lambert 2013：439–44。

25 Oates 1986：223。有关在巴比伦王国内迦勒底部落和阿拉米部落以及他们与亚述势力的继续冲突，见 Fales 2011。

26 Frame 1992：38.

27 推翻曾由叛乱获得掌权的短命国王马尔杜克－扎克尔－舒米二世（Marduk-zakir-shumi II，前 703 年在位）。（Brinkman 1973：91）

28 Parpola 1972.

29 Brinkman 1973：93.

30 辛那赫里布在这方面成功了，至少是暂时成功了。在他的统治下的确没有发生进一步的叛乱。（Frame 1992：53）

31 Luckenbill 1924：83–4.

32 Brinkman 1983，1984：67–8。一个著名的例外是那波尼德斯对于破坏和带走马尔杜克神像的坦率描述。（Langdon 1912：270–2）

33 《巴比伦编年史》和托勒密典籍都在提到这一时期时称其为“无国王时期”。（Brinkman 1984：69）

34 有一种可能，即塑像被亚述人销毁了，但在阿萨尔哈东治下做了一个替代品，然后在亚述巴尼拔帕治下从阿舒尔“归还”巴比伦。（Frame 1992：56–7）

35 Grayson 1975：131.

36 Brinkman 1984：34.

37 有关年份的讨论，参见 Frame 1992：67。有关以阿萨尔哈东对于摧毁城市及其重建的叙述，参见 Borger 1956：14–26。

38 Brinkman 1984：73.

39 Brinkman 1984：103–4.

40 Harper 1892–1914：no. 972.

41 Cogan and Tadmor 1981：232–3.

42 Steiner and Nims 1985；Andre´-Salvini in Babylone：394.

43 见 Chapter 3.

44 大英博物馆，BM 124945–6，来自尼尼微的亚述巴尼拔北宫殿 M 房间。Barnett 1976：46–7，pl. 35；Novotny and Watanabe 2008.

45 根据贝罗索斯所述，他是沙马什·舒姆·乌金的一个兄弟，因此也是亚述巴尼拔的兄弟（Schnabel 1968（1923）：269–70）。坎达拉努只是亚述巴尼拔在登基时取的一个新名字，或者也有可能是在重大的巴比伦宗教仪式上（如新年）代表亚述巴尼拔的一座塑像（Oates 1965：158–9;Reade 1970：1）。两位也曾登上巴比伦王国王位的较早的亚述国王是提格拉－帕拉萨三世和撒缦以色五世，他们分别在巴比伦编年史和列王志中有奇怪的名字“普鲁”［Pul（u）］（也见于 Old Testament，

·注释· ZHU SHI ·

2Kings 15.19；1 Chronicles 5.26）和“乌拉尤”（Ulayu）（Kuhrt 1995a：580）；然而，按照他们在其中出现的来源，这些情况相当不同。（Frame 1992：303–4）

46 Grayson 1975：19，99.

47 Burstein（1978：26）认为，那波帕拉萨尔和“布帕拉萨罗斯”（Bupolassaros）可能是同一个人，根据贝罗索斯的说法，这是亚述军队的一位将军。

48 Wiseman 1985：7.

49 Brinkman 1984：110。这份资料将那波帕拉萨尔确认为海地王朝的一位年代晚得多（塞琉古王朝）的国王，而《圣经》和古典文献似乎只不过把“迦勒底的”作为“巴比伦的”的同义词。

50 Jeremiah 52.30.

51 作为亚述行动及其发展的一般综述，见 Grayson 1995。

52 Yamauchi 2002：365.

53 British Museum，BM 45690. Lambert 1965；Taylor in Babylon：Myth and Reality：66–7.

54 例如，见东印度公司铭文（East India House Inscription）（British Museum，BM 129397）和来自伊什塔尔门的铭文（Vorderasiatisches Museum，SMB，Berlin）。

55 阿美尔－马尔杜克［圣经中称其为邪恶－米罗达（Evil-Merodach）］是一个登基时取的王位名字。人们认为，阿美尔－马尔杜克王子就是在一首非常不寻常的监狱哀歌中提到的纳布－舒马－乌金（Nabu-shuma-ukin）。（Finkel 1999）

56 Pritchard 1969：309.

57 Dougherty 1929：73.

58 Josephus，《驳斥阿皮皮》（*Against Apion*）1.147–9.

59 Dougherty（1929：16–28）讨论了这位国王的背景。那波尼德斯有关“一个小人物的儿子”的著名说法也被翻译成（如上面的引言）“谁也没有的孤独者”和“仅有的儿子，他谁也没有”。

60 *Histories* 1.74.

61 Pritchard 1969：562.

62 Pritchard 1969：311–12.

63 Pritchard 1969：561.

64 Beaulieu 1993：243.

65 Gadd 1958：56–9;Wiseman 1991：246.

66 Kinnier Wilson and Finkel 2007：18–20.

67 Schaudig 2001：563–78.

68　这种说法有争议，但《那波尼德斯故事诗》和居鲁士圆柱等文本对于阿基图庆典的重视，说明它确实特别重要。

69　*Nabonidus Chronicle*（Pritchard 1969：305–7）.

70　由Josephus引用，*Against Apion* 1.152–3，但也可以在Xenophon（Cyropedia 7.5.30）中见到另一种叙述，其中说那波尼德斯是在宫殿中被居鲁士的两名贵族谋杀的。

71　其他3座是波斯波利斯、苏萨和埃克巴培那。尽管它们本身相隔数百英里，而且位于不同的省份，但这4座首府其实都位于距离大帝国中心相对近的地方。

72　1879年11月，当亨利·罗林森向英国皇家学会报告这一发现时，他错误地把这一圆柱说成是在比尔斯尼姆鲁德发现的。拉萨姆在第二天的《泰晤士报》（*Times*）上读到了英国皇家学会会议的报告后，才开始纠正罗林森的错误。从拉萨姆的信件中可以清楚地看到，这个圆柱是在发掘巴比伦的阿姆兰土丘时发现的。拉萨姆提到的加木甲玛（Jumjuma）显然指的是这个土丘的南部，更准确地说，叫这个名字的是一个现代的村子——德吉米玛（Djimijma），位置在靠南的地方，当时有许多工人来自这个村子。

73　有关阿契美尼德时期的历史，包括巴比伦在其中的角色，见Briant 2006。

74　支持但不是直接证据。尽管我们发现在网上有几份蹩脚的翻译，指出这份文件说的并不是耶路撒冷或者犹太人。圆柱上说的是把神明和他们的全体随从归回神庙。而且，尽管犹太人回到耶路撒冷并且在那里重建神庙肯定是同一个政策的结果，但实际上在居鲁士圆柱的文本中叙述的例子全都是美索不达米亚的。然而，与此同时，居鲁士圆柱的文本与《以赛亚书》中叙述的几个部分中有着惊人的相似。有关部分的表格式对照见Smith 1963：416。史密斯认为，对于巴比伦陷落之后的事件的两种描述之间的分切是《以赛亚书》的文本写在该城被攻陷之前，是以波斯的宣传为基础写成的，而这也形成了政府之后的居鲁士圆柱的基础。《以赛亚书》对于征服的预言的暴力与居鲁士圆柱有显著的不同，前者描述了一次洗劫，而后者在竭力否认：

> 我必在你前面行，
> 修平崎岖之地。
> 我必打破铜门，
> 砍断铁闩。
> 我要将暗中的宝物和隐藏的财宝赐给你，
> 使你知道提名召你的，
> 就是我耶和华——以色列的神。
>
> （*Isaiah* 45.2–3）

·注释·ZHU SHI·

75　正因为这个原因，一件圆柱的复制品在纽约的联合国大厦中展出。在当代伊朗，这个圆柱也仍然具有极大的政治象征性意义。有关这个圆柱的一般情况，见 Curtis 2013 和 Finkel 2013。

76　希腊资料来源中有关薛西斯愤怒的故事（Arrian，*Anabasis* 3.16.4–5，7.17.1–3）可能有些夸张，但 Waerzeggers（2003/4）认为，存在着极准确的证据说明档案遭到了重大修正。有关相反的观点，见 Briant 2006：544–5。

77　Kuhrt 告诫人们，对于人们欢迎萨尔贡、居鲁士和亚历山大这接连几位征服者进入巴比伦的说法要持怀疑态度。（Kuhrt 1990）

78　British Museum，BM 36761. Sachs and Hunger 1988：no. 330.

79　Briant 2005：17。另一方面，我们必须清楚，亚历山大没有采纳阿契美尼德王朝国王的正式服饰，这似乎看得出他对于自己的角色有不同的看法。（Fredricksmeyer 2000）

80　“在进入巴比伦时，亚历山大指示巴比伦人重建被薛西斯摧毁的神庙，特别是巴力的神庙，他是巴比伦人最尊崇的神祇。他与迦勒底人在巴比伦会面，并在巴比伦神庙问题上接受了他们的所有建议，特别是根据他们的指示向巴力神供奉牺牲。”（Arrian，Anabasis 3.16.4–5）这里的“巴力”就是马尔杜克。人们通常称后者为巴勒，即主。这让希腊作者们相信，这是这个神祇的真正名字。

81　Plutarch，Alexander 54.3–55.1；Arrian，Anabasis 4.10.5–4.12.5；Curtius，History of Alexander 8.5.5–24.

82　Plutarch（Alexander 54.5–6）和 Arrian（Anabasis 4.12.3–5）描述了卡利斯提尼斯（Callisthenes）是如何避免在亚历山大面前行跪拜礼的，而其他地方（Arrian，Ababasis 4.10–11；Curtius，History of Alexander 8.5.13–21）则解释了自己的想法，亚历山大既不应该接受相当于神明的尊崇，也不应该接受跪拜大礼。有关这一问题的讨论，见 Bosworth 1988：284–6，1995：77–90；Atkinson 1994：201.

83　如果确实如此：狄奥多罗斯和阿里安确定葬礼在巴比伦，普鲁塔克和贾斯廷则认为没有。McKechnie（1995）认为，巴比伦的火葬架完全是虚构的，它的源头来自希腊史学家伊菲普斯（Ephipphus）的《亚历山大和赫费斯提翁的葬礼》（*The Funeral of Alexander and Hephaestion*），但这部著作只有片段存世，而且还是由托勒密转述的。然而，这种怀疑的基础是在狄奥多罗斯的 *Bibliotheke Historica* 的 17.115 和 18.4 之间的冲突。后者说，火葬架或者也可能是一个永久性的纪念碑，在亚历山大死的时候还没有修建。（这个理论认为，托勒密编造了一个有关赫费斯提翁之死的虚构情节，为的是支持他把亚历山大的尸体运回亚历山大港（Alexandria）的建议。）然而，这些资料来源在有关豪华纪念碑与葬礼方面是一致的。而前者认为，建筑肯定已经以某种方式开始了。他给出的有关火葬架的细节很可能是假的，但如果像可能的那样，狄奥多罗斯使用了克莱塔卡斯和托勒密的说法作为来源，则我们可以保留这样的假定，即赫费斯提翁的葬礼确实是在巴比伦举行的。在这里，我采取 Lane-Fox（2004）的说法，他们认为火葬架在巴比伦，但怀疑那些有关物质的描述，并不清楚葬礼是否完成。

84 Diodorus Siculus，*Bibliotheke Historica* 17.115.1.

85 *Bibliotheke Historica* 17.115.2–4.

86 *Bibliotheke Historica* 17.114.1. 有关这次丧礼那天文数字般的费用，狄奥多罗斯给的数字是 1.2 万塔伦特（talent），普鲁塔克（*Alexander* 72.3）和阿里安（*Anabasis* 7.14.8）认为是 1 万塔伦特。

87 狄奥多罗斯认为，赫费斯提翁之死与他接受的皇家荣耀是用来预示亚历山大之死的，但其他的叙述（普鲁塔克、阿里安、贾斯廷）没有指出同样的用法（McKechnie 1995：420）。阿里安（*Anabasis* 7.24.1–3）、狄奥多罗斯（*Bibliotheke Historica* 17.116.2– 4）和普鲁塔克（*Alexander* 73.7–9）认为这好像带有强烈巴比伦方式的意思，即杀死一位“副王”，用以避免噩兆——可能亚历山大误以为这本身就是噩兆。（Boiy 2004：113）

88 怀疑几乎立刻就落到了安提帕特（Antipater）一家的身上，而这种怀疑是由亚历山大的母亲奥林匹娅斯积极煽动的。普鲁塔克、阿里安、昆图斯·库尔提乌斯·鲁弗斯和贾斯廷都记录了一个故事，其中毒药是由卡山德（Cassander，前 305—前 297 年在位）带来的，由伊俄拉俄斯（Iolaus）在拉里萨的梅迪乌斯（Medius）家中宴会上给亚历山大服用（Bosworth 1971：112–14）。然而，反对这种说法的一个重大理由是宴会和亚历山大病倒之间相隔多久（本身存有争议），以及从病倒到死去相隔多久。有人指出，作用如此之慢但仍然能够保证致死的毒药肯定超越了古代下毒者的能力。（Lane-Fox 2004）

89 Strabo，Geography 16.1.

90 但当时存在的文化和传统能够在多大程度上被称为希腊化，则是另一个问题。美索不达米亚的制度和公民生活在很大程度上与更早时期相差无几，而且尽管在名字和艺术作品中表现了外来的迹象，但最近有关这个主题的评论倾向于支持萨克（Sack）的观点，即“在巴比伦王国的重要城邦上只披着一层薄薄的希腊化外衣”。（Sack 1990：117）

91 有关帝国的分裂，塞琉古王朝在底格里斯河流域的建立，见 Boiy 2004：117–37。

92 Ibn Hauqal，Surat al-Ardh（Hilprecht 1903：13）.

93 Foster 2005：436–86. 见 Lambert 2013。

·注释· ZHU SHI ·

94　例如 Pritchard 1969：267. 由于萨尔贡这个名字的意思是“真王”，因此人们广泛假定萨尔贡是篡位者。

95　Muse′ eduLouvre Sb 4.

96　Grayson 1975：149.

97　Aka the Esagila Chronicle. Grayson 1975：43–5，141–51；Glassner 2004：263–9。这个故事的另一个版本存在于《早期国王编年史》（*Chronicle of Early Kings*）中（Grayson 1975：45–9，152–6；Glassner 2004：268–71）。

98　情况并非完全清楚。该文本这样写道：“……贝尔（Bel）……他挖开了坑……在阿盖德（Agade）眼前建立了另一座城市，并称其为巴比伦。”（Grayson 1975：149）这里的“阿盖德”（或者阿卡德）可能就是巴比伦（这座城市有好多名字，其中阿卡德是较为常用的一个），但不可否认，情况很混乱。另外一种解释（尽管这两种解释并非完全不相容）是，这一文本描述了阿卡德对巴比伦统治的一个象征，而让马尔杜克震怒的是他傲慢的行为。Grayson（1975：153–4）援引了对于撒缦以色一世、辛那赫里布和亚述巴尼拔的描述，其中，在紧靠着他自己的城市的地方，征服者在那座被征服的城市之上堆起了一个土丘。

99　Grayson 1975：149.《早期国王编年史》也说到了饥饿：

他挖起了巴比伦窖藏的泥土，并
在阿盖德旁边建造了一个与巴比伦对应的城市。
因为他干的这件错事，伟大的主马尔杜克震怒，
并用饥饿消灭了他的一家。
他们（他的臣民）从东到西到处反叛了他，
而他（马尔杜克）用失眠症折磨着他。
（Grayson 1975：153–4）

100　带有现代货币符号和秘密数字的“古代符号”的纲要，往往写于新巴比伦时期或者更晚。（Pearce 1996；Finkel in *Babylon*：*Myth and Reality*：83–7）

101　我们对居鲁士的宗教信仰知之甚少。人们经常假定他崇拜阿胡拉·马兹达（Ahura Mazda），并信奉一种类似于后来的波斯国王信奉的马兹达教的形式，但我们并没有直接证据。

102　Kuhrt 1990.

第 3 章　暴君与传奇：巴比伦是这样被神话的

1　所有文件中最晚的一份，没有日期，很可能来自 3 世纪。

2　*Histories* 1.

3　Diodorus Siculus，Bibliotheke Historica 2.

4　*Histories* 1.178–9.

5　希罗多德书中的200肘尺为大约102米（作为比较，古典zuozhe给出的大小见*Babylon*：*Myth and Reality*：115）。Marincola（2003：633）认为，一份荷马时代的参考资料说到了“有100座大门的底比斯（Thebes）”（Iliad 10.383）。在巴比伦的8座大门中，有些大门的准确位置未知，但它们的名字和在内城墙的相对位置已经根据文字资料得到了准确的确定（见George 1992）。

6　Oates 1986：148.

7　Mellor 1999：7.

8　Aristotle，*Generation of Animals* 756b7。见Grant 1970：52。

9　Sayce 1883.

10　Sayce 1883：xi–xii.

11　Tanner 1992：4.

12　特别与这里关联的是MacGinnis 1986，一个与希罗多德的叙述逐点对照的重新评估。其中得出的结论是：他的描述中很大一部分与根据考古学和来自楔形文字资料的已知情况吻合。

13　Reade 2000：198.

14　Dalley 1994，2002，2003b.

15　*Hyginus*，*Fabulae* 233.

16　Pliny，*Natural History* 19.19.49.

17　Budge 1920：297.

18　Reade 2000.

19　Reade 2000：198.

20　Van De Mieroop 2004.

21　Dalley 2003a。在新亚述和新巴比伦王族之间似乎有显著的家庭联系。

22　Dalley 2003b：179；2008.

23　谁也不怀疑，这两个城市中都有皇家花园。然而，在巴比伦的情况下，残存的证据只限于一个单一文本（BM 46226），其中描述了马尔杜克－阿普拉－伊迪纳二世的花园中的植物。（Brinkman 1964；Wiseman 1983：142–3；Finkel in Babylon：Myth and Reality：110）

24　Dalley 2003b.

25　Kuhrt and Sherwin-White 1987：69–78.

26　但阿契美尼德王朝的仪式形式未知。这一点很重要，因为后来（希腊）时期的同名仪式与其新巴比伦祖先相差极大。有关阿基图庆典的一般情况见Bidmead 2002。

27　“在那个时候（塞斯，写于1883年，所以称那个时候），叫作^{d}NIN.LI′ L的亚述读法还没有确立。现在我们发现，它在亚述语中读作姆里苏（Mulissu）……我们可以认为，希罗多德的米利塔确实有一段真正的历史来源。”（Dalley 2003b：172–4）

28　Arieti 1995：181–7.

29　Redfield 2002：24–5.

30　*Histories* 1.196.

31　Arieti 1995：183–4.

32　根据“这个故事的好斗和对立的特点，说明它是典型的希腊故事”。（McNeal 1988：63）

33　McNeal 1988：71.

34　有关巴比伦与希波克拉底医学传统之间的比较点，见 Geller 2004。

35　见关于 Aphrodite/Mulissu/Mylitta 的注释。

36　*Histories* 1.199.

37　*Histories* 1.178.

38　Diodorus，*Bibliotheke Historica* 2，涵盖了克特西亚斯，Persica 1–5/6；佛提乌斯，Bibliotheke codex 72，涵盖了《波斯传》的最后 17 卷。如果需要包括所有现存片段的编辑与评论，现在可见 Llewellyn-Jones and Robson 2010。

39　Megasthenes' Indica，Diodorus，*Bibliotheke Historica* 2.35–42；Agatharchides，Diodorus，*Bibliotheke Historica* 3.18–43.（Gilmore 1888：v）

40　Murphy 1989：ix.

41　Budge 1920：297.

42　Stevenson 1997：2.

43　Roux 2001：147.

44　Llewellyn-Jones and Robson：2–3.

45　Bibliotheke Historica 2.2.1.

46　Bibliotheke Historica 2.2.3.

47　有人认为，希腊传说的起源或许与中亚述国王图库尔提－尼努尔塔一世（前 1243—前 1207 年在位）的经历和以他的名字命名的首都图库尔提－尼努尔塔城（Kar Tukulti-Ninurta）的建立有关。（Oates 1986：96）

48　*Bibliotheke Historica* 2.3.2–4.

49　*Bibliotheke Historica* 2.8.6–7.

50　Dalley 2003b：183.

51　*Bibliotheke Historica* 2.8.4.

52　Koldewey 1914：129–31.

53　尽管这些联系十分深刻、普遍，但很显然，阿契美尼德皇家建筑师对巴比伦和亚述模型最令人吃惊的模仿，是大流士一世在苏萨和波斯波利斯的宫殿中分别使用彩釉砖浮雕和带翅膀的公牛。

54 *Histories* 1.185.

55 *Geography* 16.1.2.

56 Grayson 1991：138–9. Lewy（1952）和 Nougayrol and Parrot（1956）讨论了纳其阿 / 萨库图的元素出现在塞弥勒弥斯的传说中的可能性。一个不同的建议是，尼托克里司的传说起源于那波尼德斯可怕的母亲阿达－古皮本人（Grayson 1982：244）。Röllig（1969）则分别考虑了两种可能性。

57 Athenagoras，*Plea for the Christians* 30.

58 这个故事是米尼亚斯的一个女儿讲述的：

> 她亲密姐妹们吩咐她开始，
> 但她知道这么多故事，又该讲哪一个呢？
> 她想了很久，不知所措：
> 你的故事吗，巴比伦的得塞托？
> 一个女人，如同叙利亚人认为的那样，
> 被变成了一个带着鳞甲的动物，
> 正在一个小水塘里游泳？
> 或者是她的女儿，
> 被变成了一个颜色最洁白的鸽子，
> 在一座高塔中度过了自己的余生？
>
> （*Metamorphoses* 4.71–9）

59 Grayson 1982：243–4.

60 在阿舒尔的所谓斯特伦赖亨（*Stelenreihen*）中有一座为萨穆莱姆特而建的石碑。她配得上这种荣誉，这其实并非独一无二：还有其他镌刻着女人事迹的铭文的石碑（Schram 1972：519）。尽管如此，这块石碑还是相当不同寻常，足以让它成为一份重要的旁证，以证明其重要性。在阿达德－尼拉里三世（Adad-nirari III）的一块石碑上也有她，她在那里的名字排在她的国王儿子后面。（Grayson 1982：275）

61 Weinfeld 1991.

62 *Bibliotheke Historica* 2.20.2.

63 *Bibliotheke Historica* 2.21，23.

64 *Bibliotheke Historica* 2.22.1.

65 *Bibliotheke Historica* 2.21.1–2.

66　Aeschylus，Persians.

67　见本书。

68　*Bibliotheke Historica* 2.23.1–2.

69　*Bibliotheke Historica* 2.26.4.

70　*Bibliotheke Historica* 2.27.1–2.

71　*Bibliotheke Historica* 2.27.2.

72　Kuhrt 1995b：57.

73　Kuhrt 1995b：57.

74　Andre´-Salvini in Babylone：394.

75　沙马什·舒姆·乌金的名字也流传下来了，在托勒密典籍中是“扫斯多齐诺斯”（Saosdouchinos），在贝罗索斯的叙述中是“萨摩格斯”（Samoges）（Oelsner 2012）。

76　Van De Mieroop 2004：4.

77　Dalley 2003b.

78　Dalley 2003b：181.

79　Josephus，*Against Apion* 1.129–31。贝罗索斯创世故事的叙述没有传下足够多的细节，没法证实是否有来自《埃努玛－埃利什》的巴比伦创世故事：包括马尔杜克与提亚玛特之战；他用她的尸体创造了世界；而且他还创造了星辰以及人类。*FGrHist* 685F 1a–b.

80　见 Verbrugghe and Wickersham 1996：8.

81　Kuhrt 1995b：63.

82　Athenaeus of Nacrautis，*Deipnosophistae* 639c；Stephens and Winkler 1995a：26. Parpola（1993：xxx–xxxi，n. 16，17）认为，这种萨凯亚很可能不是摄政能主持的仪式，这个术语也被用于希腊的资料来源中，但可能指的是后来的一种形式，即巴比伦新年庆典的一部分。De Breucker（2011：642–3）也提出了一个真正的但未经确认的巴比伦仪式的起源。

83　Plutarch，*Erotikos* 753d–e.

84　Bibliotheke historica 2.20.3–5。除这句话之外，我们对这里提到的“阿忒那奥斯”一无所知。

85　Arnaud-Lindet 1990–91：vii；Brumble 1998：302.

86　Orosius，*History Against the Pagans* 1.4.6–8.

87　Orosius 认为，从塞弥勒弥斯的重建（在《圣经·创世记》中认为是在巴别塔倒塌之后）到它在米底军队手中陷落，巴比伦存在了 1164 年；而从它的创建到遭到亚拉利克洗劫，罗马也存在了 1164 年（Laistner 1940：252）。

88 Sack 1991：35.

89 *Against Apion* 1.146–53；Eusebius，*Praeparatorio Evangelica* 9.

90 Alexander Polyhistor，*On the Jews*，在 Eusebius，*PraeparatorioEvangelica* 9 中引用。

91 *Against Apion* 1.146–9.

92 *Against Apion* 1.150–3.

93 可参见达雷的论证，其人认为后来的历史混淆了尼布甲尼撒和辛那赫里布。（Dalley 2003b：179）

94 "……他在他的《迦勒底史》（*History of Chaldaea*）第三卷中谴责了希腊历史学家，因为他们轻易地相信，巴比伦是由亚述人塞弥勒弥斯创建的，并错误地声称，这座城市的辉煌建筑物是她的创作。有关这些问题，肯定必须接受迦勒底的说法。"（Josephus，*Against Apion* 1.142–3）这一总结也认为，贝罗索斯确认塞弥勒弥斯为亚述人，让它实际上成了有关这位女王和她的身份的唯一有记录的巴比伦评论。

95 Van der Spek 2008.

96 Josephus，Against Apion 1.141；见 Josephus，*Jewish Antiquities* 10.11。

97 在 Reade 2000 中的讨论。

98 Eusebius，Chronicon 46；*Armenian Chronicon*，pp. 44，53.

99 有一种理论认为，贝罗索斯关于花园的叙述是后来博学者亚历山大加进去的。我认为更有可能的是，贝罗索斯为不懂巴比伦语的读者多做了一点解释，告诉他们希腊的空中花园在什么地方符合巴比伦的历史，并把克特西亚斯提到的波斯纠正为米底，弄清了尼布甲尼撒二世王后的身份。然而，如果我们承认这是后来加进去的，就只能加强一个论点，即贝罗索斯没有因为想要与空中花园故事完美契合而捏造尼布甲尼撒二世与安美伊迪丝的婚姻。

100 如果认为克特西亚斯在叙述中把米底说成了波斯是真实的，就需要解释这一点：他对于伊朗和阿契美尼德帝国有第一手了解。我同意 van der Spek（2008）的说法，即他并未混淆二者，而是记录了这个故事的一个波斯语说法，故事中的王后是波斯公主。

101 但克莱塔卡斯直接接触这个故事的可能性较小。老普林尼声称，克莱塔卡斯随亚历山大去了巴比伦，但更为可能的是，他依赖于他的其他信息来源（例如归来的士兵）。无论他是否能够接触另一种版本，他或许"纠正"了克特西亚斯，就像我们可以证明，克特西亚斯曾经纠正过希罗多德一样。

102 *Souda* Ξ.49.

103 Doro Levi 的判断是，尽管经历了相当大的转变，"古老传说中的人物和元素仍然是可以辨认的"。（Levi 1944：423）同时，他也指出了小说中几个很不寻常

·注释· ZHU SHI ·

的方面：“它基于一个历史基础；爱情不是邂逅的结果，而是长期交往和共同意向的结果，主角的探险和流浪也不是偶然的、毫无目标的，而是受到高尚的政治与道德因素引导的；那位女子似乎没有和她爱的人一起旅行，而是留在家中等待他归来。”（Levi 1944：424）最后一条并非绝对清楚，但如果假定是正确的，则它实际上出于以下原因：小说对于正统的偏离可以归因于更早的传说：毕竟克特西亚斯叙述过，塞弥勒弥斯没有随尼努斯上战场。亦可见 Kussl 1991：84–95。

104 McCall 1998：185.

105 尼努斯的族谱部分显示：“阿格龙是尼努斯之子，拜卢什之孙，阿尔凯奥斯之曾孙”（*Histories* 1.7）；塞弥勒弥斯曾对巴比伦防卫做出了杰出贡献（*Histories* 1.185）。

106 这一问题也令人沮丧地反复出现在绘画作品中：两幅流传下来的罗马镶嵌图案似乎描绘了这个故事。在亚历山大勒塔（Alexandretta）的那幅画命名了尼努斯，但没有表现女性人物。在安条克的镶嵌图［现存普林斯顿大学（Princeton University）］中，画面中有一个斜倚的男性形象。通过与亚历山大勒塔的那幅图相比，几乎可以肯定该男性是尼努斯（Levi 1944），因此人们便认为那个立姿女性表现的就是塞弥勒弥斯，但这里的两个人物形象都没有注明。就连援引这部小说的古代资料也帮不到我们：在卢西安的《伪生物学家》（*Pseudologista* 25）中的一份明显的引言也只提到了尼努斯！

107 ‘Derkeia’（Ninus 片段 A.iv.14–15），来自 Derceto（Diodorus，*Bibliotheke Historica* 2.4.9）。

108 狄奥多罗斯记录了这样一份叙述（Athenaeus，in *Bibliotheke Historica* 2.20.3）；亦可参阅 Plutarch，*Erotikos* 753d–e。

109 Stephens and Winkler 1995a：23.

110 Photius，*Bibliotheke*，codex 94.

111 Stephens and Winkler 1995b：179.

112 *Souda* I.26.

113 Photius，*Bibliotheke*，codex 94.

114 Ovid，*Metamorphoses* 4.87–227.

115 *Metamorphoses* 4.87–91.

116 古典作者想象中的巴比伦是一个著名地标。尽管它和皮拉摩斯与提斯柏一样是虚构的，我们还是有一份关于尼努斯的坟墓的描述：“塞弥勒弥斯把尼努斯埋葬在都城里，她在他的灵柩上面堆上了一个庞大的土丘，据说高 9 斯塔德，宽 10 斯塔德。所以，从那时起，这座城市便位于幼发拉底河畔的一座平原上，这个土方工程在好多斯塔德外都能看见，就像一座城堡；人们声称它直到今天还在，甚至在米底人推

·注释· ZHU SHI ·

翻了亚述人的统治，建立了尼诺斯城（Ninos）之后也还在。”（Diodorus Siculus，*Bibliotheke Historica* 2.7）

坟墓高 1.6 千米，这当然是不可能的，但如 Murphy（1989：10）指出的那样，这段描述很好地回答了一个问题：即为什么在任何历史悠久的美索不达米亚城市旁边都会有一个大土丘，甚至有一个像尼尼微城本身那么大的庞大土丘。

第 4 章　湮没在角落：中世纪与文艺复兴的文学如是说

1　在其他领域的传播并非如此，如医学、天文学和占卜，那里的楔形文字资料来源在中世纪的前几百年中还被传抄与翻译成希腊语和阿拉米语。

2　Spiegel 1975：316.

3　Spiegel 1975：316.

4　关于这场在 20 世纪的辩论过程，见 Freedman and Spiegel 1988。

5　Villalba Ruiz de Toledo 2006：31.

6　Hudson 1981：2.

7　Hilprecht 1904：13.

8　也叫 *Sefer Masa'ot* 或者 *Librode Viages*。有关本杰明是个商人的推测，基于他在叙述中表现地对生意和商业的专门知识和兴趣（Magdalena nomdeDéu2006：22）。

9　Adler（1907：43）已经意识到了这一点。Lundquist（1995：69）认为，本杰明可能在《犹太法典》中遵守着同一身份认同。

10　Benjamin of Tudela，Itinerary 102.

11　Itinerary 102.

12　Asher 1840–1：xi.

13　Asher 1840–1：xii。在这个关系中，注意到以下这点很重要：17—18 世纪，有人尝试证明本杰明从来没有离开过图德拉。他们把本杰明的叙述视为“夸大真实数字的企图，用平淡的色彩描绘遥远国家中的犹太人状况”（Asher 1840–1：xiii）。这是一种广泛的反犹立场之表现，对此亚瑟反应灵敏：他不相信这种说法，在他自己的叙述中没有采用这种说法。

14　Magdalena nom de Déu2006：24.

15　Signer 1983：15.

16　有关欧洲学术界阿拉伯语学者的情况，见 Irwin 2006。

17　Marco Polo，*Travels* 7。但我们应该指出，有人曾经质疑，在《旅行日记》的大多数版本中使用并取自文本 F（Parisian Ms 认为在存世版本中最可靠、最真实的文本）的这一章的划分和标题是否是原有的，因为这种安排在其他版本中没有（Latham 1958：28）。

18　*Travels* 7/Latham 1958：51，52.

19　Chiesa 2002：6.

20　Chiesa 2002：13–14.

21　Chiesa 2002：10；Yule 也认为从亚兹德走这段弯路不大可能。

22　Odoric，Relatio 4.

23　Telfer 1879：xxvii.

24　Telfer 1879：xviii–xix.

25　Telfer 1879：xix.

26　*Bondage and Travels* 15.

27　*Bondage and Travels* 34.

28　Schatt=*Shatt*（ش ط），意思是“河岸”。在希尔特贝格的时代，底格里斯河的阿拉伯名字和现在一样，是 *Dijla*（د جلة）。流过巴比伦的那条幼发拉底河的支流叫作 *Shatt al-Hillah*，而今天，底格里斯河和幼发拉底河更南边的汇流点叫作 *Shatt al-Arab*。

29　Bruun 1879：167.

30　Bruun 给出的含义是“监狱”，但阿拉伯语 ر ب ط（rabat）是“捆绑”，而且（م ر ب و ط marbut）是“被捆绑着的”，这说明“捆绑宁录”是另一种翻译。

31　Ooghe 2007：234.

32　Rauwolf 1583：203.

33　Rauwolf 1583：204.

34　Hilprecht 1904：14。这是克劳狄亚斯 · 里奇在 19 世纪初意识到的。总体来说，他的许多前人认为是建筑物废墟的东西事实上是废弃的渠道。

35　Eldred 1903（1592）：298.

36　最先描述这条路线的似乎是葡萄牙学者旅行家佩德罗 · 特谢拉（Pedro Texeira）（Ooghe 2007：239）。Carruthers 在 1929 年曾复制了 4 份 18 世纪从阿勒颇到巴士拉的路线描述。显然，这条沙漠路线大大减少了盗匪的危险和河流穿过其领地的部落征收的费用。

37　Budge 1925：60.

38　Hilprecht 1904：14.

39　Eldred 1903（1592）：299。这个比较很生动，我们需要记住，埃尔德雷德是在 1666 年伦敦大火之前写下这段话的，所以是在克里斯多弗 · 雷恩（Christopher Wren）设计了现在的圣保罗大教堂（St Paul’s cathedral，重建于 1675—1710 年）之前写下的。埃尔德雷德心中的那个圣保罗大教堂，尖塔甚至比雷恩设计的拱顶更高，尽管小得多，体量也没那么宏伟，而这一点在伦敦博物馆里仍能看到。

40 Manwaring et al. 1825.

41 Tavernier 1676–7：214.

42 Manwaring et al. 1825：51–2.

43 Ooghe 2007：236.

44 如果非要找出一座伊斯兰建筑影响了欧洲的建筑风格的话，这可能会是在开罗的伊本·图伦清真寺（Ibn Tulun mosque）。它带有正方形截面的尖塔。然而，我甚至觉得它也不一定能够解释中世纪的这些图画。

45 Blunt 1ug953；Invernizzi 2000，2001.

46 Invernizzi 2000：643–4。关于唐·加西亚·德·席尔瓦·菲格罗亚的生平与成就，见 Córdoba 2006。

47 Budge 1925：16.

48 Invernizzi 2000：648.

49 Ooghe 2007：240.

50 Invernizzi 2000：646.

51 Kircher 1679.

52 Della Valle 1650–63。他的另一部著作后来发表在 19 世纪（Della Valle 1843），有人将它翻译成了英文（Bull 1989）。有关意大利文版本和评论，见 Invernizzi 2001。

53 有关这一印章的图画，见 Tabouis 1931：5。

54 Christoph Fernberger，*Reisetagebuch*：58；Ooghe 2007：237.

55 Lewis 1964：11.

56 Lewis 1964：10.

57 “那是我从他那里学到的第一件事：可以把均衡的想法整理出来，让它们看上去像色拉而不像炖菜。他讨厌乱糟糟的一团东西。‘正是这些海洋会失去海岸’是他喜欢的奥维德的一句话，而且他非常喜欢把各种想法分开，而且不让它们混杂起来。”（Watson 1995：230）

58 Bloomfield 1958：75.

59 *Natural History* 7.2.

60 Korte 2000：22.

61 Kendall 1978：145.

62 Kendall 1978：146–7.

63 必须承认，即使没有这份翻译，这份工作也会保存下来，因为古叙利亚文和亚美尼亚语的文本也保存下来了。

64 Rebenich 2002：27.

65 Laistner 1940：243.

66 Rebenich 2002：52.

67 Bourke 1995：295；Mommsen，T. E. 1995：359.

68 Vernay-Nouri in Babylone：380.

69 在对近东文物的研究中，遗漏阿拉伯语资料文献是经常发生的问题。我在这里深切感谢 Janssen（1995）的杰出研究，他收集并讨论了有关巴比伦的中世纪阿拉伯语资料。

70 Sachau 1879：v–vi.

71 贝尔（Bel）这个名字前缀经常在不同的背景下出现，反映了希腊人对一个实际上意思是“主”的巴比伦语之困惑。这个前缀被用于许多神祇，最常用的是指代马尔杜克。

72 Al-Biruni，*Al-Athar al-Bakiya* 87.

73 在比鲁尼的书中叫作 Thonos Konkoleros。

74 *Al-Athar al-Bakiya* 87；Sachau 1879：100.

75 *Al-Athar al-Bakiya* 88. 在欧洲历史资料来源中从来没有人做出这样的归属。

76 这不是尼布甲尼撒二世，但可能是新巴比伦时期早期的国王纳巴那沙（Nabonassar，前 747—前 734 年在位）。

77 两个中较晚的（Bibliothe´quen ationale de France，departmentd es Manuscrits，Arabe 1489，f.161v）抄自比较古老的（University of Edinburgh Library，Ms 161，f.134b），但二者非常相近，后者的年代为公元 1307 年（伊斯兰纪元 707 年）。Soucek 1975：145–7；*Babylone*：421；*Babylon*：*Myth and Reality*：149.

78 Yaqut 1.447–9；Janssen 1995：197.

79 Lewis 1982：158.

80 Yaqut 4.798；al-Himyari 357. Janssen 1995：166.

81 Janssen 1995：197.

82 Yaqut 1.770；al-Himyari 73. Janssen 1995：193.

83 Janssen 1995：193，援引了 Arabian Nights。

84 Al-Bakri 136.

85 Janssen 1995：136.

86 Collins and Al-Tai 1994：105.

87 Cohen 1967：xiii.

88 Cohen 1967：168.

89 Vernay-Nouri in Babylone：391。菲尔多西（Ferdowsi）将较早期说扎哈克是怪物还是人的传说做了调和。扎哈克在一次事件中受到一个邪恶的精灵阿里曼

(Ahriman)的愚弄，结果《列王纪》(*Shahnahmeh*)中的人类扎哈克的肩膀上生出了蛇。

90 Hamza Isfahani，由 F. Richard 在 *Babylone*：392 中引用。

91 Al-Tha’alibi，由 F. Richard 在 *Babylone*：392 中引用。

92 Barnett 1982：314.

93 阿拉的一个可能的历史来源是乌拉尔图国王阿拉米（Urartian king Aramu，前 858—前 844 年在位），他的王国遭到亚述王撒缦以色三世袭击，首都也被占领。

94 Lewis 1964；见上条注释中的注解，pp. 97–8。

95 Auerbach 1952：6.

96 Dante，Inferno 12.104–5.

97 *Inferno* 4.129.

98 *Inferno* 28.

99 Dante，*Paradiso* 23.130–5.

100 *Inferno* 5.52–60.

101 Brumble 1998：308.

102 Laistner 1940：250.

103 Dante，*Paradiso* 10.118–20.

104 Dronke 1986：95.

105 但丁与历史上的维吉尔（*Aeneid* 12.899–900）一样，认为大洪水以前的人要比现代人更高（Levine 1967：457）。

106 *Inferno* 31.76–81.

107 Janssen（1995：157–72）在中世纪的阿拉伯资料来源中，人们还发现了对宁录表达的不一致之处。

108 *Paradiso* 4.13–15.

109 实际上是由丢勒从 Venetian lady 的一幅较早的肖像画上借用的（Carey 1999：138）。

110 Revelation 17.4.

111 Revelation 18.21。其中一个带着一块将被扔进海里的磨石，象征巴比伦将不再制造面包。其他的天使大概在喊叫着“伟大的巴比伦正在陨落”。

112 著名的例子包括 Hans Burgkmair，Georg Lemberger 和 Jean Duvet 的系列。

113 Chastel 1984：99；Allard in Babylone：440.

114 在两幅保存下来的油画作品中，较早的那幅的创作年份是 1563 年，现存维也纳艺术史博物馆（Kunsthistorisches Museum，Vienna）；第二幅创作年份约为 1568 年，现存鹿特丹博伊曼斯·范伯宁恩美术馆（Museum Boijmans van Beuningen，Rotterdam）。第三幅画是在罗马创作的，画在象牙上，在克罗地亚微型画家朱利奥·克洛维奥的财产清单与遗嘱中有记录，但失传了。

115 Van Mander 1604，在英文译文中重复了这个说法：Grossman 1955：7–9。

116 De Tolnay 1935.

117 有关对勃鲁盖尔的圈子和影响的考察，见 Zagorin 2003。

118 Carel van Mander 说这幅画被烧毁了，“因为有些地方的批判性太强或者讽刺性太强”（在 Sybesma 1991：467 中引用）。

119 Sullivan（1991）证明勃鲁盖尔曾使用过拉丁与希腊谚语，包括从 Erasmus 的 Adages 中引用材料的特例。

120 Sullivan 1991：460.

121 约 1567 年，画板油画，现在维也纳艺术史博物馆。

122 约 1610 年，帆布油画，多伦多安大略省美术馆汤姆森收藏（Thomson Collection，Art Gallery of Ontario，Toronto）。

123 Ferber（1966）认为，在《屠杀无辜者》中的一个中心人物表现的是费迪南德·阿尔瓦雷斯，即阿尔巴公爵（Ferdinand Alvares，Duke of Alba），他以对西班牙属荷兰的严酷统治闻名，这是解释勃鲁盖尔的几件作品引人注目的原因之一，因为其中含有对西班牙和天主教等级制度的隐晦攻击，尽管他的重要赞助人之一是枢机主教安东尼·佩里诺特·德格兰维尔（Cardinal Antoine Perrenot de Granville），他从 1567 年起担任菲利二世（Philip II）在西班牙属荷兰的摄政。

124 Mansbach 1982：48。他也认为（尽管没有有力证据），这幅画的另一层意思可能类似 Arrian 和 Strabo 分别在（Anabasis 7.17）和（Geography 16.1）所描述的那样，指的是亚历山大大帝和他想要重建巴比伦的金字塔形神庙的企图。

125 似乎可以肯定，鹿特丹的画板已经在各方面变小了（Lammertse 1994：402–3），但我们还是可以想象，要去掉一位前端人物，所做的缩减将会多么离谱。如我们确实想象到了这样一个重大的变化，卢卡斯·范·瓦尔肯波奇在大约 1568 年创作的两件有关巴别塔的作品，或许能为勃鲁盖尔在其后的鹿特丹画作的原始创作提供一点线索。如果这是正确的，则在大约 1595 年以更广阔的景观下观察这座塔应该是瓦尔肯波奇的创新。

126 对于勃鲁盖尔的画作的意义有这么多争论，这本身就说明这些画在当时也是含义不清的。Kavaler（1999）强烈认为，勃鲁盖尔有意创造了这些寓意含糊的作品，向参观者提出了疑难与问题。

127 这幅画作本身不是对《创世记》说法的简单表现。《创世记》完全没有明确地说到塔被摧毁了；这种精细阐述第一次是由约瑟夫斯做出的（见第 3 章）。对于它被摧毁的描述并不少见，但更奇怪的是一个写着“《创世记》第 14 章”的铭文。《创世记》第 14 章完全没有提到巴别塔或者巴比伦；巴别塔在《创世记》第 11 章中，而且看上去，最初刻蚀上去的铭文也有这个内容。数字4是经过改动的。几乎可以肯定，修改铭文是为了做出与《创世记》第14章的联系，因此将巴比伦的戏剧性毁灭作为联系罗马的寓言。（Armstrong 1990：105–14）

128 Ten Brink Goldsmith 1992：208.

129 *Grimani Breviary*，Biblioteca nazionale Marziana，Venice，Ms Lat. I，99（2138）；Kren and McKendrick 2003：no. 126；*Farnese Hours*，Pierpont Morgan Library，Ms M. 69.

130 Gibson（1989）深刻地研究了这一世界景观类型。

131 Mansbach（1982）仍旧认为，高耸入云的鹿特丹塔是一件表现坚定的乐观主义精神的作品，他把塔的灯光描述为田园抒情。我比较赞同认为塔的灯光是不吉之兆的标准解释，它与正在变得阴暗的天空和正在聚集的云层一起说明清算的时刻即将到来；但乌托邦解释也是可能的，而且把两个矛盾的思想线索糅合在一起，形成单一的暧昧作品，这也不能说不是勃鲁盖尔的风格。但我还是要提出，一个乌托邦的含义不容易成为画作的中心思想，因为我们可以预期，参观者会在画作中得到有关巴别塔的确定理解：它是对狂妄自大的危险和傲慢受到的惩罚的一堂训诫课。

132 Wegener 1995 收集与讨论了这些画作。

133 Budge 1925：63.

134 Kircher 1679.

135 Findlen 2004：4.

136 Grafton 2004：183.

137 正如我们在第3章中所述，Kuhrt and Sherwin-White（1987）认为，这是对文字资料来源的错误解释。

138 右面的人物是直接从维罗内塞（Veronese）1580年的 *Rape of Europa* 中借用的（Starcky 1990：74）。左边一组人物中，最突出的是伦勃朗的妻子萨斯基亚（Saskia）。

139 Goetz 1938：287–8.

140 有关伦勃朗的作品与犹太人的联系与影响的研究，见 Zell 2002；Nadler 2003。

141 Sanhedrin 22a.

142 人们对伦勃朗与门纳西的结合的证据有过激烈争论，确实，《伯沙撒的盛宴》中的铭文就是这一争论中许多内容的焦点。（Schwartz 2006，2011）提出了这一铭文的另一种基督教资料来源；然而，我与同事欧文·芬克尔更希望提供我们认为很有说服力的证据，认为伦勃朗曾经为此咨询过某位犹太人书吏，最大的可能是门纳西·本·以色列。（Finkel and Seymour，撰写中）

·注释· ZHU SHI ·

143　观察者会有一种感觉，即桌子本身是倾斜的，面对文字的人们因恐惧而退后得越来越厉害。这是因为这幅画在某个阶段有所涂改，而且方向略有变化造成的。（Bomford et al. 2006：113–14）

第 5 章　远方的乐土：英法对巴比伦的考古

1　Budge 1925：61.

2　也叫艾哈迈德·伊本·卢特富拉（Ahmed ibn Lütfullah）。在《圣经》与古典资料文献中，姆尼希姆巴西本人与欧洲学者同样受人敬仰。

3　Otter 1768：vol. 2：209–11.

4　确实，当时注意到 Edward Ives（1773）和 G. A. Olivier（1789–90，1801）的叙述的人们没有做出同样水平的贡献（Hilprecht 1904：20–1）。

5　Hilprecht 1904：18.

6　Niebuhr 1774–8.

7　Rich 1839：301. 亦可参阅 Reade in *Babylon*：*Myth and Reality*：27。

8　Beauchamp 1790–1800：13.

9　McClintock 1995：1–4.

10　Stanley 1998（1886）：42.

11　Rich 1813，1815，1839.

12　Rich 1815：5.

13　Budge 1920.

14　Rich 1815：1–2.

15　Rich 1815：15.

16　Rich 1815：26.

17　Rennel 1800.

18　Ker Porter 1821–2；Buckingham 1827；Keppel 1827.

19　Rich 1815：29.

20　Rich 1815：17，提到了 Xenophon，*Cyropaedia* 7。《塞罗皮迪亚》基本上是一件想象力的作品，而实际上，我们对于居鲁士早期的生活或者教育知之甚少。古代美索不达米亚的战争确实有时涉及水资源的分配，但在这种情况下，这个故事直接与巴比伦王国和波斯王国的叙述矛盾，因为这些叙述说明，居鲁士在巴比伦军队被俄庇斯击败后畅通无阻地进入了巴比伦。

21　Gazin-Schwartz and Holtorf 1999.

22　Rich 1815：29.

23　Reade 1999：57.

24 Koldewey 1914: 160. 直译为 Mujelibè / Mudshallibeh 的阿拉伯名字似乎是（مجلبة mujaliba），来自（جلب jalaba），意思是“骚动，混乱”。

25 Rich 1815：26.

26 Reade（2000：196）对此的讨论。

27 Rich 1815：34.

28 Rich 1818.

29 Rich 1839.

30 Gadd 1936：11.

31 Adelson 1995.

32 历史上，欧洲媒体对 19 世纪中叶庞大的亚述发掘做了极好的报道，特别是梅根·沃克·拉森（Mögens Trolle Larsen）的《征服亚述》（*The Conquest of Assyria*）和妮可·契瓦利埃（Nicole Chevalier）的《法国对东方的研究》（*La Recherche Arche´ologique Francaise au Moyen-Orient*），我们只能在这里略微概括一下它们的主题。有关一个广泛的、充分重视了奥斯曼帝国的见解与行动的奥斯曼考古史（见 C¸elik and Eldem 2011. Chevalier 2002）充分涵盖了奥斯曼－法国外交。有关美索不达米亚，亦可参阅 Bernhardsson 2005；Malley 2012。

33 Chevalier 2002：21.

34 有关对非古典雕塑和它与 10 世纪初的米沙利收藏的相关性，见 Jenkins 1992：56–74；Moser 2006。

35 甚至在他离开英国之前就有明显的迹象，说明莱亚德的法律事业生涯不会长久。他曾在他的叔叔本杰明·奥斯汀（Benjamin Austen）的律师事务所里做过职员，但这份工作对他不合适，于是他于 1839 年离开前往锡兰寻找出庭律师的工作，其中也带有旅行与探索的动机。甚至除此之外，莱亚德也有让自己在法国和意大利童年养成的四海为家的心性与他叔叔狭窄的职业世界分离的想法。这次旅程本身显然是莱亚德最初目的的一大部分，而且确实，他得到了皇家地理学会的委托，研究他旅行所到之处的地形（Parry 2006）。

36 Reade 1994：121.

37 Layard 1849a：vol. 1：13–14.

38 Holger Hoock（2007）强调，其实仅仅私人资助就能够支撑英国的发掘，而且发掘者们还从英国陆军和海军那里得到了大批免费的后勤支持，以及在取得发掘允许与出口文物方面得到了英国外交使团的关键支持。有关不列颠帝国中政府、军方和文化行为特别是收藏之间关系的两个大得多的研究，见 Jasanoff 2005；Hoock 2010。

39 Russell 1997：120.

40　Layard 1849a；Botta 1849.

41　Layard 1849a：vol. 2：173–4.

42　Jenkins 1992：68.

43　Layard 1849a：vol. 2：287–8.

44　Jenkins（1992）对此做了研究。

45　亨利·罗林森致斯特拉特福德·坎宁爵士，British Museum Original Correspondence 36，30 August 1846；在 Jenkins 1992：156 中引用了更长的一段文字。

46　Waterfield 1987：13–14.

47　Reade 1987：48.

48　Reade 1998：915.

49　Bohrer 1989，1992，1998，2003. 有关英国对于亚述发现更广泛的认可，现在见 Malley 2012。

50　Bohrer 1992：85.

51　Layard 1852.

52　Layard 1849b.

53　Layard 1853a.

54　Phillips 2004：109.

55　Comission des sciences et ars d' E´ gypte 1809–18.

56　Koldewey 1913，将在第 6 章中讨论。

57　莱亚德在绘图方面天赋很高；他的原始图现存大英博物馆中东馆。

58　见理查德·欣格利（Richard Hingley）的《罗马军官与英国绅士》（*Roman Officers and English Gentlemen*），其中更全面地讨论了这一点（Hingley 2000：156）和古罗马在不列颠帝国认同方面扮演的角色。

59　Hingley 2000.

60　Jenkins 1992；Moser 2006.

61　例如可以参阅 Curtis 2010，以及对于 Cooper 有关莱亚德的工作的调研。

62　在大英博物馆中来自霍尔萨巴德的最大的带翅膀公牛上，可以明显地看到重新组装时留下的切割痕迹。每个重新组装的塑像大约 16 吨重。

63　Oppert 1863：vol. 1. 当时的发掘者遭到了批评，因为他们未能向当地的部落领袖付出必需的买路钱或者通过谈判疏通路线（Matthews 2003：9）。

64　现在我们可以指出被劫掠的泥板的问题，它们在没有受到保护的情况下状态迅速恶化。在 2003 年的伊拉克战争的余波中，劫掠者也抢走了用于保护亚述宫殿遗址暴露部分而建立的金属屋顶。在形势良好时应有的维修措施消失了，在这个国家的各个遗址中都可以看到这种给泥砖建筑带来不可估量的破坏的情况。

65　Layard 1853b：499–500。然而，对于菲力克斯·琼斯（Felix Jones）即将为东印度公司的更详细调查，莱亚德态度积极，认为会有用。调查在 1855 年实施，但资料丢失了；琼斯的后任 W. B. Selby 做了另一次调查（Selby 1859）。

66　“无疑，有人一心一意想象一个大正方形，足以将散布在从莫哈维尔（Mohawill）到下游河畔的希拉城为一边、西南角的比尔斯尼姆鲁德为另一边的平原上的小些的土丘全部囊括其中，让巴比伦具有这样一座城市的遗址规模，或许这就能让他们心满意足了。但这就必须假定，希罗多德曾经如此详细地描述过的外城或者护城河都不可能存在过。”（Layard 1853b：492）

67　有关段落本书中也有叙述。然而我认为，这一信息不够清晰，无法确认巴比尔土丘就是想要找的遗址，而且显然，在巴比伦及其附近的多个地点都与这个故事有关。里德（Reade）在《巴比伦·神话与现实》（*Babylon*：*Myth and Reality*）中认为，毗邻比尔斯尼姆鲁德的依布拉希姆卡里尔（Ibrahim Khalil）土丘是本杰明的火焰熔炉更可能的候选地点。

68　Layard 1853b：505. 有关哈鲁特和马鲁特，见《古兰经》相关章节。请注意，这个地点未必就是中世纪阿拉伯资料来源中与哈鲁特和马鲁特的墓葬相关的“但以理之坑”。

69　Layard 1853b：506.

70　Layard 1853b：506.

71　Layard 1853b：506.

72　现存大英博物馆 N.2050. Layard 1853b：508；Babylone：140。

73　Layard 1853b：509–26.

74　Layard 1853b：527–8.

75　Kemball 1864；Reade 1999：57–8;Mitchell 2008.

76　拉萨姆复活了以圣保罗大教堂的为参照物，研究烈火窑门的问题，写下了：“一座像比尔斯尼姆鲁德那样庞大的塔会在它被建成之后遭受人为的侵袭，这不符合常理。这座塔最初必定至少有 200 英尺高；而要建造一座能够把它放在里面的熔炉，这就像试图用一个巨大的熔炉，把相当于圣保罗大教堂的整个拱顶那么大的物体放进去，然后只是为了将它变成一团玻璃而铸造熔炉！”（Rassam 1884：16）

77　有关拉萨姆的职业生涯，参见 Rassam 1897；Reade 1986a，1986b，1993，1999，in *Babylon*：*Myth and Reality*：74–80；Seymour 2013a.

78　“拉萨姆在巴比伦地区的发掘马不停蹄地持续了 3 年半，而且通常在两三个遗址同时（特别是在巴比伦、波尔西帕和西尔巴）进行，有时也在其他遗址进行，但在这段时间内，他本人在这个地区的时间只有 10 个月左右（1879 年 2 月 9 日—1879 年 3 月 24 日，1880 年 5 月 23 日—1880 年 6 月 9 日，1880 年 11 月 20 日—

1881 年 5 月 3 日，1882 年 4 月 22 日 —1882 年 7 月 25 日）。”（Reade 1986a：105–6）

79　在拉萨姆活着的时候，他的名声因为受到 E. A. 沃利斯·巴奇的谴责而受损，Julian Reade（1986a，1993）曾做了很多工作尝试恢复他的声誉。

80　Reade 1986b：xxi.

81　见 Reade 1986b，以及 Babylon：74–80。

82　Rassam 1897：363.

83　Rassam 1897：全页插图可参阅 Reade 1986a：106–11 和全页插图 13。然而，拉萨姆的平面图和草图的质量通常没有达到这个水平，而且托管人又一次未能为他提供专业帮助，这一次是没有为他提供所需的一位艺术家或者插图画家。

84　拉萨姆解释了为什么会出现这种情况，至少在卡斯尔土丘：“我发现，在伊姆加里巴（Imjaileeba）或者卡斯尔发掘只不过是浪费金钱和劳力，因为根据已有的深沟和已经被扔出来的垃圾，我确信那里不会留下任何有价值的古代遗物，因此完成在其中心进行一周的试验发掘，然后转入离它不远的其他没有暴露得这么厉害的地方。那些地方是这座城市的其他废墟，名字分别叫作欧姆兰（Omran，系 Amran 之误）和加木甲玛（Jimjima，系 Jumjuma 之误），在这两个地方，我在巴比伦的辛苦工作都得到了丰富的报偿。”（Rassam 1881：214–15）

85　Rassam 1894：17. 这一参考条目提到的是查尔斯·瓦伦西（Charles Vallancey，约 1726—1812 年），他对爱尔兰的文物兴趣形成了语言传播的新理论。他认为爱尔兰的语言和文化有东方（闪米特或波斯）起源，但没有得到他那个时代的学者们的认真注意；杰出的东方学家威廉·琼斯（William Jones）曾在印度问题上帮助过他，但在一封信中称他“非常愚蠢”（in Cannon 1970：vol. 2：768，cited in Vance 2008）。到一个世纪后拉萨姆发掘巴比伦的时候，把瓦伦西的言论当作权威似乎与时代相当不契合。

86　Le Strange 1905：187.

87　Grotefend 1824.

88　这一文本实际上是由 36 个因素（音节与字母字符）和 8 个书写标志组成，而不是用于其他楔形文字文本中数以百计的符号。

89　他写的是“Zend”，意思是用巴赞德语和巴拉维语（Pazend and Pahlavi）对于同名波斯古经的评论，或者是阿维斯陀语（Avestan），即波斯古经本身的语言。

90　Weißbach 1938；Borger 1980–3.

91　Layard 1849a：vol. 1：xxv.

92　有关编年史和对于罗林森的贡献的详细研究，见 Daniels 2009。

93　Rawlinson 1898.

94　有关这两位学者的工作之比较，见 Daniels 1994 和 Larsen。

95　一块带有提格拉－帕拉萨一世（Tiglath-pileser I，前 1114—前 1076 年在位）铭文的棱柱石碑，British Museum，BM 91033。

96　*Histories* 3.61–5.

97　Wilson 2002 解释了大英博物馆按照时间对各古物馆的划分，其中还用图表标记了划分的年份。按照现在的结构，所有来自美索不达米亚的文物都由中东馆负责。

98　British Museum，K3375，在尼尼微出土。

99　George（2003a）所做的最佳，他也编辑了权威性的学者版本（George 2003b）。

100　Audi 1998：250.

101　Plato，*Republic* 439d.1–4，由 Giustiniani 1985：167 援引。我感觉这是一个二元划分，一种分别对应于 Penner（1992：129）和 Williams（1973：169，1997：58）的活物，然而 Giustiniani 的解读认为是一个由“理性灵魂、情感灵魂和食欲灵魂”三部分组成的活物。（Giustiniani 1985：167）

102　Avis 1986：137.

103　Shanks 1992：16.

104　Bacon 1996（1605）：32.

105　Thomas 2004：16–18.

106　Descartes 1996（1637）：47.

107　Vico 1999（1744）：1.

108　Herrera 2001：77–8.

109　Schnapp 1996：222.

110　Voltaire 1814（1748）.

111　Voltaire 1749.

112　Voltaire 1768.

113　Ginzberg 1989：116.

114　Voltaire 1768：184；对 Voltaire 1969（1768）：127 的佚名翻译。

115　Pierse 2003：79.

116　Lucian，*True Stories*.

117　Bowerstock 1994：6.

118　Allard in Babylone：447. 有关对这座城市最早的确认和城市名字的可能来源，见 André-Salvini in Babylone：28；Lambert 2011。

119　*The Destruction of Sennacherib* 1.1–4.

·注释· ZHU SHI ·

120　最初来自 *Milton* 的前言，由 Sir Hubert Parry 于 1916 年谱曲。

121　“By the Rivers of Babylon We Sat Down and Wept” 2.1–6.

122　但拜伦本人在《唐璜》（*Don Juan*）中描述了那几件人们在美索不达米亚带回英国的发现，指出“克劳狄亚斯·里奇先生得到了几块砖，接着就此写下了两篇回忆录”。（*Don Juan* 5.62）

123　Delitzsch and Taglionis 1908.

124　Auguste Amiet-Bourgeois and Francis Cornu，Nabuchodonosor，1836；Antonio Cortesi，Nabuccodonosor，1838.

125　愿意阅读一份总结的读者，见 Seymour 2013b。

126　有关巴比伦在话剧与歌剧舞台上的布景，特别是《纳布科》，见 Allard in Babylone：476–81；Nadali 2011。

127　来自亚述纳西拔在尼姆鲁德的西北宫殿的浮雕。实际上的流落区域非常广，一些单片和少数几片的组合在全世界多个地区都有保存。见 Cohen and Kangas 2010，Paley 1976 and Russell 1997。有关浮雕分布的整个研究，见 Paley 1981—1992。

128　这套首饰现藏大不列颠博物馆（BM 105111–105128，115656），是莱亚德爵士夫人的遗赠。Barnett 1978：Rudoe 1987；Collon 1995。

129　Russell 1997：9。这是约翰·马尔科姆·拉塞尔发现的半块浮雕，开始时被误认为是尼尼微门廊上的一整块铸件，于是被坎德福学校用作糖果店，最后导致了一次罕见的交易。这块浮雕在拍卖会上拍出了 770 万英镑的价格，是有史以来价格最昂贵的古物。（Russell 1997：192）

130　Russell 1997：121.

131　然而，财富和社会地位并不见得会并行增长，而这次婚姻可能影响了女贵族夏洛特的地位。尽管约翰·格斯特非常富有，但与他联姻仍然算是嫁给了商人。（John 2004）

132　Russell 1997：121–2.

133　Lundquist 1995：177.

134　Wilde 1998（1894）：ll. 283–7.

135　Wilde 1998（1894）：ll. 1066–8.

136　Cowling 2004：15.

137　Said 1978，1993；Nochlin 1989.

138　Layard 1852：52.

139　Thompson and Hutchinson 1929.

140　165 Moser 1998.

第 6 章 “3B”计划与争夺巴比伦的归属

1 Layard 1849a，1852，1853b.

2 Layard 1849b，1853a.

3 有关科尔德威更广泛的生平、工作与个性，见 Andrae 1952 以及现在的 Wartke 2008。

4 Sachau 1900；Rogers 1900：247.

5 Hauser 2001：214.

6 Mommsen，W. J. 1995：120.

7 Williamson 1998（1986）：53.

8 Mommsen，W. J. 1995：151.

9 Marchand 1996：193.

10 Marzahn in Babylon：Wahrheit：67.

11 Bohrer 2003：280.

12 Bohrer 2003：280.

13 有关这条铁路和德国更广泛的帝国野心，见 McMeekin 2010。

14 Marchand 1996：191.

15 Koldewey 1914：vi. 本章提及的页数按照这一英文版本；页数标记与德文原版（Koldewey 1913）略有不同。

16 Haskell 1993：217–35；亦可参阅 Wengrow 1999：599，注意来自苏萨的庞大的法国驻波斯代表团发掘陶瓷的意义，这一发掘是与科尔德威在巴比伦的工作同期进行的。

17 Rich 1818。希罗多德为城墙周长提供了一个不可能的数字——480 斯塔德（89 千米），而其他古典权威给出的数字也没有少很多：狄奥多罗斯、昆图斯·库尔提乌斯·鲁弗斯和斯特拉波给出的数字从 360 至 368 斯塔德不等。对于这座城市的范围和边界的估计差异极大，结果甚至在 19 世纪中叶，朱尔斯·奥波特都能做出与古典作者相差无几的估计（Oppert 1863）。他的平面图是一个极大的标准正方形，不但涵盖了巴比伦所有的主要土丘，而且也把比尔斯尼姆鲁德包括了进去，而它其实是另外一个城市波尔西帕。（Reade in *Babylon*：*Myth and Reality*：113）

18 Strommenger and Stucky 1977：10.

19 本处以及在本章讨论的科尔德威 1913，1914，可重点参阅 Koldewey 1911，1918，1931–2；Wetzel 1930；Wetzel and Weißbach 1938。

20 这时候发生在德国学术界的主要变化：“古典主义的退位”，在德意志东方学会这类组织中的科技主题与非古典背景的兴起，以及由马钱德出色地分析的自然科学的影响。

21 Pollock 1999：17.

22 Andrae and Boehmer 1989.

23 Koldewey 1914：73–4.

24 Koldewey 1914：195–6。然而，他确实抱有这样的观点，即“巴比伦天文学家肯定非常愿意把如此高耸的一座神庙作为他们观察夜空的平台”（1914：195）。一个如此神圣的地点的用途一定受到了极大的限制，只限于特定的宗教功能与人员。最高点肯定对于天文学家很有用，但那里很可能也是他们无法踏足的。

25 Andrae 1922. Micale and Nadali（2008），追踪了科尔德威工作时在发掘与记录方面使用的一个地层学方法。有关考古方法的创新，亦可参阅 van Ess 2008。

26 Micale and Nadali 2008，他们也指出：“然而，这些剖面图是建筑学剖面，更多地用于确定建筑情况，而不是一系列的考古层”。（2008：411）

27 King 1919：15.

28 King 1919：15.

29 Budge 1920：300–3.

30 有关金字塔形神庙的建筑学和对于楔形文字文本的处理，见 Schmid 1995；George 2005–6。有关对于这一废墟的航拍，见 *Babylon*：*Myth and Reality*：21。

31 Koldewey 1914：95–6.

32 Diodorus，*Bibliotheke Historica* 2.10.1–6；Josephus，*Against Apion* I.141，*Jewish Antiquities* 10.11; Strabo，*Geography* 16.1.5; Curtius，*History of Alexander* 5.1.5.

33 Koldewey 1914：130.

34 Koldewey 1914：46.

35 Koldewey 1914：46.

36 Keppel 1827：123；见 Myers 1875：211。

37 Koldewey 1914：160–2.

38 Koldewey 1914：160.

39 *Illustrated London News* 1854. 这个盒子现藏大英博物馆，BM 1976，0903.1. Rudoe 1994a：no. 127，1994b：260–3，pl. 1。

40 Lloyd 1980：174。“新标准”过了一段时间之后才成为新范式。德国的发掘与第一次世界大战前任何国家在中东的工作都不同，它们也没有在两次大战间歇期很快匹配。（Micale and Nadali 2008：409）

41 Winstone 2004（1978）：215.

42 Nagel 1976：69.

43 Delitzsch 1889b，1912，1914a，1914b.

44 Kucklick 1996.

45　Delitzsch 1881.

46　Delitzsch 1898.

47　Delitzsch 1899.

48　Bohrer 2003：287.

49　有关《伦敦新闻画报》考古学报道的选择，见 Bacon 1976。

50　Larsen 1989：189.

51　Larsen 1989：200.

52　Bohrer 2003：290.

53　Delitzsch 1903.

54　这个段落是 Isaiah 63.1–6。

55　应该指出，在后来的生活中，这位流亡皇帝继续奉行德里慈的观点，包括后者在 *Die grosse Täuschung* 中宣扬的观点，即耶稣不是犹太人。（Arnold and Weisberg 2002：449）

56　Delitzsch 1905.

57　Delitzsch 1905：32–7.

58　见第 2 章。

59　Delitzsch and Taglionis 1908.

60　Bohrer 2003.

61　Renger 1999a：1.

62　有关萨丹纳帕卢斯的来源，见本书 pp.50–52。

63　*Bibliotheke Historica* 2.23.

64　Gilmore 1888：3；亦可参阅本书 pp.50–52。如果有什么要说的话，那就是：只是到了今天，当人们对他的口头资料来源有了更深刻的理解，而且这些资料成为一个窥视阿契美尼德王庭的窗口时，克特西亚斯的名声才有了改进。（Llewellyn-Jones and Robson 2010）

65　见第 3 章。

66　Andrae 1961：181；Bohrer 2003：300.

67　Bohrer 2003：303.

68　Bilsel 2012：176.

69　Nagel 1976：57.

70　Nagel 1976：69。亦可参阅安德烈自己的叙述，他在其中清楚地说明了自己的感觉，即早已是打开并展示这些宝藏的时候了（Andrae 1930）。有关柏林博物馆近东部的早期历史，见 Crüsemann 2000a。

71　有关这次重建和其他柏林佩加蒙博物馆近东博物馆的建筑物重建项目的“真

·注释· ZHU SHI·

实性”问题，见 Bilsel 2012。

72 Andrae 1902.

73 Klengel-Brandt 1995：18.

74 Andrae 1927a，1927b. 有关一战后围绕着 1914 年以前在伊拉克出土的文物的所有权和处理方案展开的谈判，见 Bernhardsson 2004：72–92。除了在巴比伦，德国在一战前也在阿舒尔和萨马拉发掘了大量文物。有关巴比伦的情况的更详细的叙述，见 Crüsemann 2000a：184–9；Salje 2008。

75 它正式成为中东博物馆（Vorderasiatische Museum），但没有在 1927—1928 年那次加入柏林佩加蒙博物馆近东博物馆，这一改变拖到了后来的 1953 年。（Crüsemann 2000b：3）

76 Nagel 1976：69.

77 Hauser 2001：215.

78 Budge 1925：293.

79 Delitzsch 1899.

80 Wylie 1982，1989.

81 Lloyd 1980：175–6.

82 Cottrell 1959：47.

83 Macaulay 1953：40.

84 Lloyd 1980：178。我们应该注意到，在这方面，劳埃德是一个具有彻底偏见的评论者，确实具有就古代美索不达米亚的英国研究从事通俗写作的传统风格，这一风格是从马洛温、伍利、巴奇、莱亚德一脉相承的，甚至包括以后如罗伯特·克尔·波特等旅行者。

85 Morgan 2004：89.

86 Schnapp 2000：166–7.

87 Marchand 1996：213.

88 Dalley 1994，2003b；Foster 2004；Reade 2000.

89 Larsen 1995：105.

90 Delitzsch’s *Assyrische Grammatik/Assyrian Grammar*，同时以德语和英语两种版本出版（Delitzsch 1889a，1889b），为下世纪的亚述学打下了一块基石。

91 Bohrer 2003：299.

第 7 章　巴别塔再现：犹太复国主义与伊拉克的诞生

1 Studied by Regina Heilmann（2004）.

2 Seymour in press c.

3 “人们以每周两至三部的速度，为美国电影放映机和比奥格拉夫电影公司（Biograph Company）出品了大约485部影片。”（Merritt 1981：17）

4 Kirby 1978：121；Gallagher 1982：69.

5 Rogin 1985：174.

6 Matthews 2001.

7 Anger 1975：6.

8 1919年，影片的这个部分甚至成为另一部影片而重登银幕（结尾做了改动），新片的名字是《巴比伦的陷落》（*The Fall of Babylon*）。

9 这部分曾在第五章中讨论。其他被格里菲斯明显地用作巴比伦布景的19世纪艺术品是约翰·马丁的《伯沙撒的盛宴》和乔治·罗什格罗斯（George Rochegrosse）的《巴比伦的陷落》（*Fall of Babylon*）。后者现在属于私人收藏，曾一度悬挂在一家纽约餐馆里，据说格里菲斯就是在那里看到它的。（McCall 1998：208）

10 Kucklick 1996.

11 McCall 1998：210.

12 演讲稿和计划书由Hanson于1972：498援引，两份原稿现在都存于Griffith Archive，Museum of Modern Art，New York。

13 Seymour in Babylon：Myth and Reality：203–12.

14 Bonwit 1950. 这5部作品分别是：Joseph Roth 的 *The Antichrist*；Denis de Rougemont 的 *The Devil's Share*；C. S.Lewis 的 *That Hideous Strength*；Edward Wilson 的 *Memoirs of Hecate County*；和 Thomas Mann 的 *Doctor Faustus*。

15 但丁也有这种习惯，他的《神曲》之旅是真正的迷宫的一个好例。（Doob 1990：66）

16 Borges 2000（1964）：78–86.

17 Borges 2000（1964）：81–2.

18 Derrida 1981.

19 Don-Yehiya 1998：267.

20 Rakowitz 1997：177.

21 Rejwan 1985：217–24.

22 有关人们感觉到的犹太人被同化的威胁，可见Taylor 1972：50；in Rastafari，Simpson 1985：287。

23 Chevannes 1995：10.

24 Watson 1974：330.

25 见第3章有关天启的注解和第4章有关圣奥古斯丁的注解。

26 Chevannes 1995：10.

27 Simpson 1985：289.

28 Savishinsky 1994：19–20.

29 Fattah 2003；Al-Tikriti 2009.

30 Bahrani 1998：165；Bernhardsson 2005：97.

31 Abdullah 2003：43.

32 Abdullah 2003：123.

33 Matthews 1993：136–7.

34 Fattah 2003：50.

35 Fattah 2003：49.

36 For example，Black 2004；Chatterjee 2004；Klein 2004.

37 Tripp 2002：14.

38 Tripp 2002：22.

39 有关英国托管和费萨尔登上国王宝座，见 Sluglett 2007。

40 Abdullah 2003：130。为此，萨达姆·侯赛因后来也声称自己是哈桑王族的后裔，尽管这样做并不带有与在约旦的哈桑王族关系解冻的含义，而这位伊拉克总统的政治与军事精英都是从他实际上的老家阿布 – 那瑟尔（Abu-Nasser）部落中提拔的（Hassan 1999：96–8）。

41 Woolley 1950（1929）；Woolley and Moorey 1982.

42 Woolley and Lawrence 2003（1914–15）.

43 Tripp 2002：39.

44 Winstone 2004：368.

45 Matthews 1997：59.

46 O’Keefe and Prott 1984：46.

47 2007 年 12 月，该校更名为英国伊拉克研究所（BISI，British Institute for the Study of Iraq），并正式将自己的学术领域扩大到涵盖了更广泛的人文学科和社会科学。这一组织的全称仍然包括“格特鲁德·贝尔纪念”（Gertrude Bell Memorial）字样。

48 Schiffer 2001：309.

49 Andrae and Boehmer 1989：34，122.

50 不顾高级专员珀西·科克斯爵士（Sir Percy Cox）和 T. E. 劳伦斯的建议，他们都认为这些文物应该交给大英博物馆。（Winstone 2004：375；Bernhardsson 2005：76–84）

51 Baram 1994：282.

52　Winstone 2004：374.

53　Mallowan 1977：41.

54　但后者担任这一职务所起的作用因利益冲突而受损，因为他也是瓦尔卡（Warka）探险队的队长。（Bernhardsson 2005：162）

55　他一直到 1941 年都一直担任部长，那时他因为支持该年的政变而被迫离开伊拉克。

56　Bernhardsson 2005：186–97.

57　Abdi 2008：15.

58　Makiya 1998：152.

59　Tripp 2000：123–6.

60　Makiya 1998：45–53.

61　Baram 1991，1994.

62　Bahrani 1998，2003. 亦可参阅 Seymour 2004 和 Curtis in Babylon：Myth and Reality：213–20。

63　Baram 1994：300–3.

64　Rothfield 2009：13–14.

65　Matthews 2003b：19.

66　在 Baram 1991 中给出了一些例子。

67　Al-Khalil（Makiya）1991.

68　Makiya 1998：13–15，153–5.

69　Klengel-Brandt 1982：178–81；Parapetti 2008；亦可参阅 Sumer 35（1979）中的文章。有关在巴比伦的发掘与重建的普遍调查，见 Seymour in press a。

70　Baram 1991：46；Abdi 2008：19.

71　Curtis in Babylon：Myth and Reality：215.

72　Curtis in Babylon：Myth and Reality：213.

73　有关遗址周围的村庄和这些工作造成的当地影响，见 Seymour in press b。

74　科林·鲍威尔（Colin Powell）曾成功地游说美国观察联合国有关这一问题的意愿，但多国部队没有得到更迭政权的授权。［Bush and Scowcroft 2003（1998）］

75　Wiley 2003：159.

76　Fisk 2001.

77　例如 Handler 2003：356–7。

78　Makiya 1998，作者曾于 1989 年以笔名萨米尔·哈利勒（Samir al-Khalil）发表。

79　Makiya 1998：45.

·注释· ZHU SHI ·

80　Hillel 1994：101–2.

81　尤其可参阅 Stone 2005；Gibson 2008。

82　Bogdanos 2008：110。名单中位居第一和第二的是中央银行和石油部。

83　《卫报》（*The Guardian*）大英博物馆公众论坛于 2004 年 6 月 15 日在大英博物馆举办，由琼恩 · 斯诺（Jon Snow）主持，题为《从巴比伦到巴格达：过去是否有助于建设伊拉克的未来？》（*Babylon to Baghdad*：*Can the Past Help Build a Future for Iraq*?），参加者有尼尔 · 麦克格瑞格（Neil MacGregor）、嘉南 · 马基亚和盖斯 · 阿卜杜勒 · 艾哈德（Ghaith Abdul Ahad）等。

84　Bogdanos 2005：506–7.

85　有关这些事件的目击叙述，见 George 2008；Bogdanos 2008。

86　George 2008.

87　Pollock 2003，2005；Seymour 2004.

88　希望阅读综述的读者可参阅 Farchakh-Bajjaly 2008；Al-Husainy and Matthews 2008：93–6；Stone 2008。

89　Moussa 2008：144.

90　Curtis in Babylon：Myth and Reality：216.

91　Curtis 2005，2009；Ministry of Culture of the Republic of Poland：Bureau of Defence Matters 2004；UNESCO 2009；Russell 2010. 亦可参阅 Curtis in Babylon：Myth and Reality：213–20；Moussa 2008；Parapetti 2008。

92　Peruzzetto，Allen and Haney 2011；World Monuments Fund/SBAH in press.

第 8 章　走出巴比伦：图书馆和博物馆中的巴比伦

1　Loomba 1998：13.

2　Gosden 2001；Spivak 1996.

3　Herrera 2001：22.

4　Bourke 1995：299.

5　Auerbach 1952：6

6　Ricoeur 1965：81.

7　Thomas 2004：3.

8　Huxley 1955（1932）；Orwell 2000（1949）.

9　Popper 1957：v.

10　Moser 1998.

11　Nelson 2003.

12　Price 1999.

13 Caldicott and Fuchs 2003.

14 见本书第 5 章相关内容。

15 Shanks 1992.

16 Jameson et al. 2003.

17 Joyce 2002.

18 Moser 1992，1998，2001，2006；Smiles and Moser 2005.

19 见 Wylie 1992。

20 Van De Mieroop 2003.

21 Bahrani 2003.

22 Eco 1998. 2

23 Eco 1998：27.

24 Butlin 1990：93.

25 无论公众成员可能对于个别问题（例如，在这个问题上有误导作用的通俗文章或者纪录片可能具有强有力的影响）有何种信念，他们中的大多数都会赞同：严格的职业训练与研究是产生专家的最佳方式，而观察与批判性的分析则是创造他们认为是对于历史的真知灼见的恰当工具。

26 在相对主义辩论中的一个重大谬误，是对敞开大门迎接伪科学的恐惧。事实上，这一辩论与宗教观点的相关性远远超过了与伪科学方法的相关性，后者如其名字，通常是在寻求假冒的科学。作为一条规律，那些利用建造金字塔的外星人和亚特兰蒂斯的人拼命将自己装扮为实证主义者。我们可以而且应该以传统的理性－实证的方式批判他们。

后记　巴比伦展览

1 这几次展览具体如下：巴比伦，卢浮宫，2008 年 3 月 14 日—6 月 2 日；巴比伦：神话与真实，佩加蒙博物馆，2008 年 6 月 26 日—10 月 5 日；巴比伦，神话与真实，大英博物馆，2008 年 11 月 13 日—2009 年 3 月 15 日。

2 *Babylone.*

3 本人深切感谢大英博物馆的学习与参观部（Department of Learning and Audiences），尤其感谢为我提供了这条信息并组织了参观者研究的丽贝卡·理查兹（Rebecca Richards）。

4 *Iraq's Past Speaks to the Present*，John Addis Islamic Gallery，British Museum，2008 年 11 月 10 日—2009 年 3 月 15 日（Porter 2008）。

5 2008 年，各种纸质媒体（Porter 2008）。

6　穆哈夸克文本（muhaqqaq script）的无标题书法，2008年，纸上彩色墨水书法（Porter 2008）。

7　2004年，纸上墨水与水彩画（Porter 2008）。

·注释·ZHU SHI·